Research on the Development of
Outward Foreign Direct Investment of
Chinese Enterprises in the
Perspective of New Situation
of Global Investment

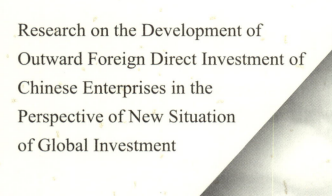

姬会英 著

全球投资新格局视角下
中国企业对外直接投资发展研究

中国财经出版传媒集团
经济科学出版社
Economic Science Press

图书在版编目（CIP）数据

全球投资新格局视角下中国企业对外直接投资发展研究／姬会英著. —北京：经济科学出版社，2022.9
ISBN 978 - 7 - 5218 - 4055 - 1

Ⅰ. ①全… Ⅱ. ①姬… Ⅲ. ①企业 - 对外投资 - 直接投资 - 研究 - 中国 Ⅳ. ①F279.23

中国版本图书馆 CIP 数据核字（2022）第 177891 号

责任编辑：杨　洋　杨金月
责任校对：徐　昕
责任印制：范　艳

全球投资新格局视角下中国企业对外直接投资发展研究
姬会英　著
经济科学出版社出版、发行　新华书店经销
社址：北京市海淀区阜成路甲 28 号　邮编：100142
总编部电话：010 - 88191217　发行部电话：010 - 88191522
网址：www.esp.com.cn
电子邮箱：esp@esp.com.cn
天猫网店：经济科学出版社旗舰店
网址：http://jjkxcbs.tmall.com
北京季蜂印刷有限公司印装
710×1000　16 开　15 印张　240000 字
2022 年 10 月第 1 版　2022 年 10 月第 1 次印刷
ISBN 978 - 7 - 5218 - 4055 - 1　定价：62.00 元
（图书出现印装问题，本社负责调换。电话：010 - 88191510）
（版权所有　侵权必究　打击盗版　举报热线：010 - 88191661
QQ：2242791300　营销中心电话：010 - 88191537
电子邮箱：dbts@esp.com.cn）

前　言

　　近年来，中国企业对外直接投资（OFDI）发展取得了一定的成绩，但是有成功也有失败，有的为此付出了高昂的代价。目前我国企业已在全球80%以上的国家和地区进行境外直接投资，但是投资资金却分布不均衡，特别是亚洲、欧洲和非洲过于集中，造成了一些项目交叉重复、自相竞争的局面，制约了我国企业对外直接投资的进一步扩展。另外，由于我国部分从事OFDI的企业尚缺乏境外投资管理的经验，不能进行科学的战略分析规划，缺乏明确的投资目标及发展战略。在当前区域全面经济伙伴关系协定（RCEP）签订实施、中欧全面投资协定（CAI）谈判完成、中国申请加入全面与进步跨太平洋伙伴关系协定（CPTTP）等全球投资新规则、新格局、新背景下，中国企业如何抓住外部机遇，找准自身优势，扬长避短，取得对外直接投资的良好效益，一方面，企业需要加强自身建设；另一方面，我国各级政府也要做出一定的指导和帮扶，通过政府和企业的双重配合，扩大海外市场，促进我国企业OFDI的发展和在全球价值链中的地位提升，提升我国在全球治理体系中的地位。

目 录
CONTENTS

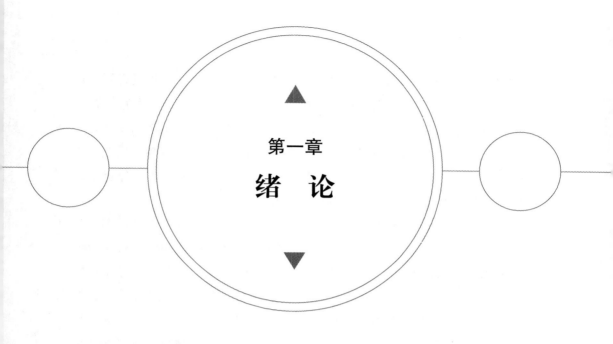

第一章

绪 论

第一节 研究背景与意义

一、研究背景

近年来，全球经济继续缓慢复苏，受新冠疫情等因素的综合影响，2020 年全球外国直接投资（FDI）大幅下降，同比降幅达 42%，从 2019 年的 1.5 万亿美元直接跌落到 8590 亿美元，甚至比经历全球金融危机的 2009 年还低 30%。其中，发达国家的 FDI 下降 69%，降至过去 25 年以来最低水平，而发展中国家的 FDI 仅下降了 12%，由此发展中国家的 FDI（6160 亿美元）在全球外资中的比重已达 72%。由于国际投资在拍板决策时对危机影响的反应相对滞后，全球跨境投资的复苏将不是"V"形的迅速反弹，而是"U"形的缓慢恢复，预计受新冠疫情等因素的影响，今后 2~3 年全球境外投资将进一步疲软，全球外资还会继续下滑①。

与此形成鲜明对比的是，中国经济在 2020 年经受住了新冠疫情的考验，2020 年中国对外非金融类直接投资 1101.5 亿美元，对外投资同比增长 3.3%，其中，中国企业对"一带一路"沿线国家非金融类直接投资 177.9 亿美元，同比增长 18.3%，是主要投资国家中为数不多的正增长经济体，因而中国也成为外资最为青睐的投资目的地——2020 年中国共吸收外商投资 1630 亿美元，同比增长 4%。对比之下，美国吸收的外资则由 2019 年的 2510 亿美元下降至 1340 亿美元②。

尽管中国企业的对外投资收益受到广泛关注，但是中资企业的国际化与全球化还处于起步阶段。参考罗兰贝格国际管理咨询公司（Roland Berger）对全球化企业的定义和分类，中国企业在经历本土局限和简单出口阶段后，目前仍处于半全球化和完全全球化共存的过渡期，其中半全球化的主要特征为以获取资源和市场为目的，而以获取全球化综合竞争力为目标则标志着进入完全全球化时期。从"全球化谋略""全球化智慧"和"全球化执行"三个方面对企业的全球化能力做评估后，罗兰贝格国际管理咨询公司认为，2003 年之后中国企业开始进入半全球化阶段，通过扩大涉外代理出口和并购资源等多种方式来满足企业对于资源和市场的需求；2009 年以后，中资企业在全球范围内配置技术、产品、人力、财务等资源，实现了提高全球竞争力的目标，开始逐步迈向完全全球化阶段。在未来一段时间内，中资企业都将处于半全球化和完全全球化共存的过渡期。③

从中国全球化发展的历程看，目前中国已经是全球第一的货物贸易大国，服务贸易额连续七年位居全球第二④，但是，目前我国的境外投资在全球的占比并不高，因此，中国现在应该走向境外直接投资阶段。目前虽处于后新冠疫情时期，全球境外投资处于下滑低迷状态，但是，从长远看，随着 RCEP 协议的签署并实施，进一步为中国企业对外投资提供了较

①② 杨海泉. 联合国贸发会议发布报告指出，2020 年全球外国直接投资大幅下降：中国逆势而上成为全球最大外资流入国 [N]. 经济日报，2021 - 01 - 26（4）.

③ 资料来源：《中国企业全球化白皮书》。

④ 中华人民共和国商务部. 中国服务贸易发展报告 2020 [R]. 北京：中华人民共和国商务部，2021.

为有利的投资环境，RCEP 通过建立共同的原产地规则框架及加强知识产权保护、服务贸易和减少投资壁垒等规则，大大扩展了贸易和投资自由化的范围。与此同时，中欧 CAI 的谈判工作也已完成，从长远眼光看，中国对欧洲市场的投资具有很大的发展潜力。RCEP 与中欧 CAI 是中国促进国内国际双循环的基本框架。因此，在此背景下有必要研究下一步我国企业如何有效地进行境外直接投资，以进一步提升中国作为经济大国在国际上的地位。

二、研究意义

本书旨在深入分析在当前全球投资领域达成新的多边协议的背景下，针对我国企业 OFDI 的发展现状、问题、面临的风险与挑战，通过定性和定量分析影响我国企业 OFDI 进一步发展的主要因素，提出我国企业 OFDI 的发展路径和策略，为我国从贸易大国向投资大国转变提供相关的决策参考。本书的意义主要体现在以下三个方面。

（一）有助于中国企业在新的国际分工格局与全球产业链中占据有利地位

在当今世界经济中，各国企业开展跨国经营已形成趋势和潮流，中国企业也不例外。在 21 世纪，中国经济能否在利用国外资源和市场发展方面取得新的突破，是关系到中国今后发展全局和前景的重大战略问题。经济全球化的发展把整个世界变成了一个"地球村"，中国只有顺应这一潮流，突破国界的局限，把视野和目标从国内扩展到全球，建立一个在全球化环境中同样能够取得成功的经济体系，才能确保中国现代化目标的实现和长期持续的发展。

经济全球化还使世界经济格局发生新的变化，几乎所有国家都感受到了由此带来的巨大压力和深刻影响，各国政府不得不重新考虑自己在新的世界经济分工格局中的地位，认真分析如何在一个更加开放、更加相互依存、更加市场化的世界中生存与发展。实施"走出去"战略，是使中国的对外开放发展到一个新水平的重要举措。它的实行有利于中国适应经济全球化的新形势，更好地参与经济全球化的进程，在新的国际分工格局与全球产业链中占据有利地位；有利于发挥中国的比较优势，促进国内企业积极参与国际竞争与合作。企业国际化将加快推进资本国际化、产业国际化、人才国际化和市场国际化，对于形成对外开放新格局具有十分重要的意义。

（二）使中国企业合理配置资源和更好地利用国外资源

世界上任何一个国家都不可能拥有经济发展所需要的全部资源，都会遇到资源约束的问题。经济发展所需要的资源既包括自然资源，也包括资本、技术、经济管理、经济信息、劳动力等生产要素。为了满足本国经济发展的需要，就需要从国外输入各种自然资源和各种生产要素，与此同时，也可以向国外输出本国相对充裕的各种资源和生产要素。利用本国和他国的不同资源和要素优势，在国际上实现资源和要素的合理流动与重新组合配置，获得绝对和相对利益，这也是实施"走出去"战略的一个重要动因。

资源，特别是关系到国计民生的战略资源（如石油和天然气等能源及铁矿和铜矿等矿产资源）仅依靠传统的国际贸易渠道获得是不稳定的，因此需要中国审时度势，抓住机遇，通过对外投资，获得和控制一定量的国内经济发展长期需要的短缺资源，以维护国家经济安全，尤其是能源与矿产资源的安全供应。如我国对有些资源的进口量依赖度很大，2015～2020年，中国铜矿进口占铜矿消费量的比重一直维持在88%以上，2020年中国锰矿进口量达3161万吨，中国对锰矿的进口依赖度一直维持在80%以上，2020年中国的铝土矿进口量高达11600万吨。2016～2020年间中国的铝土矿对外依赖度虽呈波动态势，但大体上维持在40%～60%之间。2020年中国铬矿，进口量高达1276万吨，进口依赖度近乎100%[①]。2020年，中国原油进口54238.6万吨，同比增长7.3%；进口金额12217.6亿元，中国是世界上最大的原油进口国[②]。除了这些自然资源进口量大以外，木材和铅、

---

① 上海元哲信息咨询有限公司. 2021～2026年中国金属进口矿产研究报告［R］. 上海：上海元哲信息咨询有限公司，2021.

② 资料来源：中国石油新闻中心网。

锌、锡、镍等部分有色金属品种国内的供应缺口也比较大。①

（三）有利于中国经济结构调整和产业结构优化

要想在更广阔的空间里促进经济结构调整和产业结构优化配置，拓展新的经济发展空间和新的经济增长点，增强中国经济发展的动力和后劲，就需要实施企业"走出去"战略。20世纪90年代以来，中国经济已经从卖方市场转向买方市场。目前，国内十几个行业（如家电、纺织、机械、建材和化工等行业）生产能力过剩、产品积压、降价为主的价格战不断上演，技术设备闲置已经造成浪费，出口又频繁遭遇贸易摩擦，各行业急需寻找新的市场。这说明制定和实施"走出去"战略是我国经济发展的内在需求。通过对外投资，带动国产技术、设备、原材料及半成品出口，可以有效拓展国际市场。

作为世界贸易组织（WTO）成员的中国，国内市场已经国际化，国际市场也已经国内化，无论货物还是服务市场基本上都已对外开放，外国商品和服务相对自由地进入，无疑进一步加剧了市场的竞争。在国内商品与服务市场供过于求和企业竞争日趋激烈的情况下，一方面，企业要考虑提升技术水平、产品的升级换代、淘汰落后技术和产能、加快产品结构的调整和优化；另一方面，企业应积极走向国外，实施"走出去"战略，尤其是到海外投资设厂，向国外输出生产加工能力，把成熟的技术转移到其他有需求的市场中去。中国企业要想在国际市场占据更大的份额，必须在建立销售网络和售后服务网点的基础上，拓展新的生存和发展空间，变商品输出为资本输出，在国外投资设厂，按照当地需求生产和服务，从而向国际市场的纵深渗透，向构建自己主导的国际分工体系方向发展。

第二节　研究思路、方法与研究框架

本书首先梳理了经典国际直接投资理论、发展中国家对外直接投资理

---

① 资料来源：中国经济网。

论、对外直接投资的影响因素这 3 个方面的相关研究文献，并结合 RCEP、中欧 CAI 及我国正在申请加入的 CPTPP 来分析这些国际多边贸易与投资协定对中国 OFDI 的影响。在此基础上，首先，分析中国企业 OFDI 的现状与问题、面临的风险与挑战；其次，建立多元线性回归模型，从实证分析的角度具体分析当前中国企业 OFDI 发展的国内影响因素；最后，在双向分析了影响中国企业 OFDI 发展的境内外影响条件和因素的基础上，提出了中国企业 OFDI 的发展策略与路径。

具体研究内容及框架如下：

第一章　绪论。本章从当前新的全球经济背景环境出发，介绍了选择研究该问题的目的和意义。在此基础上进一步阐述了本书的创新点及可能存在的不足之处，并梳理了研究思路框架与采用的研究方法。

第二章　理论基础和文献综述。本章从经典国际直接投资理论、发展中国家对外直接投资理论、对外直接投资的影响因素等方面分别梳理了国内外已有的相关文献，并对这些文献进行评价。这一章为后文观点的提出及模型的建立奠定了扎实的文献基础。该部分主要采用文献分析法进行研究。

第三章　全球投资新格局与中国的国际投资地位。本章分析了全球直接投资的基本格局、发展走势及全球直接投资总格局的变化，重点分析了中国在全球投资总格局中的地位与潜力。

第四章　双向投资对中国宏观经济发展的影响分析。这一章在分析中国引进外资与对外投资总体发展形势的基础上，分析了对外投资超越引进外资对中国宏观经济增长的影响，实证了中国企业 OFDI 发展对中国宏观经济增长的作用。

第五章　OFDI 和高标准国际投资贸易规则。本章通过阐述中国所参与的高标准国际投资贸易协定及对中国有主要影响的区域性投资贸易协定的规则来阐明全球投资新格局下中国企业 OFDI 发展所面临的外部投资环境和条件，分别从中外高标准双边投资协定（BIT）和中欧 CAI 及以 RCEP 为主的区域全面经济伙伴关系协定为中国企业 OFDI 发展所提供得投资政策和环境条件来分析。

第六章 对外投资新战略与中国企业 OFDI 的发展。本章结合"十四五"规划对中国对外投资新战略的规划及国家的战略性投资安排，重点分析了中国对外投资新战略规划下中国企业 OFDI 的发展方向。

第七章 中国企业 OFDI 的发展现状分析。本章分别从中国企业 OFDI 的基本发展情况、主要特征、区域分布、存在的问题这四个维度分析了中国企业 OFDI 的发展现状，同时对中国对外投资发展趋势做了展望分析。

第八章 中国企业 OFDI 的风险与挑战分析。本章主要分析了中国企业 OFDI 面临的境外投资风险和挑战及中国 OFDI 高增长的国内潜在经济风险，并提出了应对策略，同时也重点分析了中国对"一带一路"沿线国家进行 OFDI 面临的投资风险及防范措施。该部分主要采用了文献分析法进行研究。

第九章 中国企业 OFDI 影响因素的实证研究。本章在理论分析与现状分析的基础上，构建多元线性回归模型，从我国 GDP 总量、出口贸易总额、进口贸易总额、经济结构等方面建立 OFDI 影响因素的衡量指标，进行回归分析，分析当前影响中国企业 OFDI 发展的重要因素，并依据分析结论提出相关建议。该部分采用了多元线性回归模型分析法进行实证研究。

第十章 中国企业 OFDI 的发展策略与路径。本章在双向分析了影响中国企业 OFDI 发展的境内外影响条件和因素的基础上，具体提出了在全球投资新格局下，中国企业 OFDI 的发展策略，包括中国企业 OFDI 发展的价值链延伸与攀升策略、基于中欧 CAI 的中国企业投资欧洲的策略、中国企业投资 RCEP 成员方的策略、中国企业参与"一带一路"建设的策略、中国企业投资非洲的策略，同时提出了中国企业 OFDI 发展的政策支持路径、境外园区路径等。该部分主要采用了比较借鉴法进行研究。具体技术路线如图 1-1 所示。

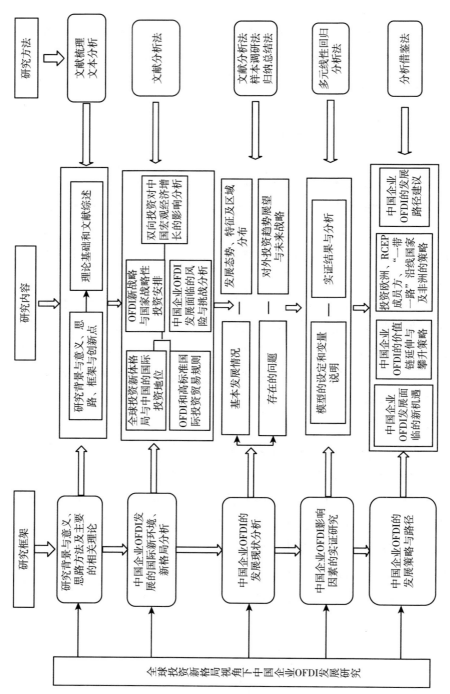

图 1-1 本书的技术路线

第三节　创新点与不足

本书在借鉴国内外学者相关研究理论的基础上，分析在当前全球投资领域达成的新的多边协议的背景下，针对我国企业对外直接投资的发展现状、问题、面临的风险与挑战，通过定性和定量分析，研究我国企业 OFDI 的发展路径和策略，可能会有以下两点创新。

第一，在研究视角上，本书是在系统分析 RCEP 协定、中欧 CAI 及中国正在申请加入的 CPTPP 这些国际多边贸易与投资协定对中国 OFDI 的影响基础上来研究我国企业 OFDI 发展的路径和策略的，同时也结合了我国最新的对外投资战略规划内容、研究背景和视角较新，具有一定的前瞻性，对今后一定时期我国企业 OFDI 的发展具有一定的参考价值。

第二，在研究思路上，本书既分析了影响中国企业 OFDI 发展的境外环境条件，又通过实证研究分析了影响中国企业 OFDI 发展的国内环境因素，在分析最新的内外部投资环境因素的基础上，结合"十四五"期间我国国际投资的新战略规划研究企业 OFDI 发展的路径和策略，把经典的 OFDI 理论——生产折中理论运用到中国面临的最新的 OFDI 发展问题研究中，研究思路具有一定的新意，研究内容和结论具有一定的现实意义。

但是本书还存在一定的不足：第一，由于有些文献资料难以获取等问题，文中大部分数据更新到 2020 年或 2021 年，但少量数据未更新到近三年的数据，因此，个别问题未能反映出最新情况。第二，在研究过程中，对一些问题的量化分析还不够深入，还需要进一步深化研究。

第二章

理论基础和文献综述

第一节 理论基础

一、经典国际直接投资理论

有关国际直接投资原因的相关理论主要有：（1）斯蒂芬·海默（Stephen Hymer，1960）和金德尔伯格（C. Kindleberger，1969）的垄断优势理论，该理论认为跨国公司之所以能去外国市场进行投资，是因为其拥有垄断优势，如拥有某些知识资产包括技术专利和特殊技能、拥有规模经济或范围经济、拥有对某些生产要素来源的控制、拥有对某些销售渠道的控制、能利用东道方的有关政策优惠或能绕开某些贸易壁垒等。（2）雷蒙德·弗农（Raymond Vernon，1966）的产品生命周期理论，将产品生命周期划分为三阶段："新产品"阶段、"成熟"阶段和"标准化"阶段。他将企业拥有的优势视为伴随产品生命周期变化而变化，解释了美国跨国公司先向西欧国家投资、再向发展中国家投资的模式。（3）小岛清（Kiyoshi Kojima，1978）边际产业转移理论，认为一国的 FDI 应从本国所有产业中已经处于或即将处于比较劣势的产业（或称为边际产业）开始，并依次进行。将 FDI 分为自然资源导向型、劳动力导向型、市场导向型和生产与销售导向型。（4）邓宁（1981）的国际生产折中理论，创新性地引入区位优势。该理论认为企业对外投资应拥有三个方面的优势：资产垄断优势、市场内部化优势和区位优势。只有当这三项相结合，才能使一个企业进行境外投资。

二、有关发展中国家或欠发达地区从事 OFDI 的理论

有关发展中国家或欠发达地区从事 OFDI 的理论主要有：（1）小规模技术理论，由美国哈佛大学著名教授刘易斯·威尔斯（Loul Wells，1983）提出。他认为，发展中国家跨国公司的技术比较优势主要表现在有为小市场需求服务的小规模技术。对于制造业企业而言，保护出口市场是对外投资的一个非常重要的动机。其他投资动机还包括"谋求低成本""分散资产""母国市场的局限""利用先进技术"等。（2）技术地方化理论，由桑加亚·拉奥（Sanjaya Lall，1983）提出。英国学者拉奥（Lall，1983）在对印度跨国公司的竞争优势和投资动机进行了深入研究后，提出了"技术地方化理论"，认为第三世界跨国公司的技术特征虽然表现为规模小、标准技术和劳动密集型，但是其中却包含着企业自身的创新活动，有自己的"特定优势"。技术地方化理论强调发展中国家对发达国家的技术引进不是被动地模仿和复制，而是对引进的技术加以消化、改进和创新，正是这种创新活动给引进的技术赋予了新的活力，给引进技术的企业带来新的竞争优势，从而使发展中国家企业在当地市场和邻国市场具有相应的竞争优势。（3）"技术创新产业升级理论"。坎特威尔和托兰惕诺（Cantwell & Tolentino，1990）针对 20 世纪 80 年代中期以后新兴工业国家和地区对发达国家的对外直接投资活动，提出了"技术创新产业升级理论"，指出发展中国家在吸引外资的同时对引进的技术加以吸收消化和改造创新，进而

为本国企业带来新的竞争优势。该理论指出技术能力的提高是一个长期积累的过程，而且与该国对外直接投资的增长直接相关，并且进一步认为可以作出这样的预测：发展中国家对外直接投资的产业分布和地理分布会随着时间的推移而逐渐变化，显示出技术引进对该国产业转换和升级的推动作用。（4）投资发展阶段理论，由邓宁提出。邓宁将投资发展阶段分为了五个经济发展阶段：人均国民生产总值在400美元以下，完全没有对外直接投资；人均国民生产总值在400～2000美元，本国对外直接投资开始出现，但投资水平仍然很低；人均国民生产总值在2000～4750美元，对外直接投资增长迅速，本国对外直接投资的速度明显快于吸收外资的速度；人均国民生产总值大于5000美元，净对外直接投资额大于零且不断扩大；人均国民生产总值进一步提高，对外直接投资净额仍然大于零但已呈现下降趋势。

第二节　国外的相关研究

国外关于 OFDI 原因的研究主要有：莫和罗尔（Moon & Roehl，2001）认为，投资国通过 OFDI 在国际市场上寻找补偿性资产，可以弥补国内资产的不平衡性，对于还没有形成规模经济的企业而言，可以通过 OFDI 在国外市场上寻求补偿性资产，从而使其资产组合达到平衡，竞争力得到显著增强，战略地位发生根本性逆转，从而促进资产组合的均衡，形成了著名的"对外投资不平衡理论"。因此，该理论认为对外投资是处于相对劣势的企业增强竞争实力、在竞争中实现赶超的有效途径。金和卡罗费尔南德斯（King & Carro Fernandez，2010）通过案例分析指出能源资源和技术因素是长期影响印度和巴西直接投资的主要因素。张等（Cheung et al.，2011）发现我国对发达国家与发展中国家的 OFDI 虽受不同因素的驱动，但市场寻求和资源寻求动机均对我国企业 OFDI 的发展具有促进作用，其中我国的资本更倾向于在发达国家集聚，对发展中国家的 OFDI 主要受出口的影响。

国外关于 OFDI 影响因素的研究主要有：美国学者罗伯特·斯托鲍夫（Robot B. Stobauch，1969）提出影响投资环境的最重要的八个因素，即币值稳定性、通货膨胀率、资本外调、外商股权、歧视和管制、政治稳定、当地资本供应能力、关税保护的政策，然后将每个因素划分为几个层次，根据他们对投资决策的重要程度给出相应的分值（权重）。各因素的评分之和就是投资环境的总得分。满分为 100 分，满分时为最理想的投资环境。在实际操作中，东道方的投资环境综合评分值低于 70 分，就不能称为理想的投资环境。巴克利（Buckley，2007）对 1984～2001 年中国与 49 个伙伴国 OFDI 的数据进行实证分析，结果表明影响我国 OFDI 的因素主要为东道方的市场规模、政治风险、资源禀赋及共同文化和边界。程和马（Cheng & Ma，2008）用 90 个国家作为研究样本，研究得出结论：两国距离会对我国 OFDI 产生负面影响。科尔斯塔德（Kolstad，2009）对 2003～2006 年中国企业 OFDI 的东道方决定因素进行分析，以东道方是否为经济合作与发展组织（OECD）成员方分类进行研究。研究结果表明，我国对 OECD 成员方的投资主要受东道方市场规模的影响，而我国对非 OECD 成员方的 OFDI 多以资源寻求型为主。关于东道方的政治经济等制度对境外企业投资的影响方面，传统的观点认为东道方制度环境越好，越容易吸收境外企业的投资。布隆宁（Blonigen，2005）回顾了 OFDI 区位选择的研究文献，对跨国企业的 OFDI 决策及跨国企业其在全球范围的投资总区位分布情况进行了实证研究，发现东道方的制度环境是跨国企业进行 OFDI 所考虑的重要因素之一，东道方制度环境越好，尤其是政治稳定性较高的话，境外企业的投资过程中的政治风险、经营风险等就会降低，因此东道方制度环境是影响企业 OFDI 区位选择的重要因素。阿西埃杜（Asiedu，2006）利用 1984～2000 年 22 个国家的面板数据，分析了东道方的政府政策、政治稳定等因素对境外企业 OFDI 所产生的影响，结果发现：东道方政局稳定、法律制度健全、政府官员腐败少、办事效率高等因素对吸引境外企业直接投资也具有重要的影响，良好的政治制度可以促进境外企业 OFDI 的发展，同时提出建议：自然资源少或缺乏自然资源的国家可以通过改善其体制和政策环境来吸引境外企业的直接投资。而学者对新兴国家、发展中国家的研究则得出不同的结论。国外学者对新兴国家、发展中国家的研究发现，东道方制度环境越差，反而越容易吸引境外企业的投资，如莫克特等（Morck et al.，2008）指出，在中国企业 OFDI 发展的初期阶段，中国企业 OFDI 偏向于避税地和东南亚国家，因为若东道方是发展中国家，同时制度环境不够好的话，我国企业反而在了解其制度环境的基础上拥有一定的投资优势。科尔斯塔德和威格（Kolstad & Wiig，2010）对 2003～2006 年中国 OFDI 的影响因素开展了实证研究，研究结果发现我国企业早期的 OFDI 对象国更多地投向了制度环境不够好的国家，尤其是当投资目标国自然资源丰富但制度环境不够好时，有时会更吸引境外企业的投资。

关于区域贸易协定产生的投资效应研究主要有：布洛姆斯特罗姆和科科（Blomstrom & Kokko，1997）在探讨区域贸易协定对企业境外直接投资的影响时，分别分析了通过区域贸易协定关于投资便利化的规定而对企业 OFDI 产生的直接影响和区域贸易协定关于贸易便利化、自由化的规定对贸易的促进从而间接促进 OFDI 的影响，进而指出，区域贸易协定的签署给缔约方不同企业从事 OFDI 产生的影响也不同。西拉·特丽（Csilla Terrie，2012）分析了中国—东盟自由贸易协定在一般均衡条件的框架下所产生的效应，研究指出中国—东盟自由贸易协定的签定会促进缔约方对外贸易的发展，进而促进其经济的发展，同时中国—东盟双边企业的 OFDI 能够呈现出从区域外的投资转移效应。彼德和罗宾逊（Peter & Robson，2001）指出，区域贸易协定的签订虽然会降低非成员方企业对区内国家 OFDI 的优势，成员方企业对区内国家的 OFDI 会获得一定的优势，但是，区域贸易协定的签订也会加剧区域贸易协定成员方企业之间的竞争，进而影响成员方之间的 OFDI 发展，在一定程度上甚至会导致有些企业避开对成员方市场的投资。

第三节 国内的相关研究

国内关于 OFDI 影响因素的研究主要有：项本武（2005）对中国对外

直接投资的决定因素进行实证分析，发现：东道方市场规模、汇率水平、工资水平对中国对外直接投资有显著的负影响，而中国对东道方的出口水平有显著的正影响，并且这四个变量对中国 FDI 的影响程度在区域上存在显著差异。张娟（2007）以价值链的视角重新考察企业对外直接投资区位选择的动机、区位、产业、主体等问题，提出中国企业通过在价值链上准确定位，嵌入集群以培育和提高竞争优势的构想，为我国企业对外直接投资的区位选择提供一种思路。顾晓峰（2007）以在江苏、上海、浙江三地开展对外直接投资的中国企业为研究对象，进行实证研究，认为中国对外直接投资企业不仅要重视自身能力体系的建设，更要将具有竞争优势的能力体系高质量地转移至海外分支机构，使其能迅速在东道方（特别是后发展中地区）环境中获取新的成长机会。王英（2007）选取传导变量，对中国对外直接投资促进产业结构优化的路径进行了实证研究，发现中国对外直接投资主要通过出口创造效应、反向技术外溢效应和获取自然资源三个渠道提升其产业结构。胡冠宇和卢小兰（2018）基于扩展的空间投资引力模型，文章研究 2007～2016 年中国在"一带一路"沿线 63 个国家 OFDI 的空间效应、政治制度影响及其他主要影响因素，并测算 OFDI 潜力。结果表明：OFDI 的空间效应来源于空间集聚、第三国市场规模直接效应和第三国不可测因素效应，OFDI 表现为集聚垂直复合型投资。OFDI 受东道方政治制度水平影响并不显著，但偏好于"制度接近"的国家。OFDI 呈现出较强的贸易导向、基础设施偏好和一定的资源寻求特征。高聂濡和韦素琼（2020）以中国八大综合经济区为研究单元，利用 2008～2017 年 OFDI 流量和存量数据，运用面板数据模型，在分析八大综合经济区 OFDI 差异特征的基础上对其形成机理进行探究。结果表明：第一，2008～2017 年，全国 OFDI 整体上呈现波动加速上升趋势，不同区域的增速差距较大；第二，OFDI 高度集中于沿海经济区，其他经济区与沿海经济区差距悬殊；第三，通过泰尔指数得出八大综合经济区间和区内差异仍存在，不同区域差异贡献率不同，但逐步趋向良性均衡发展；第四，造成中国对外直接投资出现差异性特征的因素主要有地区生产总值、城镇非私营单位就业人员平均工资、专利授权数、外商直接投资额。罗盛和王煜昊（2021）从空间视角选取 2003～2018 年中国在"一带一路"沿线 37 个国家的 OFDI 数据，构建空间面板模型，实证检验中国在"一带一路"沿线国家 OFDI 的影响因素。结果显示，中国在"一带一路"沿线国家 OFDI 存在显著的第三国效应且呈现挤出效应，市场规模和贸易成本是影响中国在"一带一路"沿线国家 OFDI 的两大最重要因素。

国内签订多边贸易与投资协定对 OFDI 影响的研究主要有：陈丽丽和余川（2011）建立自有资本模型，从差异化生产率和差异化收入水平的角度，分析了区域内贸易协定的签订对区域内 OFDI 的流量和流向所产生的影响。研究发现：区域一体化的程度越高，不仅能够促进区域内 OFDI 流量的增加，而且能够吸引区域外国家对区域内成员方的 OFDI；最后得出结论：各国要想获取更多的国际生产资本，就应该积极参与并签署深度一体化的区域贸易协定，加入区域贸易协定，获得区域一体化市场的优惠政策。孙玉红和许智贤（2018）在 KCM 模型的基础上构建了多边贸易协定对 OFDI 影响的扩展模型，具体分析了自由贸易协定（FTA）对 45 个国家的影响及对中国与 111 个伙伴方之间的 FDI 的影响。研究结果表明，自由贸易协定的签署和实施有效地促进了我国企业 OFDI 的发展，并且其作用和影响程度高于世界平均水平。钱运春（2000）认为区域贸易协定的签署为区域内的投资环境带来了政策、体制、机制等一系列的变化，这些变化不仅为区域内企业的 OFDI 发展提供了便利、降低了投资风险、创造了良好的投资环境，而且会推动区域内企业 OFDI 规模的扩大，使企业延伸并扩大自己的业务范围。因此自由贸易协定的签订所带来的政治制度的便利将促进跨国公司在区域内经营活动的一体化，促使区域内企业通过改变自身的发展战略，不断增加对区域内部成员方的 OFDI。

国内关于中国 OFDI 发展路径与对策方面的主要研究有：朱邦宁和马相东（2013）指出，在中国企业 OFDI 进一步发展面临着投资安全审查、全球产业链结构升级及绿色发展等因素的制约和影响下，需要政府和企业的共同努力，通过采取应对措施，合理引导企业 OFDI 的产业布局，以绿色投资为导向。黄凌云和王军（2016）针对中国对外投资企业跨国投资模式选择及其对劳动者的影响问题进行了研究，得出结论：合资兼并模式下劳动产出表现最差，独资绿地和独资兼并模式下劳动者平均工资最高，投资模式对劳动者福利没有显著影响。同时指出，企业境外直接投资模式的选择会随着东道方经济发展状况的不同而调整变化，若东道方开放程度越高，基础设施建设速度快，则独资兼并的模式更有利，而对于拥有经济增长速度快，市场容量大的东道方，企业境外直接投资选择合资模式会更好，对于外资流入规模大的东道方，企业境外直接投资选择独资形式更有利。许唯聪（2017）以"一带一路"沿线 55 个国家为研究对象，运用空间分析方法，从东道方自然资源禀赋、经济水平、市场潜力、开放程度、贸易水平及外汇汇率、双边距离等影响因素入手，运用空间极大似然估计法，辅以 GMM 稳健性检验法等，对"一带一路"国家 OFDI 的空间效应进行实证检验分析，研究我国"一带一路"OFDI 空间布局问题，最后得出结论：中国"一带一路"OFDI 空间布局严重失衡，存在正向的空间集聚、溢出效应，负向的第三国效应，我国企业 OFDI 在"一带一路"沿线的投资对象应重点布局经济实力强国，以便形成空间集聚点，并且应选择东道方人均 GDP 水平较高的国家开展 OFDI 活动。张苑驰（2018）选取与我国开展双边贸易投资较多的 100 个国家作为样本对象，利用 2007~2016 年中国对 100 个国家的 OFDI 和进出口贸易相关数据，在引力模型框架下，定量分析境外经贸合作区建设对我国 OFDI 及进出口贸易的具体影响，证明境外合作区对我国企业 OFDI 发展的实践效应，最后得出结论：境外经贸合作区的建设对我国 OFDI 及双边贸易的发展都具有积极的影响，境外经贸合作区为我国企业 OFDI 的发展搭建了公共平台，能够促进我国 OFDI 的发展，境外经贸合作区在我国企业 OFDI 活动中实现了产业集群和投资规模效应，使合作区内企业协同互补、共同抵御风险，对推动中资企业境外直接投资发展具有较强的促进作用。因此，政府应加强宏观规划指导，企业作为境外经贸合作区建设运营的主体，要进一步加强运营管理，提高决策的科学性。付圆圆（2018）基于企业异质性视角，对我国的医药制造业 OFDI 决策与区位选择问题进行了研究。该研究采用我国医药制造业 A 股上市公司数据，运用 logit 模型进行了实证研究，结果表明：全要素生产率、企业性质、资本密集度均会影响企业的 OFDI 行为。同时，运用异质策略模型，对企业的 OFDI 区位选择的影响因素进行了研究。最后对中国医药制造业开展 OFDI 提出了政策建议：我国的医药制造业 OFDI 的决策应将企业自身的生产要素优势与投资东道方要素优势进行综合考虑，并以此为依据进行投资区位的选择。文乐（2019）以浙江为例，基于新新贸易理论对中国 OFDI 模式选择问题进行了研究。他根据企业的异质性，用新新贸易理论来探讨企业异质性和 OFDI 的关系，根据假说提出研究的二值选择模型，进行实证研究并得出结论：生产率越高的企业，越会趋向于选择进行 OFDI，而且生产率越高的企业在进行 OFDI 时更倾向于选择经营型投资，而企业的总资产、主营业务成本与费用越高的企业，进行 OFDI 时会更倾向于选择贸易型投资。因此，企业在进行 OFDI 时应考虑其生产率、总资产、主营业务成本与费用等相关的自身因素，同时也应考虑政府所制定的相关政策，而政府也应该制定相应的政策来鼓励和支持有条件的企业进行 OFDI。李新安和李慧（2020）在分析我国制造业对"一带一路"沿线国家直接投资现状的基础上，剖析了我国制造业企业投资于"一带一路"沿线国家所面临的特殊的地缘政治与复杂国际政治经济形势等诸多风险挑战，最后提出了我国制造业应对"一带一路"沿线国家投资风险的对策和措施：主动参与建立国家间及区域间的相互合作框架机制，完善落实"一带一路"的"五通"政策，完善风险防控体系，搭建对外投资服务平台，指导制造企业 OFDI 等。孙晨瑶（2020）以 2009～2018 年国内上市公司对"一带一路"国家跨国并购和绿地投资事件为研究主体，选择了 1425 起实例作为研究样本，并采用面板 logit 模型，从企业层面和国家层面进行实证分析，得出结论：规模大的企业对"一带一路"国家 OFDI 进入模式倾向于跨国并购，研发能力强和国际化经验丰富的企业倾向于绿地投资。从国家层面来看，与中国文化差异大和基础设施完善的国家，中国企业 OFDI 的模式倾向于绿地投资，在关税水平和治理水平高的国家，中国企业 OFDI 的模式倾向于跨国并购。而企业盈利能力和东道方的经济发展程度与我国企业的进入模式选择无显著的相关性。最后，本书在实证研究的基础上，给出了我国企业在"一带一路"国家 OFDI 进入模式选择的建议：要引导规模大的企业向"一带一路"沿线国家市场投资，因"一带一路"沿线大部分国家都尚未建立完善的知识产权保护制度，因此，中国企业在进行绿地投资和跨国并购时，要强化知识产权保护意识。中国企业在"一带一路"沿线国家投资时，对贸易开放度不高以及实施政策管制的国家选择以跨国并购进行投资等。吕小明、王晰和黄森（2021）基于近十年中国对亚洲各国OFDI的数据，分析了中国企业在亚洲地区OFDI的特征，针对中国在东盟投资的具体情况研究了"一带一路"倡议下，中国在亚洲OFDI的质量提升策略。针对中国在亚洲OFDI存在行业及区域集中、投资方式不平衡等问题，并提出相应的对策建议：中国应加大对亚洲地区基础设施建设较落后国家的投资，中国对亚洲地区的OFDI应平衡绿地投资和跨国并购两种方式等。

　　总体来说，这些国内外的研究各有特点，国外的研究偏重企业从事OFDI的目的和动机的研究及一国企业从事OFDI的决定因素方面；国内的研究较多选择从企业OFDI的投资便利化、技术溢出效应、产业升级、贸易发展等各个不同视角和维度来通过建立不同的计量模式来分析中国企业OFDI的效应与影响因素，对于中国OFDI发展路径与对策方面研究多偏重某一产业或某一地区OFDI投资模式和区位选择的研究，同时针对"一带一路"沿线国家的OFDI投资模式和风险防范方面做了一些研究，但是针对我国企业OFDI发展的最新数据，紧密结合当前最新的国际投资新规则、新背景、新战略，系统研究我国企业OFDI发展的内外环境、境内外投资风险的防范以及最新投资条件下的投资策略与路径的研究较少。因此，本书试图针对我国企业OFDI发展的最新数据，紧密结合当前最新的国际投资新规则、新背景和我国的投资新战略，依据相关理论和企业实践工作，对中国企业在全球投资新格局视角下的OFDI发展问题进行研究，希望以此对我国企业在新的国际投资规则和投资环境条件下的对外投资工作提供有益的参考和建议。

第三章

全球投资新格局
与中国的国际投资地位

第一节　全球直接投资流量规模的现状分析

通过对近年来全球 FDI 流入与流出有关指标的分析和各区域的国际比较，我们发现全球吸收外资与对外投资的竞争都呈现出了更加广泛、更加深入、更加复杂的特点。中国在全球投资格局中的国际投资地位虽有上下波动，但总体趋势处于稳中有升的状态。从中长期看，中国在吸引外资方面已具有一定的综合优势，吸引了全球一些大的跨国公司投资者和投资促进机构的投资，同时在对外投资方面更是表现出强劲动力和巨大潜力，在全球投资格局中的地位进一步提升，向双向投资大国的目标不断迈进。

一、全球吸收外资的基本情况

近年来，受新冠疫情的影响，全球的 FDI 规模受到了一定的冲击和影响，大部分国家和地区的 FDI 流量规模呈现不同程度的下降。联合国贸发会议（UNCTAD）的 FDI 数据包括 153 个经济体，统计量占全球 FDI 总量的 98%。根据联合国贸发会统计数据，2014~2019 年全球 FDI 流入流量平均超过 1.4 万亿美元。其中，2019 年全球 FDI 流入流量达到 1.54 万亿美元，较 2018 年同比增长 3.0%。2019 年发达国家流入流量金额占全球的比重达到 51.97%；发展中国家占比为 44.47%。在对外投资流量国家（地区）排名方面，根据联合国统计数据，2019 年 FDI 流入流量国家排行榜中，美国排在第一位，流入流量达到 2462.2 亿美元，中国和新加坡分别排在第二和第三位；根据联合国统计数据，2017~2019 年全球 FDI 流入存量先下降后上升。其中，2019 年全球 FDI 流入存量达到 36.47 万亿美元，较 2018 年同比增长 10.7%。其中发达国家流入存量金额占全球的比重超过 60%；发展中国家占比为 31.02%①。

　　2020 年，由于受新冠疫情的影响，全球 FDI 急剧下降，在 2019 年 1.5 万亿美元的基础上下降 42%，至 8590 亿美元。2020 年末，FDI 的水平比 2009 年全球金融危机后的谷底还低 30% 以上，回落至 20 世纪 90 年代的水平。2020 年流入发达国家的 FDI 同比下降 69%，至 2290 亿美元，是过去 25 年的最低水平；与之相比流入发展中经济体的 FDI 下降了 12%，至 6160 亿美元。而中国是 2020 年全球最大的 FDI 接收国，全年 FDI 流入上涨 4%，至 1630 亿美元②。2021 年全球投资环境仍在动荡的背景下，我国 2021 年吸收外资保持全球第二，我国全年实际使用外资首次突破万亿元，达到 1.1 万亿元，增长 14.9%，新设外资企业 4.8 万家，增长 23.5%，实现引资规模和质量"双提升"③。

二、全球对外投资的基本情况

　　近年来，由于各国在逐步加强外商投资的审查机制，对 FDI 的审查变

---

①　联合国贸易与发展会议：《世界投资报告》（2015~2020 年）。
②　联合国贸易与发展会议：《2021 年世界投资报告》。
③　资料来源：中华人民共和国商务部网站。

得更加普遍。占全球 FDI 总量 56% 以上的国家建立了专门的外国投资审查机制。外资国家安全审查最初是作为限制外国参与国防工业的一种手段。此后逐渐扩大到保护其他战略性产业和关键基础设施，现在则被用来保护在新工业革命时代对国家竞争力至关重要的核心科技和技术。同时，由于受新冠疫情的影响，全球的对外投资流量规模也呈不同程度的下降状态。据联合国统计数据，2014~2019 年全球 FDI 流出流量均超过 9800 万美元。其中，2019 年全球 FDI 流出流量达到 1.31 万亿美元，较 2018 年同比增长 33.2%。其中发达国家流出流量金额占全球的比重接近 70%；发展中国家占比为 28.40%。2019 年 FDI 流出流量国家排行榜中，日本排在第一位，流出流量达到 2266.5 亿美元，中国和美国分别排在第二和第三位。根据联合国统计数据，2017~2019 年全球 FDI 流出存量先下降后上升。其中，2019 年全球 FDI 流出存量达到 34.57 万亿美元，较 2018 年同比增长 9.7%。其中发达国家流出存量金额占全球的比重达到 75.85%；发展中国家占比为 22.85%。

2021 年 6 月联合国贸发会议发布《2021 年世界投资报告》，指出 2020 年全球 FDI 下降了 35%，从 2019 年的 1.5 万亿美元降至 1 万亿美元。新冠疫情导致的各国人员等生产要素流动的封锁减缓了现有投资项目，而经济衰退的前景迫使跨国企业重新评估新项目。其中发达经济体的 OFDI 规模下降了 58%，发展中经济体的 FDI 更有弹性，仅下降 8%，主要受益于亚洲的 FDI 较为强劲。2020 年，发展中经济体的 OFDI 规模占全球总量的 2/3，而 2019 年其占比不到全球总量的一半①。

第二节   全球直接投资流量规模的中长期走势分析

从中长期走势看，全球吸收外资和对外投资流量都出现过多次大起大

① 联合国贸易与发展会议：《世界投资报告》（2015~2021 年）。

落，其中对全球走势起决定性影响的是发达经济体的流量变化，不过发展中经济体的影响有所上升。

一、全球吸收外资流量走势分析

长期以来，在全球 FDI 流量中，发达经济体的表现是起决定性作用的，发达经济体 FDI 流入量的走势总体上决定了全球 FDI 流入量的基本走势。20 世纪 90 年代中期以来，全球吸收外资流量经历过好几次大起大落，都是由欧美主要发达国家引领或导致的，不过发展中经济体的份额与作用正在逐步提升。

全球吸收外资流量的第一次大起大落是发生在 2000 年前后。由于信息技术的大发展，在欧美新经济带动下，发达经济体投资规模急剧攀升，吸收外资流量从 1995 年的 2224.8 亿美元大幅上升至 2000 年的 1.14 万亿美元，是 1995 年的 5.1 倍。在发达经济体的强力拉升下，全球吸收外资流量在 2000 年也达到了一个历史高峰，达 1.4 万亿美元，是 1995 年的 4.1 倍。不过，进入 21 世纪后，由于发达国家对于 IT 产业特别是互联网技术的过度投资，互联网泡沫的破灭带来了 IT 企业的倒闭潮，从而也引发了发达经济体吸收外资水平的急剧萎缩，从 2000 年的 1.14 万亿美元直线下降至 2003 年的 3768.1 亿美元，大幅缩水 67%。全球吸收外资流量从 2000 年的 1.4 万亿美元急剧下降至 2003 年的 5869.6 亿美元，大幅缩水 58.1%[①]。

第二次大起大落是发生在 2007~2014 年。从 2003 年开始，主要发达国家以宽松的财政与货币政策，推动全球金融产业、房地产业等实现空前发展，加上一批新兴国家在经济全球化浪潮中抓住了国际产业转移等机遇走上了快速发展与崛起之路，刺激了全球 FDI 的新一轮浪潮。从 2003~2007 年短短五年时间里，全球吸收外资流量从 2003 年近 6000 亿美元的低谷疯狂上升至 2007 年最高峰时的 1.87 万亿美元，大幅增长了 211.3%。其中，发达经济体贡献了主要增量，从 2003 年的 3875 亿美元急剧上升到

---

① 联合国贸易与发展会议：《世界投资报告》（1996~2015 年）。

2007 年的 1.25 万亿美元，大幅增长了 223.8%。在这五年时间里发展中经济体的 FDI 流入量增长幅度也相当大，从 2003 年的 1937.5 亿美元上升至 2007 年的 5285.4 亿美元，增长幅度也达到了 172.8%，不过在增量规模上还是比发达经济体小了很多。在 2007 年美国次债危机的触发下，一场规模空前的全球金融危机席卷了世界各国，全球直接投资随之受到重创，从 2007 年的历史高峰，大幅下降 136.6% 至 2009 年的 1.19 万亿美元。其中，发达经济体下降幅度更大，高达 148%，从 2007 年的 1.25 万亿美元大幅下降至 2009 年的 6523 亿美元，随后全球直接投资 2010 ~ 2011 年略微回升后于 2012 ~ 2014 年又出现一定幅度的下降，从 2013 年的 1.363 万亿美元下降至 1.26 万亿美元，达到近 4 年最低水平[①]。

　　最近一次大起大落是发生在 2014 ~ 2021 年。2014 年全球吸收外资流量呈现强劲的回升，2015 年全球 FDI 增长了 38%，达 1.76 万亿美元，为 2008 年全球金融危机爆发以来的最高水平，2016 年的全球对外直接投资流入量达 1.75 万亿美元，与 2015 年保持大致相当的水平，但是从 2017 年全球吸收外资流量开始呈现大幅下降，2017 年全球外国直接投资（FDI）下降 23%，为 1.43 万亿美元，下降主要是由跨境并购大幅下降 22% 造成的。同时，2017 年已宣布的绿地投资额也下降了 14%，全球投资回报率下降是导致投资低迷的原因之一。2017 年对外商投资的全球平均回报率为 6.7%，低于 2012 年的 8.1%。全球各个地区的投资回报率都在下降，非洲、拉美及加勒比地区的投资回报率降幅最大。外国资产回报率下降可能会影响 FDI 的长期前景，此外，全球价值链的扩张趋于停滞，全球和地区性风险也十分突出，政策不确定性增加。贸易关系紧张局势的升级和扩大将对全球价值链投资产生负面影响。美国税收改革及各国减税竞争加剧也会对全球投资存量及投资模式产生重要影响。此外，一些宏观经济变量，如一些国家的债务问题，也可能出现不利的变化，因此导致 2018 年全球外国直接投资（FDI）同比下降 13%，降至 1.3 万亿美元。2019 年全球 FDI 流入流量 1.54 万亿美元，虽较 2018 年同比增长 3.0%，但是 2019 年末暴发的新

---

① 联合国贸易与发展会议：《世界投资报告》（1996 ~ 2015 年）。

冠疫情，导致 2020 年全球吸收外资流量再次大幅度下降，降至 8590 亿美元，比 2009 年全球金融危机后的谷底还低 30% 以上[1]，尽管疫情期间全球 FDI 流量急剧下降，但国际生产体系将继续在经济增长和发展方面发挥重要作用，预计随着全球各国对新冠疫情的防控技术的提高及防控措施的优化，全球吸收外资规模有可能得到恢复和提升（见图 3–1）。

（万亿美元）

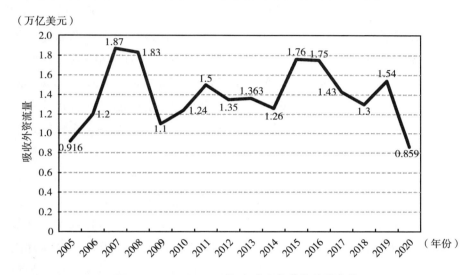

图 3–1 2005～2020 年全球吸收外资流量走势
资料来源：联合国贸易与发展会议：《世界投资报告》（2015～2021 年）。

二、全球对外投资流量走势分析

与全球吸收外资流量的中长期走势相比，近 20 年来，全球对外投资流量也经历了多次大起大落，而且 2007 年前后这一波起落幅度相对更大，发达经济体对全球对外投资中长期走势变化的影响也更大，不过发展中经济体的影响也在增加，对于稳定全球对外投资的波动方面起了积极作用。2000 年全球对外投资流量达到 1.17 万亿美元，比五年前增长了 2.3 倍，这主要是由发达经济体对外投资的扩张引起的，当时发展中经济体和转型经济体的对外投资流量还很小。此后，由于互联网泡沫的破灭，2000～

---

[1] 联合国贸易与发展会议：《世界投资报告》（2015～2021 年）。

2002 年，发达经济体和发展中经济体的对外投资流量均下降了一半以上，全球对外投资流量下降到了不到 5000 亿美元，下降幅度达到 58%。2002 ~ 2007 年，跨国公司在全球的投资再度膨胀，特别是全球并购投资发展迅猛，全球对外投资流量从 2002 年的 4914 亿美元一度上升到 2007 年的 2.13 万亿美元，大幅增长了 3.3 倍。其中发达经济体贡献了全球对外投资增量的主要部分，但发展中经济体的增长幅度更大，从 366 亿美元猛增至 2696 亿美元，增幅高达 6.4 倍。自 2007 年以来的这段时期，全球对外投资流量是先大幅下降 48%，2009 年降至 1.1 万亿美元，后面两年又增长 44%，2011 年回升至 1.59 万亿美元，但并不稳定。2012 年再度下降近 20%，回调至 1.28 万亿美元。2013 ~ 2014 年，虽然发达经济体的对外直接投资流量持续下滑，但由于发展中国家保持了对外投资的上升势头，全球对外投资流量保持了小幅增长，2014 年为 1.35 万亿美元。2014 ~ 2019 年全球 FDI 流出流量均超过 9800 万美元。2015 年全球对外投资流量持续上涨至 1.7 万亿美元，但是从 2017 年全球对外投资流量开始下降，全球对外投资流量从 2016 年的 1.81 万亿美元下降至 2017 年的约 1.52 万亿美元，降幅达 16%，2019 年全球 FDI 流出流量达到 1.31 万亿美元，2020 年全球外国直接投资下降了 35%，降至 1 万亿美元[①]。随着全球各国对新冠疫情的防控技术的提高和防控措施的优化，以及 RECP 等区域贸易投资协定的实施，预计从 2022 年开始，受到旨在提高弹性的全球价值链重构、股本补充和全球经济复苏的拉动，投资流量将缓慢恢复，全球对外投资流量规模有可能得到恢复和提升。

第三节　全球直接投资的总格局分析

进入 21 世纪以来，发展中经济体吸收外资和对外投资都在快速增长，在全球投资格局中的份额和地位正在大幅提升，特别是吸收外资流量的全

---

① 联合国贸易与发展会议：《世界投资报告》（2011 ~ 2020 年）。

球份额已开始超越发达经济体，而且对外投资流量的增长势头比较强劲，对外投资潜力非常大。在发展中经济体中，无论是吸收外资还是对外投资，中国的表现都是最引人注目的，是引发全球直接投资总体格局发生重要变化的主要因素。

一、吸收外资的全球格局分析

尽管发达经济体 FDI 流量变化趋势很大程度上还决定着全球 FDI 流量的走势，但全球直接投资的总体格局正在发生重大变化，发展中经济体的份额与影响正在赶超发达经济体。

（一）发达经济体与发展中经济体的整体比较

发达经济体在全球直接投资格局中长期处于优势，其所占比重大部分时候远超过50%，有不少年份都在80%以上。不过，从发达经济体与发展中经济体占全球 FDI 流入量的比重的总体趋势看，在最近 30 多年来，两者在上下大幅波动中逐步趋近。特别是中期的金融危机及近期的新冠疫情，不仅对发达经济体的引资水平造成了重创，发展中经济体的引资也受到很大冲击，但相比之下影响较小，而且部分新兴国家在危机中还把握了一些新的投资机遇。因此，全球吸收外商直接投资流量的总体格局正在发生重要变化。

自 2007 年以来，发展中经济体吸收外资流量的全球份额正在迅速上升，从 2007 年的 28.2% 大幅上升至 2018 年的 54%；同期发达经济体的比重从 67.1% 急剧下降到 46%，跌落到 51% 以下。在全球前 20 大外资流入目的地中，发展中及转型经济体仍占一半。美国仍是最大的外资接受国，外资流入达 2520 亿美元；其次是中国，为 1390 亿美元；中国香港及新加坡分别排在第 3 位和第 4 位。但是，到了 2020 年，发展中地区的外国直接投资流量下降且不平衡，拉丁美洲和加勒比地区 FDI 流量下降37%，非洲 FDI 流量下降18%，亚洲 FDI 流量下降4%。东亚接受的外国投资最多，占 2020 年全球 FDI 的 1/3[①]。中国吸收外资实现了逆势增长，成为全球最

---

① 联合国贸易与发展会议：《世界投资报告》（2008～2021 年）。

大外资流入国，这是多重因素综合作用的结果。与一些国家在新冠疫情冲击下以国家安全为名纷纷抬高外资准入门槛相反，中国政府越是困难越是坚持在改革开放中稳外资，连年压减外资准入负面清单，不断扩大开放领域，不断为外商创造新的投资机遇。与此同时，我国及时出台了财税、金融、社保等对外资企业同等适用的、普惠性的助企纾困政策，还针对外资企业出台了鼓励投资目录、出入境便利等一系列的专项政策，在全国健全了重点外资企业和项目的服务保障机制。此外，全面取消商务领域外资企业审批备案，营商环境持续优化。

（二）全球吸收外资流量的区域格局

下面本书重点对比不同区域的发展中经济体在吸收外资流量方面的表现。2020 年，在新冠疫情的影响下，全球各地区的 FDI 大部分呈下降趋势，2020 年，流入亚洲发展中经济体的 FDI 下降高达约 45%。而在 2019 年流入亚洲发展中经济体的 FDI 就下降了 5%，达 4740 亿美元。其中，流入南亚和东南亚的 FDI 分别增长 10% 和 5%，但这一增长不足以抵消东亚和西亚外国投资的下降（分别下降 13% 和 7%）。不过，亚洲仍然是全球最大的 FDI 接受地，2019 年全球超过 30% 的外资流入该区域。2019 年，东南亚的 FDI 增长了 5%，达到 1560 亿美元的创纪录水平，继续保持亚洲增长引擎的地位。增长主要来源于对新加坡、印度尼西亚和越南的投资。这三个国家获得了东南亚 80% 以上的 FDI。流入南亚的 FDI 增长了 10%，达 570 亿美元。增长的主要原因是流入印度——南亚最大的 FDI 接受国的外资增长了 20%，达到 510 亿美元。对印度的大部分投资流向了信息和通信技术行业以及建筑业。同时，流入巴基斯坦的 FDI 有所恢复，在 2018 年下降 30% 后增长了 28%，达到 20 亿美元。在西亚地区，FDI 下降了 7%，至 280 亿美元，主要流入土耳其、阿拉伯联合酋长国和沙特阿拉伯这三个国家。其中，阿拉伯联合酋长国是西亚最大的 FDI 接受国，2019 年的 FDI 流量近 140 亿美元，比上年增长了 1/3。由于一些大型并购交易，流入沙特阿拉伯的外资连续两年增长，增加 7%，至 46 亿美元。流向土耳其的 FDI 则下降了 35%，约降至 84 亿美元。在数字领域投资的推动下，印度的外国直接投资增长了 13%。东盟是过去十年 FDI 增长的引擎，该区域集团的 FDI 2020 年下降了 31%，非洲大陆的 FDI 下降了 16%，降至 400 亿美元，为 15 年前的水平。中国吸收外资实现了逆势增长，成为全球最大外资流入国，中国的资本流入增加了 6%，达到 1490 亿美元①。受到中国因素的驱动，亚洲发展中国家的 FDI 抵御了新冠疫情的严重影响。

与亚洲形成鲜明对比的是拉丁美洲和加勒比地区，其 FDI 在 2020 年"暴跌"，下跌 45%，至 880 亿美元。新冠疫情大流行对全球外国直接投资的影响在 2020 年上半年最大，在下半年，跨境并购和国际项目融资交易基本恢复。与实现可持续发展目标相关的各个领域的投资一直在下降，特别是在食品、农业、卫生和教育领域。在新冠疫情后期，需要扩大与可持续发展目标相关的投资。2020 年流入非洲的 FDI 下降 25%～40%，较低的商品价格将加剧这种下降趋势。2019 年，流入非洲的 FDI 已经减少了 10%，至 450 亿美元。对结构性脆弱的经济体来说，FDI 的前景极为消极。许多最不发达国家依赖采掘业进行 FDI，许多小岛屿发展中国家依赖对旅游业的投资，内陆发展中国家受到供应链中断的影响。2019 年，流入最不发达国家的 FDI 减少了 6%，至 210 亿美元，仅占全球 FDI 的 1.4%②。

在发达国家中，2020 年流入欧洲的 FDI 预计减少 30%～45%，下降幅度明显高于流向北美和其他发达经济体的 FDI（平均下降 20%～35%），因为在危机前欧洲的经济基础相对薄弱。2019 年，流向发达经济体的资金增加了 5%，达到 8000 亿美元。2020 年，FDI 流入美国的资金减少了一半，这是由于绿地投资（又称"新建投资"）和跨境并购急剧下降。而流向北美的 FDI 下降了 42%，原因是投资收益下降。欧盟的 FDI 下降了 80%，所有最大的接受国都出现大幅下降；流入英国的 FDI 降至零③。

（三）全球主要经济体吸引外资指数分析

尽管全球政治充满了不确定因素，逆全球化日益风行，投资者仍然对未来全球跨境投资趋势充满信心。根据科尔尼咨询公司的《2017 年全球

---

① 联合国贸易与发展会议：《世界投资报告》（2019～2021 年）。
② 联合国贸易与发展会议：《世界投资报告》（2020～2021 年）。
③ 联合国贸易与发展会议：《2021 年世界投资报告》。

FDI 信心指数报告》可知，在 2017 年前后，外商直接投资信心指数全球排名前十位的国家是美国、德国、中国、英国、加拿大、日本、法国、印度、澳大利亚、新加坡。而在 2020 年科尔尼咨询公司所发布的《2020 年全球 FDI 信心指数报告》中指出，由于新冠疫情对全球经济带来的影响，未来一年内 FDI 将急剧下降，而中国在所有发展中国家中处于最高排名，位居全球第八，这一高排位表明，尽管新冠疫情在短期内给中国经济造成重创，但投资者在调研期间还是对中国经济的强劲复苏持乐观态度。具体来说，排名前十的国家或地区依次分别为美国、加拿大、德国、日本、法国、英国、澳大利亚、中国、意大利、瑞士。但随着 RCEP 的实施和后期中欧投资协定的签订，中国所提供的投资环境进一步改善和提升。中国的外商直接投资信心指数会进一步提高（见图 3 - 2）。

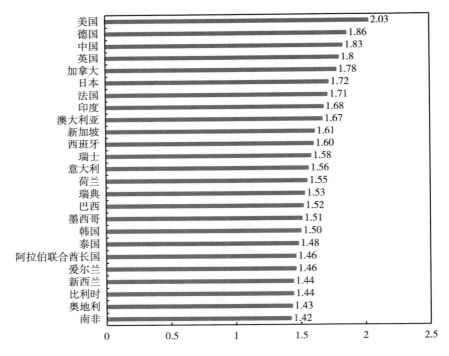

图 3 - 2　2017 年全球 FDI 信心指数排名

资料来源：中文互联网数据信息网。

另外从发展中国家的 FDI 吸引力指数（inward FDI attraction index）来看，有不少发展中经济体和转型经济体的 FDI 吸引力指数排名大幅提升，如阿尔巴尼亚、柬埔寨、马达加斯加和蒙古国等在内的一批发展中经济体和转型经济体通过改善国内投资环境、推行投资激励措施等设法吸引了比预期更多的外商直接投资。而其他一些经济体（如阿根廷、菲律宾、斯洛文尼亚和南非等）吸收的 FDI 则低于其国内经济发展所体现的引资潜力。总体上看，随着越来越多的发展中经济体和转型经济体更深层次地融入经济全球化中，以及这些国家投资环境、基础设施和引资政策等的不断改善，全球在吸收 FDI 方面的竞争也就显得更为激烈。

二、对外投资的全球格局分析

全球对外投资流量的总体格局变化没有吸收外资流量的变化那么大，发达经济体在全球对外投资流量中仍占据大头，但从变化趋势看则基本相似，发展中经济体在全球对外投资流量中的比重越来越大，特别是最近几年呈直线上升趋势。

（一）发达经济体与发展中经济体对外投资流量的整体比较

进入 21 世纪以来，在中国等新兴经济体对外投资快速发展的带动下，发展中经济体的对外投资流量开始快速增长，2018 年发达国家对外投资大幅下降了 40%，为 5580 亿美元。美国跨国公司的大规模资金回流使美国对外投资出现负的净流出，导致美国未能进入 2018 年全球 20 大对外投资经济体名单。但欧洲跨国公司的对外投资增长了 11%，达到 4180 亿美元。法国成为第三大投资来源国，2018 年对外投资超过 1000 亿美元。发展中经济体对外投资下降了 10%，降至 4170 亿美元。亚洲发展中经济体的对外投资下降了 3%，为 4010 亿美元；中国对外投资连续两年下降。拉美和加勒比的对外投资急剧下降。2018 年下半年全球并购交易出现增长，缓冲了美国税改导致的全球 FDI 的下降。全年跨境并购额增长了 18%。这主要由美国跨国公司的海外子公司推动的。2018 年全球绿地投资出现反弹，同比增长 41%，达 9610 亿美元，但各地区很不均衡。制造业绿地投资扭转了长期下滑趋势，已宣布的项目金额同比增加了 35%。大部分绿地投资发生在亚洲，但非洲的绿地投资也大幅增长了 60%，拉美及加勒比地区绿地投资急剧下降①。

（二）全球对外投资流量的区域格局分析

2021 年 6 月，联合国贸易和发展组织（贸发会议）发表的《2021 年世界投资报告》显示，全球 FDI 总额下降了 1/3 以上，降至 1 万亿美元（2019 年为 1.5 万亿美元）。2014～2019 年全球 FDI 流出流量均超过 9800 万美元。其中，2019 年全球 FDI 流出流量达到 1.31 万亿美元，较 2018 年同比增长 33.2%。其中发达国家流出流量金额占全球的比重接近 70%；发展中国家占比为 28.40%②。在 OFDI 方面，虽然目前有 RCEP、CPTTP 等区域性贸易投资促进协定，中欧投资协定也完成谈判，但是一些国家加强了外国投资审查机制，以保护医疗保健和其他战略产业，其他措施包括强制生产、禁止医疗器械出口和降低医疗设备进口关税。出于国家安全考虑，几乎全部发达国家加强了对战略性产业外国投资的审查。疫情会对投资决策产生持久影响：一方面，对战略性产业，一些国家对外国投资实行更严格准入政策的趋势加强；另一方面，各经济体为从危机中复苏，加剧引资竞争。因此，全球 OFDI 的区域将会因 RCEP 的实施及"一带一路"倡议计划的持续推行，亚洲的 OFDI 会保持在相对好的增长水平。欧洲与北美由于长期以来跨国公司的 OFDI 规模大、能力强，尽管由于新冠疫情的影响，会减少一些境外投资，但总量规模仍居世界前列。

第四节　中国在全球投资总格局中的地位与潜力

自改革开放以来，特别是在中国加入世界贸易组织之后，中国吸收外资和对外投资的能力与水平都不断提升，从总量和占全球份额等指标来衡量，中国已逐步成长为双向投资大国，其表现十分引人注目，成为引起全

---

① 联合国贸易与发展会议：《世界投资报告》（2018～2019 年）。
② 联合国贸易与发展会议：《世界投资报告》（2015～2021 年）。

球投资格局发生巨大变化的最重要变量。

一、中国吸收外资的地位与潜力

改革开放以来，中国比其他大部分发展中经济体和转型经济体较早开始在外商直接投资领域推行优惠政策与鼓励措施，中国在全球投资格局中的地位经历了先升后降然后再逐步巩固的过程。进入 20 世纪 90 年代后，在中国国内市场的开放效应和外资优惠政策的推动下，中国 FDI 流入量进入了一个快速增长通道，从 1980 年不到 1 亿美元，大幅增长到 90 年代中期近 400 亿美元，中国吸收外资流量的比重也大幅提高，1993 年占发展中经济体和金砖五国的比重分别达到了 36% 和 90%，1994 年占全球 FDI 流入量的比重达到了 13.2%。从 1993 ~ 2000 年，中国 FDI 流入量稳步增长，不过在这段时间里，包括其他四个金砖国家在内的一批发展中经济体都推出了各种引资政策，吸收 FDI 金额的增长幅度超过了中国，中国的国际投资份额持续下跌，占金砖国家的比重从最高点的 90% 直线下降到 2000 年的 50% 左右，占发展中经济体的比重从最高点的 36.3% 大幅下降到 2000 年的 17.5%，占世界总量的比重也从最高点的 13.2% 下降到 2000 年的 2.9%[①]。

进入 21 世纪以来，以加入世界贸易组织为标志，中国从政策性开放向体制性开放过渡，中国获得引资竞争新优势，中国 FDI 流入量占金砖国家、发展中经济体和世界总量的比重又有过一波较大幅度的提升，分别上升到了 69.8%（2003 年）、31.6%（2002 年）和 9.7%（2003 年）的相对高点。不过总体上看已不再是"风景这边独好"，全球吸收外资竞争的广度和深度都大大提高。然而，中国吸收 FDI 的份额此后又有过一次比较大幅度的下滑，中国 FDI 流入量占金砖国家、发展中经济体和世界总量的比重曾一度下跌到 38.1%（2008 年）、15.8%（2007 年）和 4.5%（2007年）。在 2008 年金融危机中，中国在国内市场、投资环境、基础条件和宏观经济等方面还是表现出了吸引 FDI 流入的中长期竞争优势，相比之下 FDI 流入量的波动幅度明显小于其他经济大国，因此中国吸收 FDI 的份额

---

① 联合国贸易与发展会议：《全球投资趋势监测报告》（2021 年）。

在危机后也呈现了稳中有升的良好势头，2009～2014年中国FDI流入量占金砖国家、发展中经济体和世界总量的比重平均达到46.3%、19.3%和8.7%，其国际投资地位总体上得到了巩固①。

联合国贸发会议2021年1月发布《全球投资趋势监测》报告，报告指出，2020年全球FDI急剧下降，2020年中国吸收外资逆势上涨，超过美国成为全球最大的外资流入国。2020年流入美国的外资下降49%，降至1340亿美元，中国实际使用外资同比增长4%，达到1630亿美元。中国吸收外资全球占比大幅提升，已经高达19%，接近1/5，外资流入规模再创历史新高。其中，进入高科技行业的FDI增长了11%，跨境并购增长了54%，主要集中在通信技术（ICT）和制药行业。2021年全球投资环境仍在动荡的背景下，我国2021年吸收外资保持全球第二，我国全年实际使用外资首次突破万亿元，达到1.1万亿元，增长14.9%。根据UNCTAD对全球140多个经济体FDI吸引力指数和潜力指数的综合评估与排名，中国的FDI吸引力指数与FDI潜力指数的排名均处于第一梯队，吸收FDI的潜力与空间仍然很大。根据UNCTAD对全球主要跨国公司的调查结果显示，中国仍是跨国企业在未来两年全球投资的首选地②。

近年来流入中国的外资一直稳定增长，新冠疫情暴发后中国经济率先恢复增长，成为吸引外资的亮点，RCEP和中欧投资协定也提振了投资者信心。中国经济率先恢复增长，一枝独秀，成为全球吸引外资的亮点。全球疫情对跨国企业在华产业链、供应链的高度依赖也维持了在华外资的稳定和拓展。部分行业的进一步开放也促进了新的投资增加。我国政府采取了有效的投资便利化措施，有助于稳定投资。中国利用外资呈现四个特点：一是引资规模不断增高。2020年，全国实际使用外资9999.8亿元，2021年，全国实际使用外资1.1万亿元。二是引资结构进一步优化。2020年服务业实际使用外资占比77.7%。高技术产业吸收外资增长11.4%，高技术服务业增长28.5%，其中研发与设计服务、科技成果转化服务、电子商务服务、信息服务分别增长78.8%、52.7%、15.1%和11.6%。三是主要来源地保持稳定。对华投资前15位的国家和地区，投资增长6.4%，占比

①② 联合国贸易与发展会议：《全球投资趋势监测报告》（2021年）。

98%，其中荷兰、英国分别增长 47.6%、30.7%。东盟对华投资增长 0.7%。四是区域带动作用明显。东部地区吸收外资增长 8.9%，占比 88.4%。东北地区和中西部地区部分省份增长明显。外资企业以占中国企业总数 2% 的比重，贡献了全国 1/10 的城镇就业、1/6 的税收、2/5 的进出口，在利用国际国内两个市场、两种资源，提升我国经济实力、科技实力、综合国力和人民生活水平方面发挥了不可替代的作用，今后外资企业也将成为中国构建新发展格局的重要力量①。

二、中国对外直接投资的国际地位与潜力

经过多年的发展，中国从最具吸引力的资本流入大国，转向了几乎对等的资本输出大国。2020 年，世界经济经历了 20 世纪 30 年代以来最严重的衰退，中国成为全球唯一保持正增长的主要经济体，持续释放对世界经济的拉动效应。中国对外投资有序发展，维护全球产业链、供应链安全顺畅运转。中国跨国公司日益提高在全球配置资源的能力，参与国际经济合作和竞争的新优势明显增强。2020 年，新冠疫情全球大流行和世界百年未有之大变局深刻交织，国际贸易和投资萎缩，全球经济陷入衰退，但"一带一路"国际合作展现出强大的韧性和活力。中国政府将有序推进对外投资合作，高质量共建"一带一路"，构建人类命运共同体。中国企业将加强合规经营，维护海外合法权益，开拓合作共赢新局面。

中国企业 OFDI 的发展自中国加入 WTO 后开始加速发展。2002～2021 年中国加入 WTO 20 年间，中国对外直接投资流量从 25 亿美元激增至 1451.9 亿美元，大幅增长了 58 倍多，其间，由于新冠疫情的暴发在一定程度上影响了中国 OFDI 的规模，而在中国 OFDI 流量规模最高的年份，2016 年的 OFDI 流量规模达到 1961.5 亿美元，比加入 WTO 后初始年份增长 78 倍多。2021 年，我国对外全行业直接投资 9366.9 亿元，同比增长 2.2%（折合 1451.9 亿美元，同比增长 9.2%）。其中，我国境内投资者共对全球 166 个国家和地区的 6349 家境外企业进行了非金融类直接投资，累

---

① 资料来源：中华人民共和国商务部网站。

计投资 7331. 5 亿元（折合 1136. 4 亿美元，同比增长 3. 2%）①。

　　从目前中国 OFDI 的发展及在国际直接投资领域中的投资地位与潜力看，2019 年 12 月我国发布了《中国外商投资发展报告 2019》，报告选取 30 个 FDI 流入较多的国家和地区进行评估。评估结果显示，2018 年我国 FDI 吸引力指数为 42. 26，排名第 4 位，2018 年中国的 FDI 综合营商环境排名第 7 位。FDI 潜力指数为 44. 67，排名第 10 位。报告还显示，在 2008 ~ 2018 年，中国外资营商环境指数稳定地保持在前十名，整体营商环境有利于吸引外资②。同时，随着 RECP 的签订与实施，RCEP 助力域内产业链、供应链可持续发展，RCEP 有助于加强区域产业链、供应链，通过建立共同的原产地规则框架，大大扩展了贸易和投资自由化的范围，显著提升了中国自贸区网络的经济效应。RCEP 有利于投资者在区域内进行投资布局，将降低经贸壁垒、扩大市场准入，进一步便利中国企业 OFDI 的发展。中欧投资协定保障国际产业链畅通运行。中欧 CAI 对标国际高水平经贸规则，着眼于制度型开放，是一项全面、平衡和高水平的协定，中欧双方在市场准入、公平竞争规则等方面达成了高水平的谈判成果。协定如期完成，谈判将带动疫情后期全球产业链、供应链早日进入正常发展的轨道上来。该协定生效后双边投资增长将驱动双边贸易更加紧密并进一步融合产业链。

　　根据联合国贸发会议对投资促进机构（IPA）的调查，总体上发达经济体还是全球对外直接投资的主要来源地，不过金砖国家、韩国、阿拉伯联合酋长国和土耳其等也被认为是越来越重要的投资来源地。从调查结果来看，未来三年，美国和中国被认为是最有潜力的两大对外投资国，受访的投资促进机构中，分别有 62% 和 57% 选择了美国和中国作为最主要的投资来源地。

---

① 　资料来源：中华人民共和国商务部网站。
② 　对外经济贸易大学. 中国外商投资发展报告 2019［R］. 北京：对外经济贸易大学，2019.

第四章

双向投资对中国宏观
经济发展的影响分析

第一节　中国 FDI 与 OFDI 总体发展情况分析

　　经济全球化正使得国与国之间的经济越来越紧密地联系起来，一国在吸引外资流入的同时也伴随着国内资本对外投资。外资流入为东道方发展带来所需资金、技术和管理经验，而对外投资可以加快本国经济结构调整步伐，充分利用各国比较优势高效生产，同样可以带动东道方经济增长。相比较而言，发达国家大都经历了引进外资和对外投资大规模增长的阶段，最初靠利用外资促进本国经济发展，随着经济水平和企业竞争力的不断提高，开始逐步扩大对外投资规模，最终形成引进外资与对外投资相互协调的发展态势，最大化地发展经济。由此可见，引进外资和对外投资与东道方经济发展水平之间存在着密切的联系。在中国，随着改革往纵深方向推进，引进外资对经济增长的推动作用效果已经十分显著，而对外投资也开始呈现蓬勃发展之势，但目前还是滞后于引进外资力度。相比较，中国经济总量已经位列世界第二位，人均 GDP 水平也由 1978 年得不到 200

美元大幅升至 2020 年初的 10276 美元左右①。根据邓宁的国际投资理论，中国开始进入大规模对外投资阶段，对外投资对促进中国经济转型发展，并推动经济持续高速增长意义重大。现阶段，促进中国企业对外投资和引进外商直接投资协调发展对中国转变经济增长方式，应对国际贸易变化趋势和提高企业乃至国家国际竞争力都具有重要的战略意义。

自改革开放以来，中国经济以市场化改革为导向，并辅以对外开放政策，取得了令人瞩目的成就。引进和吸收外商直接投资是中国对外开放的重心，中国以其丰富的劳动力资源、良好的基础设施、巨大的潜在市场等优势，吸引着来自世界各地的 FDI。在长久保持资本流入大国地位的同时，近年来中国也逐渐成为全球主要的资本输出国，中国企业对外直接投资开始呈现蓬勃发展之势，成为参与经济全球化的重要力量。根据中国商务部的统计，截至 2020 年底，中国有 2.8 万家境内投资者在全球 189 个国家（地区）设立对外直接投资企业 4.5 万家，全球 80% 以上国家（地区）都有中国投资，年末境外企业资产总额 7.9 万亿美元。2021 年，中国境内投资者共对全球 166 个国家和地区的 6349 家境外企业进行了 OFDI，累计实现投资 1136.4 亿美元，同比增长 3.2%②。截至 2021 年底，我国吸收外商直接投资额达 1734.8 亿美元，同比增长 20.2%，利用外商直接投资规模略高于我国企业 OFDI 的规模。利用外资和对外投资成为促进中国经济持续、快速、健康发展的重要因素，外资及对外投资企业在促进国民经济增长、带动产业技术进步、扩大出口和提供就业机会等方面发挥着日益重要的作用，为中国经济迅速融入国际经济体系做出了令人瞩目的贡献，成为中国经济活动中不可分割的部分。

第二节　双向投资对中国宏观经济发展的影响分析

目前，中国吸引外资已经多年居于发展中国家首位，为"世界第二大

---

① 资料来源：国家统计局官网。
② 资料来源：中华人民共和国商务部网站。

引资国"。这意味着中国"引进来"战略的巨大成功。在对外投资方面，自 2010 年以来，中国先后四年成为世界第三大对外投资国、先后四年成为世界第二大对外投资国，2020 年首次成为全球第一大对外投资国。联合国贸发会议将中国列为"最有前途的 FDI 来源地"。这显示出中国"走出去"战略已经进入全面发展阶段。与此同时，中国对外投资规模不断增长并具有超越引进外资之势，这有利于推动中国经济发展。而深入研究对外投资给中国带来的影响不仅可以丰富发展中国家对外投资的理论和实践，还可以扩大对外投资的影响，带动更多的企业进行境外直接投资，利于中国经济发展形成良性循环，具体表现为：一是对外投资带动投资国技术进步，并逐渐形成经济效应。在获得国外先进技术和管理经验的基础上，提高投资主体的技术水平，在产业内外形成反馈效应。二是对外投资有利于投资国的产业升级发展。投资国的国内过剩产能和产业线被拓展和延长，不仅可以获得更多的收益，还有助于将这部分产业空间置换出来，有利于新产业发展，推动产业升级换代，优化产业结构。三是对外投资还间接促进贸易发展，创建新型比较优势。近年来，新一轮贸易保护主义盛行，企业出口变得困难重重，而对外投资可以更好地规避贸易壁垒，为企业出口带来更多的便利渠道。由此可见，随着中国对外开放程度的加深，对外投资超越引进外资的趋势不断发展，对外投资对中国宏观经济的直接刺激作用将会逐步扩大，不断发挥其对我国加快经济增长、增大技术引进力度、促进产业结构转型升级的作用及其对贸易的带动作用。

鉴于此，中国需要不断扩大企业对外投资积极性，引导企业更好、更快地走出去，推动经济更广泛和深入地融入世界经济中，享受全球化带来的高效率和高收益，获得更高的国际竞争力。这些都是目前中国宽领域、多层次、全方位对外开放格局的真实写照。然而，随着对外投资规模不断扩大，企业 OFDI 发展面临国家多、领域宽、政治、经济、文化、外交及市场等多因素交错，这增加了企业对外投资发展的不确定性和难度。因此，对外直接投资为中国经济乃至企业带来怎样的影响，其影响作用程度如何，目前已成为关注的热点问题，需要深入研究，以便于为中国对外投资战略提供决策依据，为企业更好地发展 OFDI，充分利用全球资源出谋划策。

一、中国 OFDI 与引进外资的相互关系分析

从理论上来看，发展中国家对外投资进程一般滞后于引进外资，中国的对外发展过程也充分体现了这一规律。事实上，这是由发展中国家国际化的先后顺序所决定的，但也区别于发达国家的发展过程，即一定需要等到经济高度发展后，才开始对外投资。在发展中国家，当经济发展到一定阶段后，国家和企业对生产要素需求呈现出多方面和多层次的特征时，就需要通过对外投资获得全球生产要素，提高国际竞争力。对外投资和引进外资作为发展中国家对外开放的手段和方式，在很大程度上是相辅相成、相互促进的辩证统一的关系。在中国，这种统一协调的关系体现得更加明显，具体分析如下。

（一）引进外资为 OFDI 提供物质基础

伴随着中国改革开放的发展，引进外资见证了中国经济飞速发展的辉煌阶段，其对中国经济发展各方面的推动作用效果显著。尤其是在中国开始进入高速增长期，外商直接投资对促进中国经济增长作用明显。中国 GDP 的年平均增长率约为 10.01% 的期间，中国的外商直接投资的项目数年平均高达 36861 个，实际利用外资占出口金额的年平均比重达到 17.94%，最高比例甚至接近 30%①，中国引进的外资企业为中国的外贸出口额做出了大量贡献，这推动中国成为对外贸易大国，并积累了大量外汇储备，大量的外汇储备也为中国企业 OFDI 的发展提供了资金保障和物质基础，从对外投资与引进外资净流入量来看，对外投资与引进外资呈现出一定正相关关系，中国近年来对外直接投资得到较大力度的推动，增长势头强劲，在一定程度上得益于中国前期利用外资所获得的外汇资金、对境外企业经营管理理念管理模式的学习和借鉴以及其他境外企业生产要素的引进学习，这都为中国企业对外投资奠定了良好的基础。

---

① 资料来源：中华人民共和国商务部网站。

（二）OFDI 弥补引进外资的不足

外商直接投资大规模流入中国虽然有力地推动了经济增长，但也带来一些问题，如过度引资所带来的国际收支一直双顺差的局面，使得中国一直面临贸易摩擦，而且产生的大量外汇储备一直没有被很高效地利用。外资企业一直竞相占领中国重要的产品市场，使得中国市场上的许多产品和产业出现饱和以及过剩的现象。这加剧了国内竞争力度，影响内资企业的转型发展，甚至有些行业出现被外资垄断的局面。然而，随着中国企业OFDI 规模的不断加大，中国国际收支双顺差的局面有望得到改善，从而解决我们国际收支长期失衡的问题。同时，对外投资还能够为中国过剩的外汇储备提供更加高效的投资渠道，在危机发生时，还可以降低货币错配带来的风险。另外，对外投资由于更靠近原材料、消费终端市场等，大大改善了中国对外贸易关系，突破贸易壁垒，增强中国企业的国际竞争力。另外，对外投资也为国内企业提供新的增长空间。现阶段，中国经济发展面临转型改革的需要，许多行业出现过剩产能和市场饱和的状态，而发达国家跨国企业垄断着最新的技术，占据巨大优势，使得国内企业由于强大的竞争力而面临剧烈冲击，并且中国企业自身创新能力又处于相对较低水平，生产空间受到挤压甚至产生挤出效应。因此，国内企业纷纷通过对外主动地开拓市场以获取各种所需资源以及市场空间，为企业更好地发展提供新动力。

二、中国企业 OFDI 的宏观经济效应分析

对外投资不仅能够为企业带来经济收益，还能够为投资国带来巨大的宏观经济效应，具体表现在对外贸易、就业、经济增长、技术进步、产业结构调整等多方面，这也是各国积极鼓励本国企业对外投资活动的重要原因。

对外投资对投资国的宏观经济的影响主要通过内外部机制表现出来。首先，内部效应主要机制为：投资国通过 OFDI 来提升本国人力资本水平，促使该国的知识、技术、管理技能、全球化经营水平等各方面得以提高，

提高本国生产效率，推动经济增长。其次，外溢效应主要机制有：投资国企业通过对外投资获得先进的企业经营水平，增强自身抗风险能力和国际竞争力，不仅获取在本国内无法获得的资源储备和原材料来源，还将推动产业结构改进，提高就业水平，改善国际收支情况，增强投资国政治影响力和国际地位，具体通过贸易效应、产业结构调整效应、技术进步效应、经济增长效应等体现出来。

但是，除了这些积极效应，OFDI 也可能给该国带来消极效应。一是对外投资可能造成投资国国内资金大量流出，并可能对国内部分投资产生挤出效应。二是对外投资可能会造成国内产业空心化现象，假如该投资国在大规模进行对外投资过程中，国内传统产业向外转移后，需要的新兴产业并未及时产生或发展，则会出现新旧产业之间青黄不接的现象，对国内经济发展来说是一个严重打击。三是大规模对外投资如果是对国内生产和出口产生替代效应的话，将会造成国内原本存在的就业机会显著减少，造成国内出现大规模失业现象，影响经济的正常发展。由此可见，投资国在大规模对外投资过程中需要考量其带来的宏观经济效应的正负方面，因势利导地降低或规避其负面影响，扩大其正面影响。

（一）投资国 OFDI 的贸易效应

对外投资是作为弥补对外贸易方面不足而产生的一种国际经济交流方式，目前二者之间的互相作用程度日益加深，如对外投资不仅影响对外贸易的流向、规模以及结构等，还影响投资国的贸易条件和出口市场的规模。但是对外投资与对外贸易之间的关系究竟如何，主要取决于二者之间是替代关系还是互补关系。在中国，对外投资对贸易产生的效应主要有：出口创造效应、出口替代效应、进口创造效应和进口替代效应这四大类。

1. 出口创造效应

出口创造效应主要体现在以下两个方面。第一，中间产品的出口增长。具体表现在生产过程中的原材料、零部件等中间产品的出口增长上。中国企业对外投资方式主要还是绿地建设，即在海外新建子公司。由于在经营过程中与其他子公司发生业务整合等活动，考虑到合作的稳固性和长期性，一般会从投资国进口原材料、零部件等所需中间产品，这直接提高了投资国中间产品的出口，这方面最主要的体现者是以寻求资源和市场为主的对外投资企业。如寻求资源型的企业在他国开采能源资源过程中不仅会增加对投资母国相关挖掘器械、采矿设备等产品的出口，还会伴随着这些能源资源不断运输回投资母国，增加母国关于资源能源加工或制成品的出口。同时，寻求市场型的对外投资企业通过扩大国外产品的消费市场，直接带动了投资母国相关产品的出口，甚至还会间接带动原材料、器械设备、加工组装零部件等中间产品以及相关服务业的出口。第二，高附加值产品出口的增长。高附加值产品的出口的增长效应主要体现在寻求技术型对外投资企业中。中国企业由于缺乏高新技术以及创新资源，而加大对如欧美等发达国家高技术研发地的投资，以期获得所需技术和智力资源，在学习引进相关技术后，再将该技术反向输送回投资母国，来提高母公司的相关技术水平和管理经验，使得相关产品的技术含量和附加值都得到提高，在母国还会通过企业间、上下游间的扩散效应使得相关企业以及产业的技术水平都得到大幅提升，由此增加母国的出口竞争力，并扩大对外贸易规模和提升贸易结构。如中国的一些航天航空、电子、生物工程等领域的大型企业为了学习外国的先进技术和管理经验，满足企业战略发展的需求而展开对外投资。

2. 出口替代效应

这种类型的对外投资效应主要体现在以转移投资母国过剩生产能力为主的企业中。例如，在中国，对外投资企业将产品生产基地从国内转移到国外，生产出产品后直接在国外销售或者转移到其他国家销售。其实这会抑制部分中国国内相关产品的生产和出口，甚至间接阻碍与此相关的上下游产业的发展。同时，东道方也会通过学习该企业生产工艺和管理技能，进行相关产品的生产和销售，这又会进一步降低中国相关产品的生产和出口。尤其是近年来发达国家对中国出口的相关产品进行高力度的反倾销调查，只能迫使国内相关企业将国内生产的基地转向国外，以规避严苛的调查标准。这也是对中国国内产品出口替代的一种方式。然而，这部分对外直接投资企业虽然生产在国外，但生产所需的原材料仍取之于国内，这也可能促进国内原材料的出口，抵消了部分贸易替代效应。但总体来看，在中国这种效应还处于一个动态变动的过程中。

3. 进口创造效应

进口创造效应在以效率寻求型、资源寻求型以及技术寻求型的企业中均可体现。例如，当国内企业以获取更高的效率而进行对外直接投资时，其所产生的贸易效应将是进口创造效应。第一，国内企业可将企业生产活动放在其他发展中国家，而获取相对国内价格更加低廉的生产要素等资源，接着再将该产品进口国内，以满足国内的消费需求，这就增加了中国进口规模，即进口创造效应。第二，寻求资源型对外投资企业的生产经营活动也具有这种效应，其如果在其他国家获取所需能源资源，并将相关产品转回国内销售，直接增加国内对他国能源资源的进口需求，带来进口创造效应。第三，寻求技术型对外投资也将会带来进口创造效应，它通过并购其他国家的高技术企业和研发部门，或者以合资设立研发公司等形式，利用当地生产工艺和高科技生产出相关中间产品，再以贸易的形式将其出口进入中国国内，使得中国在获得高技术产品的同时，增加企业进口规模和速度。

4. 进口替代效应

中国企业对外直接投资不仅会产生进口创造效应，即增加本国进口，还可能产生进口替代效应，即降低本国进口规模。首先，假如中国企业生产所需的原材料等中间产品从国外进口，在将生产基地转移该国时，可以直接从当地购买所需原材料，这样将会减少中国中间品的进口规模。例如，在效率寻求型企业中，企业一般追求更高效的生产经营，当其将生产基地转移到比在国内进行进口原材料生产更有效的国家时，必将会降低中国相关原材料的进口，产生替代效应。其次，假如中国企业将以进口高技术含量的中间品进行生产活动的方式，改为在国外并购相关高技术含量的企业或研发机构，又或者建立高新技术合资企业，直接获得该地的高新技术产品，也会导致中国相关进口规模的降低。

（二）投资国 OFDI 的产业结构调整效应

企业对外投资往往会改变投资母国的产业结构，并直接影响该母国整个投资战略的实施，而企业对外投资选择往往具有不同的投资动机（自然资源导向、战略资产导向、开拓市场导向、管理与技术寻求导向、优惠政策导向等），因此，下面就依照企业对外投资动机，分析企业对外投资过程中，影响母国产业结构进而影响母国宏观经济的具体路径。

1. 自然资源导向型企业对外投资的产业结构优化效应

由于各国蕴含的资源有差异，本国企业在发展过程中避免不了受到某些关键资源的限制，因此，投资母国企业通过对外直接投资获得所需资源，稳定生产经营活动，提高效率，将直接促进该母国相关产业的发展，提高其在国际上的竞争能力。当该产业具有国际竞争力时，其创新活动也将不断涌现，这将大大提升和优化该产业的生产方式，逐渐降低对传统稀缺资源的依赖，通过竞争效应、资源配置效应、关联效应等渠道来促进其他产业的发展，进一步促进产业结构优化。

2. 战略资产导向型企业对外投资的产业结构优化效应

当企业因期望获得如品牌、管理、市场营销等战略资源而对外进行OFDI时，其对投资母国的产业结构优化效应最明显。一是企业通过获得相关战略资源，其自身生产和经营能力必将大幅度提升，企业规模也将不断壮大，其品牌知名度也将显著提升，有利于提高市场对该企业产品的消费需求，增加企业出口水平，带来出口效应，并带动上下游产业共同发展壮大，产生结构优化效果。二是企业获得所需战略资源后，企业的生产效率也将会得到提高，生产成本降低，在该产业链中，必将会对其他企业形成示范效应和竞争效应，被行业内企业学习和效仿，并扩散至行业外的其他产业，带动其他产业效率的提高，最终促使整个产业结构的优化升级。三是由于获得了所需的战略性资源，企业在提高生产率的基础上，获得了领先优势，提升了企业甚至整个产业的竞争力，有能力整合现有资源，推动产业向高端化方向发展，优化整个产业结构。

3. 开拓市场导向型企业对外投资的产业结构优化效应

中国经济经历了40多年的发展，部分行业已经出现需求饱和的现象，以致产生产能过剩的情况，由此企业需要向海外拓展消费市场。然而贸易途径一方面短时间里难以解决贸易壁垒的限制，另一方面面临远离消费市场的窘境。因此，企业通过在国外直接设立子公司进入他国市场，有效地绕过贸易壁垒，释放过剩产能，并可能转移某些国内传统产业，释放生产空间，可以集中国内优势资源生产和发展高端产品，推动产业往纵深方向发展，不仅能够增加投资收益，还可以培养新兴产业。另外，国内过剩产能直接转移到他国进行消化，不仅解决了如关税、配额以及其他以前限制这些过剩产能出口的壁垒，而且提升了国内出口规模，优化了出口结构，推动本国贸易升级，并间接优化国内产业结构。

4. 技术与管理导向型企业对外投资的产业结构优化效应

一般情况下，企业对外寻求技术，其实就是一种以"资本换技术"的获取资源方式，通过靠近研发密集区，获得最新技术的外溢效应，提升企业研发水平，增强企业创新能力和产品竞争力，还会通过逆向传导效应对母国相关技术水平的提升起到促进作用，为母国产业优化升级带来助推力。母国总公司对拥有先进技术和智力资源的他国企业进行兼并、收购，或者与该国企业建立技术联盟，或者合资成立新企业，或者独自在该国建立研发机构等，突破技术壁垒，获得所需高技术资源，这样母国总公司就有能力腾挪更多资金和空间做一些和主营业务更相关的核心项目的研发活动，并通过效仿效应、竞争效应以及企业内外部员工的技术传授等，最终将这些技术反馈到母国，促进母国产业结构的优化升级。企业对外寻求先进的管理动机的对外投资，通过在境外企业引进实施先进的管理，在提高境外企业的经营效率和竞争力的同时，境外企业也会把其所引进实施的先进的管理提供给国内的母公司，使国内母公司改善管理模式，促进国内母公司及其分支机构优化管理，更新理念，推动产业结构的优化升级。

（三）投资国 OFDI 的就业效应

一般情况下，国内经济发展的过程必将带来就业机会和质量的提高。目前，对外直接投资的就业效应对投资母国宏观经济的影响也是一个十分重要的问题。具体来讲，对外直接投资的就业效应主要表现在 OFDI 对就业总量和就业结构两大方面的影响，OFDI 通过对就业总量和就业结构的影响进而影响投资国宏观经济的运行和发展。

1. 就业总量方面

从就业总量来看，对外投资将会通过贸易传导、国内投资传导等途径影响母国就业。首先，在贸易传导方面，企业对外投资主要通过影响母国对外贸易而间接带动本国就业。当企业将在国外进行直接投资时，由于生产的需要，将会带动相关国内生产要素向国外转移，由此带动资本品和中间投入品的出口，带来贸易创造效应，有利于国内与该种出口相关的企业增加生产，雇佣更多的劳动力。尤其是当该出口的中间产品为劳动密集型时，对就业的增加效果更加明显。伴随着出口的与日俱增，该出口部门的生产效率也将得到提高，因此生产要素资源也将源源不断地聚集于该部门，产生规模效应，增加劳动者的需求。其次，在国内投资传导方面，企业对外投资活动将会通过产业间的关联效应和行业内外的外溢效应影响母国国内的投资结构，从而间接影响国内就业形势。当企业加大对外投资力度时，其必将增加对生产性资本或资源的需求，促使企业生产规模扩展，尤其是当企业在对外投资过程中获得所需的战略性资源后，企业自身实力的扩大，将进一步体现在扩大再生产上，直接增加对劳动力的需求，带动母国就业的增长，并带动该企业所在行业生产经营活动对劳动力产生旺盛需求，并通过外溢效应传导到其他各个行业，产生连锁反应，并大规模增加就业机会。

2. 就业结构方面

从就业结构来看，对外投资将会通过人力资本传导、技术创新传导等途径影响母国就业。首先，在人力资本传导方面，为了适应经济全球化和国际竞争的需要，发展对外直接投资要提升母国的人力资本水平，培养大批了解国际法律规范、具有国际视野的相关专业人士。人力资本水平的提高意味着劳动力素质和技术水平的提高，从而使劳动力在第二、第三产业的就业能力不断增强，就业机会相应增多。当劳动力收入水平提高后，会带动整个社会消费水平的提高和消费结构的改善，扩大内需进而拉动经济增长，进一步增加就业机会，使经济增长和就业增加处于良性发展之中。其次，在技术创新传导方面，一国进行技术创新的方式主要有自主研发、购买国外技术设备、对外直接投资等。从实践来看，对外直接投资在促进母国技术创新方面的效果较好。虽然新技术的应用和管理方法的改进提高了劳动生产率，产生了技术和资本对劳动的替代，导致就业机会的减少，但是，企业实现技术进步之后，使用原材料和能源的效率会提高，生产成本会降低，这会增加企业的利润。利润增加后企业会进一步扩大生产规模，引致企业劳动力需求的增加。而且在海外学习到的先进技术通过跨国公司的内部转移、国内的技术转移以及国内企业对于新技术的吸收、改进和创新等，可以提升母国相关产业的技术水平，并通过对工人的技术培训等方式提升母国劳动力的素质水平，进而提升母国劳动力的就业结构。

三、引进外资对中国的宏观经济效应分析

境外企业对中国的 FDI 投资活动、对中国宏观经济的影响主要表现在以下三个方面。

1. 技术溢出效应

首先，发达国家的跨国企业在对中国进行直接投资时，也投入了一定的技术，尤其是有一些跨国企业在中国投资设立研发机构，会为中国带来尖端技术和管理理念等，也在一定程度上促进了合资企业中的中方公司技术水平的提高。其次，发达国家的跨国企业在对中国进行直接投资并投入了一定先进技术后，对中国企业产生了示范效应和竞争效应，促使中国企业加大研发力度进而推动技术进步，同时也会促使中国企业进一步提高生产技术、管理水平、质量监管能力等，而中国企业自身管理水平、技术水平的加强又进一步促进了中国宏观经济的增长。

2. 对外贸易和外汇储备的增长

对中国进行直接投资的跨国企业，其生产加工的产品基本上都有部分出口到境外市场，据统计，有些地区境外投资企业的年出口额最高能够达到该地区年出口额的 80% 以上①，同时对中国进行直接投资的跨国企业在将其设备物资投入到企业时，也促进了我国进口的增长，所以，跨国企业对中国进行直接投资大大促进了我国对外贸易额的增长，创造了一定的外汇收入，促进了我国外汇储备的增长。

3. 就业促进效应

对中国进行直接投资的跨国企业，在中国要招聘雇佣本国的劳动力，尤其是一些发展中国家或中国港澳台地区的到内地投资的企业，多投资的是劳动密集型的加工企业，大量招募工人，在一定程度上为中国提供了就

---

① 资料来源：根据中华人民共和国海关总署官网查询数据计算得出。

业岗位，促进了就业率的提高。但随着中国对产业升级的发展需求，这种境外劳动密集型的境外投资企业将不再是我国吸引外资的重点产业。发达国家的跨国企业在对中国进行资本密集型或技术密集型产业投资时，在中国招聘员工时也会通过培训提高中国员工的技术与管理水平，中国员工的技术与管理水平的提升反过来又能够提高其就业和从业能力。总之，双向投资对中国的对外贸易、产业结构调整以及就业等方面更多地产生了正效应，促进了中国经济的发展，但双向投资的不同方向和不同产业所产生的影响也不相同，针对一些投资的负面效果和影响，也需要我国及时调整政策导向，趋利避害，以获得双向投资的最佳效应。

第五章

OFDI和高标准国际投资贸易规则

第一节　高标准国际投资贸易规则和 OFDI 的关系

随着贸易投资一体化趋势的逐步确立，投资与贸易的关系日益紧密，国际投资贸易规则不仅对于引进外资，而且对于对外直接投资也会产生重要的影响。特别是当前由世界各区域性的高标准国际投资贸易规则在相当程度上影响了中国的对外直接投资。鉴于国际投资贸易规则与国际直接投资之间的相关性以及前者对于后者的重要影响，我们首先需要分析高标准国际投资贸易规则对一国 FDI 和 OFDI 产生的相互影响。

一、高标准国际投资贸易规则对缔约方 OFDI 的影响

当前国际上各区域所签订的高标准国际投资贸易协定基本上都是基于全价值链、全产业链和全生产链的考虑，将生产和贸易的环节都保留在成

员方内部完成，并进一步在贸易和投资领域实施便利化和自由化。据统计，截至 2017 年底，世界各国所签订的国际投资协定总数 3322 项，其中 2017 年新缔结 18 项国际投资协定，2017 年有 65 个经济体采取了至少 126 项投资政策，其中 84% 的措施对投资者有利①。作为高标准国际投资贸易协定的缔约方和成员方，能够获得在成员方内部的贸易与投资优惠政策和良好的投资条件，对于成员方 OFDI 的发展有很大的促进作用。具体表现在以下三方面。

第一，高标准国际投资贸易协定可以为投资者提供更加稳定的政策制度环境，从而增加成员方之间 OFDI 的增长。高标准国际投资贸易协定是缔约方为了促进相互投资与贸易，经过缔约方官方长期的反复讨论、谈判制定出来的相互为对方提供贸易与投资便利化的条件，各成员方之间已签署了具有协约约束力的投资贸易协定，自然会按照协定承诺，给成员方的企业到本国境内投资提供稳定的政策制度环境，否则就会影响到该东道方与其他成员方的经贸关系。

第二，国际投资贸易协定可以保证投资者在东道方的产权安全，避免因为东道方的政治风险以及局势动荡造成投资者在东道方的投资被非法征收和侵犯，即使东道方的制度质量比较差，造成投资者的资产受损，也可以使投资者得到公平的赔偿，从而促进了境外资金向因制度环境不佳而吸引境外投资少的国家投资，也进一步促进了国际投资贸易协定缔约方之间境外投资的再平衡。

第三，签订国际投资贸易协定国家之间的关系，可以展示出东道方对待外资的态度，可以增强投资国对东道方的了解与信任，缩小两国投资者间的心理距离，同时也带动了海外投资者在该东道方的投资积极性与意愿。总之，国际投资贸易协定作为一种特殊机制，对东道方的制度因素起到一定的替补作用。

二、国际投资贸易规则对中国海外投资的影响

对我国来讲，准确把握国际投资贸易规则发展的新趋势，按照高标准

---

① 资料来源：中华人民共和国商务部网站。

国际投资贸易规则积极扩大对外开放和深化国内改革，不仅有利于我国在新一轮经济全球化中处于主动地位，而且有利于不断完善中国特色社会主义市场经济体制，以主动的开放赢得主动的发展，在国际投资贸易规则变革中把握主动权和话语权，同时通过推动构建高标准国际投资贸易规则来深化经济体制改革，实现经济高质量发展。国际投资贸易规则对中国海外投资的影响，可以从以下两个方面进行分析。

第一，从法学视角考虑具体条款的不同设计对海外投资的影响。近几十年，投资贸易协定对海外投资的总体影响已经发生了重大变化，从最早以保护海外投资权益为主要目的，逐渐发展为促进投资自由化，为海外投资获取不低于当地国民待遇的投资准入机会，甚至对当地投资管理制度提出要求。目前许多国际法和国际税收领域的学者已对影响中国境外投资的各类国际规则进行了十分系统的论述，包括投资协定特定条款（如国民待遇、间接征收、透明度、资本转移、劳工保护等）、中外双边税收协定、多边海外投资保险机制以及国际投资争端解决机制等。经济学效应视角方面，目前也有不少文献研究双边投资协定、自由贸易协定或区域性协定对FDI的影响。

第二，从经济学视角分析国际投资贸易协定对我国海外投资的影响。这要从全局影响来考虑国际投资规则对中国海外投资的影响。以国际贸易投资规则为基础形成的区域经济一体化，将影响中国投资者境内境外投资的区域布局，这种视角不仅要考虑中国对外签订的投资贸易规则对中国海外投资的影响，还要考虑来自全球投资贸易规则网络体系的影响。从整体布局层面看，以保护和自由化投资贸易协定为基础所形成的经济区域越广，中国和相应区域内经济体越能从自由开放的市场中获益。本章将关注与中国境外投资密切相关的高标准国际投资贸易规则的最新发展及其影响，包括中美双边投资协定（bilateral investment treaty，BIT）谈判情况、中欧CAI，以及中国与各国所签订的自由贸易协定（FTA）内容及其潜在影响。考虑到自贸试验区的一个重要目标是对接高标准国际贸易规则，许多改革事项如负面清单管理试点，一方面为了推进国内改革，另一方面为中国未来签订高标准投资贸易规则和为中国企业投资境外市场做前期准备，因此也将对自贸试验区相关改革的内容进行分析。

第二节　中外高标准投资协定的谈判与核心议题

双边投资协定最早由发达国家（资本输出国）和发展中国家（资本输入国）之间签订，是发达国家保护本国投资者海外投资利益的重要法律保障。发展中国家法律体系不完善、政局不稳定，发达国家希望通过投资协定，弥补发展中国家国内法律制度不完善的问题。发展中国家通过协定，为外国投资者提供更具可靠性的法律保障。因此，早期双边投资协定以投资保护为主要目的。近十几年以来，双边投资协定的主要目的从投资保护转向促进投资自由，特别是高标准投资协议对被投资国法律，包括环境保护、劳动保护、国有企业的竞争中立、知识产权保护、政府透明度等方面提出更高要求，其中美国推行的 BIT 为这类高标准投资协议的典型代表。

一、中国参与的高标准投资协定总体情况

中国 1982 年与瑞典签订的投资协定是中国第一个双边投资协定，截至 2015 年上半年，中国已和 132 个国家和地区签订了双边投资保护协定，其中与 104 个国家的双边投资保护协定已经生效，我国签署投资协定数量仅次于德国。投资协定也是自贸区协定谈判的重要步骤，例如，中国目前一些自贸区协定签订过程是分别签订达成投资协定和货物贸易协定的，另外中国也可能以达成投资协定谈判为基础，继续与美国、欧盟启动自贸区谈判。中国相当数量双边投资协定集中于 20 世纪 90 年代签订，且与发达国家签订的比例较高，主要以资本输入国立场来考虑协定，意在通过 BIT 的签订，对征税给予适当合理补偿，为外国投资者提供争端解决渠道，以增加外国投资者对中国投资环境的信心，从而积极吸引境外资金。中早期阶段签订（主要是 1997 年之前）的投资协定内容较为简单，主要为原则性规定。1997～2002 年，中国对外签订的双边投资协定在国民待遇和争端解

决机制方面的规定比之前的协议有所改进，但整体上仍较为简单①。

2003 年以来，随着资本输出的增加，中国双边投资协定谈判与签订立场开始同时从吸引外资和保护中国海外投资两方面来考虑。中德、中韩以及中加双边投资协定中，协定的条款更为具体明确，在国民待遇、资本转移、金融服务等条款上都有了新的突破。作为资本输入和输出大国，一方面，中国作为外资主要投资目的国，基于国内经济安全和产业发展战略，需要在外资管理方面保留必要的政策空间；另一方面，作为资本主要输出国，中国需要保证海外投资利益受到高水平保护。两种身份之下，中国需要寻求一种平衡。这里重点分析有重大影响的 WTO 有关投资的协定、中美 BIT 谈判的核心议题以及中欧 CAI。

二、WTO 有关投资的协定主要内容

中国入世谈判是多边贸易体制史上最艰难的一次谈判，自 1986 年 7 月 10 日中国正式向 WTO 前身——关贸总协定（GATT）递交复关申请起，历时 15 年，2001 年 11 月 10 日，WTO 第四届部长级会议作出决定，同意中国加入 WTO。

WTO 关于国际投资的协议主要有四个：《与贸易有关的投资措施协议》（TRIMs）、《服务贸易总协定》（GATS）、《与贸易有关的知识产权协定》（TRIPs）、《补贴与反补贴措施协议》（SCM）。《与贸易有关的投资措施协议》适用于与货物有关的特定投资措施，专门处理对贸易具有不利影响的限制性措施。在适用范围上，协议仅适用于与货物贸易有关的投资措施，而不适用于与服务贸易和技术贸易有关的投资措施。同时，协议调整的是投资措施而非贸易措施，一国采取的纯属贸易管理性质的措施如许可证制度等不属于协议调整范围。《服务贸易总协定》是在跨境支付、境外消费、商业存在、自然人流动等方面服务贸易的规定，其与国际投资联系较为密切的是市场准入和国民待遇的规定。《与贸易有关的知识产权协定》明确规定了在保护知识产权方面的基本原则，保护知识产权的规定与国际投资

---

① 资料来源：中华人民共和国商务部网站。

具有密切关系，知识产权作为一种财产权可以用于投资，对知识产权保护不力可能构成投资障碍。《补贴与反补贴措施协议》中的补贴指在某一成员方的领土内，由政府或者任何公共机构向企业提供的财政资助，以及采取的任何形式的收入支持或者价格支持，和由此而给予的某种优惠。补贴分为禁止性补贴、可申诉补贴、不可申诉补贴。对于禁止性补贴和可申诉补贴，受损害的成员方可以采取反补贴措施或者救济方法对其损失予以弥补。在国际投资中，由于该协议普遍适用于一国所有内资和外资企业，因此东道方的投资激励措施可能构成该协议所定义的补贴行为而受到该协议的管制。

三、中美 BIT 谈判进展和核心议题

2008 年，中美双边投资协定（BIT）就已经启动，但始终没有取得实质性突破。2012 年中美重启谈判。2013 年，习近平主席和美国前总统奥巴马会晤期间，中方承诺以准入前国民待遇加负面清单的方式同美国开展投资协定谈判。2015 年 3 月，中美 BIT 谈判经过 7 年长跑，历经 19 轮谈判，终于完成文本谈判，进入负面清单谈判环节。2015 年 6 月，双方首次交换了负面清单出价，正式开启负面清单谈判，标志着谈判进入新阶段。从此次提交的负面清单来看，中方将重点扩大服务业和一般制造业开放，把外商投资限制类条目缩减一半；美方列举了关键基础设施、重要技术、国家安全三项，但对此均未作定义。2015 年 9 月 9 日，在第 21 轮谈判中，双方按照第 7 轮中美战略与经济对话中的承诺，交换了各自的负面清单改进出价，均提出了进一步的市场开放举措，提高了负面清单的质量。截至2015 年 9 月，美国共与 42 个国家签订了双边投资协定，同时与 10 多个国家签订的自由贸易协定中包括了投资章节。截至 2016 年底，中美两国已在华盛顿完成第 31 轮磋商，并交换第 3 次负面清单改进出价。2017 年特朗普上台之后发起中美贸易战，中美 BIT 谈判搁置。相比于中国 130 多个双边投资协定，美国对外签订的双边投资协定数量并不多。

中美 BIT 谈判核心议题体现出美国 BIT 对投资协议的高标准要求，也体现出中国目前对外签订投资协议的标准和美国标准的主要差异：一是传

统议题下相关条款的分歧，如投资定义、间接征收条款、资本转移等条款；二是采用准入前国民待遇和负面清单市场准入制度，双方需要提出各自的负面清单附件，以准入前国民待遇和负面清单进行谈判，这对中国尚属首次；三是增加了新议题的条款，中国过去的双边投资协定基本未涵盖这些新议题，包括国有企业、知识产权、劳动保护、环境保护、金融服务等方面，或者更高标准要求的条款，如透明度要求，美国 BIT 不仅要求政策发布、政府管理制度和程序的透明，还要求政策制定环节要确保相关利益群体的参与。目前，中国双边、多边投资协定的谈判与签订主要面临以下的挑战。

第一，中国需要更高标准的双边、多边投资协定。双边投资协定对中国海外投资的保护和促进作用将越来越重要。中国对外投资相对集中于发展中国家，这些国家法律法规不够健全，中国企业需要利用投资协定维护其权益。境外投资区域具有覆盖更为广泛、规模更为庞大的发展趋势，要求中国签订的 BIT 要更具操作性，在外汇转移条款、征收条款以及争端解决机制方面更具高标准，以有效维护中国投资者利益。

第二，高标准投资协定对中国国内投资管理制度提出更高要求。高标准投资协定要求进一步细化传统投资协定中相关条款，增加可操作性，如投资定义和范围、国民待遇具体标准、间接征收规定等；同时高标准双边投资协定增加了许多新的议题，包括高度自由化的市场准入、透明度、业绩要求、竞争中立、知识产权、环境保护、劳工议题等；程序性规则方面，高标准投资协定要求投资者和东道方之间的争端解决条款设计更为复杂和细化，以达到增加可操作性和提升透明度的目标。从中国对外投资的角度看，投资协议标准越高越有利于海外投资利益的维护，但协议规则同时对中国国内投资管理制度和市场开放提出更高要求。一方面，中国需要通过制度改革提升国内市场准入自由度和行政透明度，推进国企改革，完善和落实环境保护和知识产权保护等规定；另一方面，要通过经济安全审查机制、经济安全例外或金融审慎例外措施等制度设计，在维护本国投资者海外利益和保持国内经济政策空间之间保持适当的平衡。

第三，近年投资者和东道方争端案件总数在增加。随着国际投资协定数量的增加，投资者利用该协定维护其权益的案例不断增加，且相当数量的被告是发展中国家。国际仲裁实践呈现出不确定性和复杂性，国际仲裁风险值得特别关注。中国是经济大国，随着未来对外签订的投资协议标准的提升，国际投资者争端纠纷的案例必然将大量增加。

四、中欧 CAI 的谈判与核心议题

中欧双边投资协定的谈判倡议最早可以追溯到 2012 年 2 月的中欧峰会。谈判的决定始于 2013 年 11 月底开始的第 16 次中国—欧盟领导人会晤期间。首轮谈判定于 2014 年 1 月在北京举行，此后中欧之间历经 7 年的 35 次谈判。2020 年 12 月 30 日，中欧领导人共同宣布如期完成中欧投资协定谈判。

从欧盟委员会发布的原则性协议来看，由于欧盟法律已经对补贴透明度、公平竞争和可持续发展等提出了较高的要求，且《服务贸易总协定》（GATS）保障了欧洲服务业的开放，欧洲整体开放程度相对高于中国，因而在协议中受影响较大、做出新承诺较多的主要为中国。谈判成果主要包括市场准入承诺、公平竞争规则、可持续发展和争端解决四个方面，其中市场准入承诺和公平竞争规则两个方面尤需中国企业加以研究。欧盟方面承诺在制造业领域、可再生能源领域、批发零售业领域和能源产业领域对中国开放，这将在后文进行具体分析。

第三节　中国自由贸易区战略
对中国 OFDI 的影响分析

尽管中国的自由贸易区建设启动较晚，但是，进入 21 世纪以后，这一设想不仅在逐步实施，而且成效显著，特别是 2014 年以后，取得了突破性的进展。与此同时，国内的自由贸易区建设也在积极进行，中国（上海）自由贸易区的设立以及其他自由贸易区的获批，无不显示着中国在自由贸易区战略上的大构思、大发展。

一、中国自由贸易区战略的实施

中国自由贸易区战略提出时间较晚，21世纪初才提出自贸区建设设想。2000年，中国政府提出中国—东盟自贸区设想，之后提出以周边国家为基础的自贸区构想，如东盟与中日韩（10＋3）自贸区、中日韩自贸区、中韩自贸区等。2015年，国务院印发的《关于加快实施自由贸易区战略的若干意见》对我国自由贸易区的战略布局提出了更加明晰的方向：一是加快构建周边自由贸易区。力争与所有毗邻国家和地区建立自由贸易区，不断深化经贸关系，构建合作共赢的周边大市场。二是积极推进"一带一路"沿线自由贸易区建设。结合周边自由贸易区建设和推进国际产能合作，积极同"一带一路"沿线国家商建自由贸易区，形成"一带一路"大市场，将"一带一路"打造成畅通之路、商贸之路、开放之路。三是逐步形成全球自由贸易区网络，争取同大部分新兴经济体、发展中大国、主要区域经济集团和部分发达国家建立自由贸易区，构建金砖国家大市场、新兴经济体大市场和发展中国家大市场等。至此，我国已经形成了自由贸易区建设的战略布局。从战略布局看，我国的自由贸易区建设是以周边为基础，并与我国的"一带一路"倡议的推进有机结合，形成辐射"一带一路"的整体布局，这标志着我国自由贸易区理论体系已经形成。

截至2021年底，我国已签署20个自由贸易协定，正在谈判的有中日韩自贸区协定、中国—挪威自贸区协定等10个，正在研究的自贸区协定有中国—加拿大等自贸区协定等8个，但目前中国还未与德国、美国、英国和日本这几个较大的发达国家签署自由贸易协定。在我国的自由贸易战略实施进程中，对我国对外经贸发展有重大影响的协定或谈判主要是RCEP协定和中欧CAI谈判。

RCEP协定主要包含四部分内容：第一，关于货物贸易。协定生效后，区域内90%以上的货物贸易将最终实现零关税，同时推行实施原产地累积规则，在确定产品原产资格时，可将各RCEP其他成员方的原产材料累积计算，来满足最终出口产品增值40%的原产地标准从而更容易享受到优惠关税。在货物贸易便利化方面，RCEP各成员方就海关程序、检验检疫、技术标准等达成了一系列高水平的规则。第二，关于服务贸易和投资。在服务贸易开放方面，中方服务贸易开放承诺达到了已有自贸协定的最高水平，承诺的服务部门数量在我国入世承诺约 100 个部门的基础上，新增了管理咨询、制造业研发等相关的生产性服务、空运等 22 个部门，并提高了金融、法律、建筑、海运等 37 个部门的承诺水平。其他 RCEP 缔约方也承诺提供更大市场准入，有些国家还承诺对部分服务部门作出全面开放。从中方重点关注的服务部门来看，RCEP 其他各方在建筑、工程、旅游、金融、房地产、运输等部门均承诺较大程度的开放，为我国企业"走出去"、扩展区域产业链布局提供了广阔的市场空间。在投资方面，各缔约方在投资市场准入上均采用负面清单模式做出承诺。对我国来说，这是我们首次在国际协定中纳入非服务业投资负面清单，对制造业、农业、林业、渔业、采矿业 5 个领域作出高水平自由化承诺，大大扩展了清单内涵，提升了投资政策透明度。其他各方也均采用负面清单方式作出较高水平开放承诺。制造业方面，日本、澳大利亚和新西兰除少数敏感领域外，基本全面开放。农、林、渔和采矿业方面，在符合一定条件或要求的情况下，各缔约方企业也允许进入彼此市场，上述安排将为各国投资者带来更多的机遇。在自然人临时移动方面，为促进各类贸易投资活动，各方承诺对于区域内各国（地区）的投资者、公司内部流动人员、合同服务提供者、随行配偶及家属等各类商业人员，在符合条件的情况下，可获得一定居留期限，享受签证便利。第三，关于各领域规则，RCEP 对标国际高水平自贸规则纳入了知识产权、电子商务、贸易救济、竞争、政府采购等议题，作出符合区域特点和需要的规定。关于知识产权，RCEP 涵盖著作权、商标、地理标志、专利、外观设计、遗传资源、传统知识和民间文艺等广泛内容，在兼顾各国不同发展水平的同时，显著提高了区域知识产权保护水平。关于电子商务，RCEP 规定了电子认证和签名、在线消费者保护、在线个人信息保护、网络安全、跨境电子方式信息传输等条款，为在本地区电子商务和数字贸易的发展繁荣提供了重要保证。第四，RCEP 纳入贸易救济、竞争、政府采购等方面的具体规定，确保成员方之间开展公平贸易，反对市场垄断，保护消费者权益，并开展政府采购领域的合作。关于我国企业如何利用 RCEP 优惠条款，促进中国企业贸易与投资的发展问题，将在后文进行具体分析。

中欧 CAI 谈判完成将为中欧 FTA 的谈判与签订奠定良好基础。在当前的全球自贸区实践中，成熟先进的自由贸易区协议框架内往往纳入投资相关条款，以避免因为投资而对贸易产生扭曲，并且在实践中已经更进一步地对服务与投资予以关注。可以看出，在当前国际上所签订的最新多边贸易协定中，都包含相关的投资内容。正如 RCEP 一样，RCEP 协定中也明确包含有投资相关条款。从这个意义上讲，中欧 CAI 谈判完成实际上为未来可能签署的中欧 FTA 奠定良好基础。

另外，中国已正式提出申请加入 CPTPP。CPTPP 不是一个普通的贸易协定，它要求所有缔约方承诺通过削减关税来减少贸易壁垒外，还要求所有缔约方提高其经济标准，以为彼此换取更多市场准入的机会。CPTPP 涉及过去的贸易条约大多回避的领域，包括为成员方制定知识产权、劳工、国有企业、ESG（环境、社会与企业管理）和投资标准，以换取彼此之间的"原产地权"准入。因此，虽然中国加入 CPTPP 仍面临一些挑战，如CPTPP 关于透明度要求、知识产权保护、工人权利、国有企业标准等方面的经济标准，但从中国对外贸易与投资的长远发展看，中国申请加入 CPT-PP 将进一步促进中国对外贸易与投资全球战略的实施，促进对外贸易与投资的发展。

二、中国签订的自由贸易协定对中国 OFDI 发展的影响

（一）中国签订的自由贸易协定对中国 OFDI 的影响分析

随着 OFDI 规模的不断增大，其在全球经济发展中的作用越来越突出，由 OFDI 所产生的对外贸易额也随之上升，贸易与投资的密切关系成为研究 OFDI 不可忽视的一项内容，各个国家（地区）也逐渐将与投资相关的条款措施纳入区域贸易协定的讨论范围中，自由贸易协定中的投资条款可能会对 FDI 和 OFDI 产生更加直接的作用和影响。具体来讲，中国签订的自由贸易协定对中国 OFDI 的影响主要表现在以下几个方面。

（1）自由贸易协定的签订为 OFDI 的发展提供了便利化的条件，促进了 OFDI 的增长。自由贸易协定中的国民待遇标准和最惠国待遇的规定，使境外投资者与东道方投资者拥有同等的待遇水平，能够进行公平竞争，

这将进一步促进各自由贸易协定缔约方之间直接投资的增长。同时，自由贸易协定中关于投资待遇、境外投资者损失的补偿、征收等方面的规定，从而为各缔约方投资者的投资提供了保障和良好的投资环境，当投资者利益受损、投资面临征收或其他歧视待遇时，可以通过协定内容对东道方进行约束，也可以通过争端解决机制进行解决，以维护境外投资者的投资利益，为境外投资者提供公平且全面的保障，因此，自由贸易协定的签订能够更直接有效地促进成员方之间直接投资的增长。

（2）自由贸易协定的签订优化了 OFDI 的境外投资环境，更有利于 OFDI 的发展。在区域自由贸易协定签署之前，各个国家（地区）一般是根据自身的发展情况制定本国的对外贸易和投资政策，因此各国（地区）的对外投资政策存在很大差异。各个国家（地区）从事 OFDI 的企业所应具备的条件、要求和待遇并不一致，从事 OFDI 的企业需要研究了解不同的境外投资制度，而且随着经济形势的变化，各国也会随时对其政策进行调整，这就使 OFDI 的政策存在较大的不确定性。这就阻碍了各国之间的相互投资，影响了 OFDI 的发展。而区域自由贸易协定签署之后，各国（地区）的贸易投资政策的制定将更多地由缔约方通过协商的方式制定。这样不仅在一定程度上消除了各国（地区）OFDI 政策的差异化带来的不便，也使各参与方的政策改革更加稳定和统一化，为境外投资者创造了一个更易运行的投资政策环境，降低了投资风险，为企业进行 OFDI 提供了更为有力的制度保障。随着全球自由贸易协定签署数量的增加，自由贸易协定的内容也在不断延伸。协定的内容扩充至关税条款之外的投资、资本流动、竞争、知识产权等多方面的政策领域。因此，OFDI 活动会受到投资准入或投资保护等政策所带来的积极影响。例如，《与贸易有关的投资措施协议》（《TRIMs 协议》）就规定取消境外投资者要满足特定出口目标的要求，并且拥有强大的投资者产权的条件限制，减少了 OFDI 的运营难度，促进了 OFDI 的发展。但这些规定与 OFDI 投资的实际相关性不仅取决于条款本身的设置，更多地取决于对境外直接投资所产生障碍的范围和大小，以及东道方政府对外国投资者的歧视程度。因此，有的自由贸易协定在一些条款之中规定了明确的争端解决机制，即是否可在法律上强制执行，在法律机制的范围内，可以减少缔约方之间的贸易和投资争端，并鼓励境外投资者进行外国直接投资。另外，在政策风险之外，市场的力量对 OFDI 决策的影响更大，要素禀赋的国际差异也会影响投资区位的决策选择，这也促使了外国直接投资将集中到一体化地区中最有优势地区的趋势的发展。自由贸易协定的签署使得区域内投资环境多方位提升，这将更有利于促进国际直接投资的发展。在政治法律环境方面，自由贸易协定的签署使得各缔约方政局稳定，法律法规健全，有利于降低投资者投资的政治风险。在经济环境方面，自由市场的扩大会带来规模经济和自由竞争，各成员方的市场容量扩大，基础设施日益完备，更有利于境外资本的流入。在自然环境方面，自由贸易协定的签署会改善成员方的区位优势，使得自然资源在区域内充分配置，能降低投资者的成本。最后在社会文化环境方面，区域贸易市场一体化程度的提高，各缔约方市场之间的文化交流和融合加深，这也使境外投资者更能适应东道方的环境，促进区域内 OFDI 的增长。

（3）自由贸易协定的签订能够使 OFDI 企业节约成本支出，产生规模经济效应。自由贸易协定的签订会提供一系列与减少境外投资者进行直接投资活动经营成本相关的投资便利化措施，便于形成统一的市场。具体来讲，主要是通过减少不同国家（地区）投资者在其生产经营活动中因信息不对称、不及时和不充分，各国（地区）管理程序的不同以及各方面辅助措施的差异所带来的区域内经营活动的成本，从而吸引境外投资者在自由贸易协定缔约方之间进行 OFDI。由于自由贸易区域内政策的统一以及可预见性政策的增加，各成员方之间的贸易与投资壁垒和限制逐步减少，这为区域内企业的经营带来了便利的同时，也在区域内形成了一个更高水平的竞争环境。因此，区域内各国（地区）为了取得竞争优势，便更加重视便利措施的利用，强化自身的优势，例如，为境外投资者在东道方建立产业园区或厂房、提供技术和管理经验支持等一些配套的支持和服务等，从而也直接或间接减少了境外投资者的运营成本。

自由贸易协定的签订也使投资企业产生规模经济效应。规模经济效应是一个企业在其经营过程中因生产力等因素集约度的变动所引起的经济效益的提高，自由贸易协定的签订也使区域内的贸易壁垒和投资限制减少，各缔约方之间逐渐形成一个制度统一的共同市场，在这个市场内各参与国因其生产要素的禀赋和产业发展水平的不同，在区域内的分工逐渐明确，资源和要素在区域内得到充分自由的配置，区域内市场可吸纳的产品和要素数量也随之扩大，为规模经济的发展奠定了一系列的基础。而对于区域外的跨国公司会意识到在规模经济效应的影响下，相较于贸易服务单一的国家或市场而言，绕过关税壁垒对区内国家进行直接投资更有利可图。自由贸易协定的签订会提高市场对 OFDI 企业产品和服务的市场需求。从长期发展的角度看，区域内市场资源的整合会对区域外的公司产生较大的吸引力，增加区域外的跨国公司对区域内的投资。具体来说，区域外的公司会在规模经济和规模利益的驱动下会根据外部资源和自身的发展情况，调整跨国公司自身的投资战略，根据各协定签订后所形成的统一市场以及市场扩张后的市场效率而带来的规模经济效应来制定自己对区域内的投资战略和规划。市场效率的提高会促使区域内社会分工和产业链分工更专业化，同时也会加剧区域内的竞争关系。当区域内的资源通过分工得到合理配置，各缔约方的竞争关系在合理且积极的范围内时，不仅可以带来生产效率的提升，还会带来产量的增加。这些企业在短期内产生的生产经营效应会在一定程度上提高其生产要素的回报率，跨国公司为追求收益最大化，又会进一步地增加对区域内的 OFDI。这种投资效应也会在长期内形成一个循环链，跨国公司会在利益驱动下不断地对区域内国家进行投资，区域内国家（地区）的经济也会因此得到快速且长期的增长，从而推动 OFDI 的发展。这样贸易协定的签署会在区域内建立起一个市场效率较高的共同市场，各参与国在这个共同市场内通过竞争和合理的资源配置不断提升自身的经济增长率，通过区域内专业化的分工促进区域内部投资的发展，并逐渐形成各自的投资吸引点，促进境外直接投资的流入，增加区域内要素的投入和市场的需求，进而产生区域内企业 OFDI 的聚集效应和规模经济效应。

（4）自由贸易的协定签订使 OFDI 企业产生的技术溢出效应又反过来进一步促进企业 OFDI 的发展。当区域整合后会形成更大的市场，区域内的贸易壁垒和投资限制的逐渐消除就会吸引区域内外拥有先进产业技术的跨国公司来区域内进行投资，这些拥有先进产业技术的跨国公司会在区域内的贸易和投资活动中直接或间接地传播他们的技术，产生不同形式的技术溢出效应。区域内各技术和管理经验的融合也会促使新型技术与管理的创新和产生，进一步吸引区域外国家基于学习引进新技术和管理而对区域内国家进行直接投资。例如，我国的一些企业到发达国家（地区）进行直接投资和跨国并购的目的之一就是获取境外发达国家（地区）企业先进的技术和管理经验。随着区域内 OFDI 资金流入量进一步提升，区域内成员方及其企业也拥有更为充足的资金进行研发和创新，使其保持技术领先的地位，更有助于区域内企业 OFDI 的稳定增长。科科（Kokko，1994）系统总结了四种 OFDI 技术外溢的渠道：示范—模仿渠道、竞争效应渠道、关联效应渠道和培训渠道。这四种渠道，在自由贸易协定签订下的区域一体化市场中都会有不同程度的体现。在贸易协定的签署和实施的背景下，一体化所带来的技术溢出效应会使得区域内那些拥有技术和管理经验的国家和企业处于高技术水平的地位，自由贸易协定区域一体化市场就会吸引低技术水平的国家和企业的 OFDI 资金流入，同时还可以激励区域内部企业通过友好或敌意并购以获得更大的竞争优势，以便在区域内竞争激烈的环境中得到良好的持续发展。当然，在 OFDI 企业规模不断扩大的过程中，他们也会在研发和营销等方面进行更多的投资，努力形成新的投资吸引力。无论从哪个方面看，在技术外溢的情况下，企业在不断寻求低生产成本的同时，也会加大对各生产经营要素的投入。这种效应的驱动会在一定程度上提升世界范围内的跨国公司为降低单位成本对区域内的企业进行投资。所以，随着自由贸易协定的签署，区域内技术的外溢、经济的增长、效率的提高等投资效应会在中长期对 OFDI 产生进一步的促进作用。

就 RCEP 具体来讲，RCEP 是目前全球经贸规模最大的自贸区。2019年，RCEP 的 15 个成员方的人口规模、经济规模和贸易规模分别约占全球的 30%、29.3% 和 27.4%。因此，RCEP 的签署和实施，具有多重效应[①]。

第一，RCEP 的签署与实施将促进区域内各国 OFDI 的增长。RCEP 的签署将显著拉动东亚区域经济增长和福利提升。RCEP 框架下关税壁垒、非关税壁垒和投资壁垒的大幅削减，将大幅降低企业利用自贸协定的制度性成本，进一步提升自贸协定带来的贸易创造效应，进而拉动地区整体经济的增长、带动缔约方国民整体福利的提升。另外，RCEP 的签署也将促

①　资料来源：中华人民共和国商务部网站。

进区域产业链和供应链的深度融合和发展。RCEP框架下，各缔约方之间的货物、服务、投资等领域市场准入进一步放宽，原产地规则、海关程序、检验检疫、技术标准等逐步统一。这将有利于域内经济要素自由流动，有助于跨国公司降低最终产品的生产成本，进而建立更精细、更完善的产业链分工体系。

第二，RCEP的签署与实施将进一步推动我国企业OFDI的发展。RCEP签署后，我国对外签署的自贸协定达到20个，在全球多边贸易体系中的地位进一步提升，也为我国加快构建双循环新发展格局提供了关键的机制性合作平台。在RCEP框架下，我国对外开放将进一步扩大、营商环境将进一步优化、国际国内两个市场的资源和要素配置效率将不断提升，这将进一步促进中国企业对RCEP区域内各市场优势产业、互补性产业领域的投资。

（二）CPTPP对中国OFDI发展的相关影响

CPTPP的前身是TPP，其协议文本的框架结构与TPP相同，在美国宣布推出TPP后，原TPP的成员方就发出倡议成立CPTPP。CPTPP于2018年12月30日正式生效。CPTPP缔约方包括日本、澳大利亚、文莱、加拿大、智利、马来西亚、墨西哥、新西兰、秘鲁、新加坡和越南11国。CPTPP对TPP投资条款的改动主要表现为投资条款涉及投资协定的定义、投资仲裁、特定国家的例外条款。TPP中对投资条款规定非常明确，删减之后一些关键性概念的界定和解释变得模糊不清，容易造成理解上的偏差，还会导致投资争端解决的法律依据不足。

CPTPP达成对中国贸易和投资会产生一定的负面影响。就投资而言，CPTPP中投资条款旨在为成员方进行海外投资建立一个稳定、透明、可预见和非歧视的保护框架。成员方投资环境的改善会对非成员方产生一定的投资转移效应。贸易和投资转移效应不仅发生在国际层面，也对中国产生一定的影响。就货物贸易而言，CPTPP实施后，绝大部分成员方零关税的比重将达到80%以上。成员方范围如此大幅度地减税，必然产生不可忽视的货物贸易转移效应。就服务贸易而言，缔约方较高的承诺水平，会进一步促进服务贸易在成员方之间的流动，并产生相应的贸易转移效应。但是

CPTPP 对中国的遏制程度与 TPP 相比明显变小，RCEP 的持续推进及"一带一路"倡议的进一步落实使得中国在亚太地区的影响力持续增强、国际地位快速提高。特别是目前的"一带一路"建设将欧亚大陆连成一片，对美国原本的"重返亚太战略"以及"印太战略"产生极大制衡。

虽然 CPTPP 降低了缔约方和中国接受的难度，对中国的影响也相应减少，但是我们并不能持有乐观的心态，因为贸易环境的多变性、利益集团诉求的多样化、地缘政治的复杂化、美国未来重新加入的可能性都对国际贸易和投资规则的完善、边境管理提出了挑战。因此，我们需要仔细研究 CPTPP 条款，并提出相应的对策，从而更好地化解 CPTPP 对中国的压力与风险，采取具体措施积极完善国内相关规则制定，深入改革，尽早实现与 CPTPP 规则的对接，主动谋求加入 CPTPP，破除美国在贸易规则层面对中国的"规锁"。

第四节　国内自由贸易试验区建设与中国 OFDI 的发展

国内自贸试验区是中国对接高标准投资贸易协定的改革试验区，自贸区内的改革试验牵涉到未来中国签订的投资贸易规则所能达到的标准水平，从而间接影响中国对外直接投资将面对的国际规则体系。但本节不考虑这种间接影响，而是重点分析目前国内自贸试验区建设在促进中国企业 OFDI 发展的制度改革和创新举措。

一、国内自由贸易试验区建设和企业 OFDI 服务平台

中国建设开放经济新体制需要对外签订高标准的投资贸易协定，一方面，可以促进国内加快改革，完善国内营商环境；另一方面，可以为中国企业进行国际拓展、国际化经营提供良好的国际制度环境。国内自由贸易试验区是推进开放型经济的"试验田"，因此从一开始，自贸试验区的改

革内容就包括了对外直接投资管理制度的改革和创新。

自贸试验区肩负着全面深化改革和扩大开放探索新途径、积累新经验的重要使命，将发挥示范带动、服务全国的积极作用。主要开展以下几方面的改革探索：一是推进服务业扩大开放和投资管理体制改革；二是推动贸易转型升级，创新监管服务模式；三是深化金融领域开放；四是探索建立与国际投资和贸易规则体系相适应的行政管理体系，培育国际化、法治化的营商环境。所以，自贸试验区肩负着创新制度，促进国内企业 OFDI 发展的功能。上海自由贸易试验改革总体方案中就明确，"构筑对外投资服务促进体系"是投资领域扩大开放的一项重要内容，主要包括四点：一是改革境外投资管理制度，提高境外投资便利化程度，推行境外投资管理备案制；二是创新投资服务促进机制，同时加强境外投资事中、事后的管理和服务，包括形成多部门共享的监测平台，做好境外直接投资统计和年检工作；三是支持试验区内各类投资主体开展境外投资；四是鼓励发展境外股权投资，包括在试验区内设立境外股权投资的项目公司。粤津闽三地自贸区总体方案中，关于对外投资的改革要求进一步具体化，提出要依托港澳地区在金融服务、信息咨询、国际贸易网络、风险管理等方面的优势，将自贸试验区建设成为内地企业和个人"走出去"的窗口和综合服务平台。广东自贸区重点突出与港澳地区的合作，提出在项目对接、投资拓展、信息交流、人才培训等方面加强与港澳地区合作，在境外基础设施建设和能源资源等方面加强合作，包括探索境外产业投资与港澳地区资本市场的有机结合。

二、国内自由贸易试验区促进企业 OFDI 发展的政策措施

截至 2021 年底，中国分六批批准了 21 个自由贸易试验区，形成了东、西、北、南协调，海陆协调的开放趋势，推动了中国新一轮综合开放格局的形成。2013 年 9 月，国务院批准设立第一个自贸区——上海自贸区上市；2015 年 4 月，第二批自由贸易试验区在广东、天津和福建获批；2017 年 3 月，第三批自由贸易试验区在辽宁、浙江、河南、湖北、重庆、四川和陕西获批；2018 年 9 月，海南自由贸易试验区获得批准；2019 年 8 月，

江苏、河北、黑龙江、广西、山东和云南被批准为新的自由贸易试验区。2020年9月21日，我国新设北京、湖南、安徽3个自贸试验区，扩展浙江自贸试验区区域。至此，我国已批准设立六批自贸试验区，总数量增至21个，共计67个片区。上海自贸试验区改革启动较早，相对于其他地区，境外直接投资相关制度改革和创新具有一定先行优势，目前取得了较为明显的成效。由于上海自贸区进行的境外直接投资规模增长快速，因此下文关于境外投资相关制度创新的内容介绍以上海自贸区为主，主要包括境外投资管理制度改革、自贸区境外投资服务促进平台、股权投资基金境外投资模式创新以及境内外融资便利化对境外投资的支持等方面。

（一）优化境外投资管理制度

上海自贸区早在商务部于2014年出台实施《企业境外投资管理办法》之前就率先试点境外投资备案管理制度。境外投资一般项目备案程序简化为"一表申请，一口受理"，企业一般可在三个工作日内拿到备案证书。随后国家发改委和商务部出台新的规定，境外投资管理备案制度已在全国实施，同时在区内设立专业从事境外股权投资的项目公司，支持投资者在区内设立境外股权投资母基金。自贸区股权投资基金的设立，有力地促进了区内企业OFDI的发展，设立一年时间就有一百多家企业进行了境外投资备案。

为了服务于国家"一带一路"倡议计划，金融机构在"一带一路"沿线国家设立分支机构，为境外业务提供金融服务。为了服务国家"一带一路"倡议，上海银行等行业机构加快走出去从事OFDI，到"一带一路"沿线国家设立分支机构，开展国际化经营，上海外资银行主动凭借国际网络等先天优势，通过境内外联动，支持"一带一路"建设和中资企业进行OFDI活动，为中资企业客户提供全球授信服务，为"一带一路"重大项目提供金融融资服务、银联退税服务和保险服务工作，对"一带一路"投资及合作业务提供了有力的保障和支持。

（二）建立境外投资服务平台，创新促进机制

上海自贸区在境外投资服务促进机制上，目前已推进实施的一项重要

创新是打造"上海自贸区境外服务投资平台"。上海自贸区境外投资服务平台于2014年9月正式上线，是上海自贸区管委会委托上海外高桥联合发展商务咨询有限公司开发（以下简称"外联发"）的网络信息平台。上海自贸区境外服务投资平台目前包括了三方面功能：境外投资备案登记、境外投资信息发布及专业服务机构的服务整合。一是境外投资备案登记，该功能属于政府公共服务内容，政府以购买服务的形式，通过平台向投资者提供投资备案公共服务。该部分功能设在服务平台的"备案直通道"栏下。二是境外投资信息发布，包括境外投资相关政策法规、自贸区相关政策、境外投资相关新闻信息报道等综合咨询信息的发布，也包括境外投资的介绍、行业分析等信息。三是专业服务机构的服务整合。专业服务机构包括律师事务所、金融机构、保险机构、会计师事务所、投资促进机构以及其他一些协会或商务咨询机构，其中不少专业机构为海外专业机构，仅在上海设有代表处。这类机构通过境外投资服务平台发布其所在国的投资项目信息或招商信息，采用线上信息发布与线下洽谈相结合的方式提供境外投资信息和咨询服务。上海自贸区境外服务投资平台自上线以后，已聚集了多家律师事务所、银行、会计师事务所等专业性服务机构，与多家境外投资服务机构达成战略合作，上海自贸试验区境外投资促进体系的许多制度创新将主要通过该平台推进。例如，境外投资涉及的事中事后管理、信息统计以及政府部门相关信息共享等，同时上海自贸试验区以该平台为基础，设立了境外投资服务联盟，该联盟由外联发商务咨询海际金控、长盈股权投资等六家单位发起成立，将推进境外投资项目库、资金库、信息库建设，实现政府、中介机构与企业的有效链接与信息共享。

（三）为企业OFDI创造良好的金融融资环境

第一，自贸区开展跨境人民币贷款业务，为企业OFDI提供便利的融资服务。随着中国国际地位的提高，国际上愿意持有人民币的国家越来越多，为了进一步推进人民币国际化进程，支持企业OFDI的发展，自由贸易试验区开展跨境人民币贷款业务，完善人民币全球服务体系，不仅能够为境外的中国企业解决棘手的融资问题，同时也能够扩大银行的业务范围，2016年11月，《中国人民银行上海总部关于进一步拓展自贸区跨境金融服务功能支持科技创新和实体经济的通知》发布，推出了全功能型跨境双向人民币资金池业务等。2017 年，上海深入推进上海自贸区与国际金融中心建设联动，进一步拓展自由贸易账户功能，开始建设人民币全球服务体系，人民币加入 SDR（特别提款权）后，境外对人民币的需求上升，同时也满足"一带一路"倡议的实施所需要的金融服务，增强了我国银行在国际上的竞争力。

第二，建立跨境融资宏观审慎管理框架。2014 年，外汇管理部门开始尝试建立跨境融资宏观审慎管理框架，在平潭、北京中关村等地进行改革试点，允许试点范围内的中资企业按照一定比例的净资产自主借用外债而不需要事前审批。2015 年 2 月，《中国人民银行上海总部关于印发〈中国（上海）自由贸易试验区分账核算业务境外融资与跨境资金流动宏观审慎管理实施细则（试行）〉的通知》，其核心是企业和金融机构可以自主开展境外融资活动，自主计算境外融资规模，自主权衡境外融资结构，扩大了经济主体从境外融资的规模和渠道。2017 年 1 月，《中国人民银行关于全口径跨境融资宏观审慎管理有关事宜的通知》指出，宏观审慎监管框架的建立不仅能适应市场进一步开放过程中简化和便利的要求，而且能有效管理跨境资本流动风险。自贸区推进的负面清单管理、简化 OFDI 外汇登记程序、外债宏观审慎管理的改革为跨境资本流动管理积累了丰富的经验，为企业 OFDI 创造了良好的金融融资环境。

第三，推进资本账户可兑换，为企业 ODFI 发展提供便利化服务。自贸区创立分账核算单元与自由贸易账户。2014 年上海自贸区启动自由贸易账户，并在 2015 年扩大了境外融资的规模和渠道，同时自由贸易账户外币服务功能启动。自由贸易账户实质上就是建立了规则统一、高度便利的本外币自由贸易账户体系。在跨境资金监管体系中，自由贸易账户在较大程度上被视同为"境外账户"，通过构建"自由贸易账户体系"，实质上在试验区内形成了一个与境内其他市场有限隔离、与国际金融市场高度接轨的金融环境，以服务于更加广泛的涉外经济活动需求。因此，"自由贸易账户体系"在一定程度上为区内企业的 OFDI 发展提供了便利化资金结算服务，促进了区内企业 OFDI 业务的发展。

第四，构建与国际规则接轨的金融监管制度体系。首先，自贸区转变监管方式，创新监管互动机制。2017 年 6 月，上海自贸区管委会和市金融服务办公室联合发布《中国（上海）自由贸易试验区金融服务业对外开放负面清单指引（2017 年版）》。这一负面清单以体现《国务院办公厅关于印发自由贸易试验区外商投资准入特别管理措施》为基础，进一步梳理汇总了金融领域有关外资准入的规定，为外资了解进入我国金融领域提供了便利，体现了上海依托自贸区不断深化和扩大金融对外开放的态度，并为我国金融业进一步扩大开放进行积极有益探索，同时组建跨境金融服务专业委员会构建同业展业规范。制定并实施了《跨境金融服务展业三原则同业规范实施机制》，明确了展业三原则在跨境金融服务中的落实要求，形成了"政策法规为底线，展业规范同业约束为中线，鼓励最佳展业实现为高线"的跨境金融服务合规文化，由商业银行按照展业三原则自行开展有关业务，解决了长期以来商业银行跨境结算服务环节冗长、服务效率低下的问题，全面支持简化了人民币跨境结算流程。上海银监局通过创新互动机制对此提供配套政策支持，创新金融监管模式。上海自贸区建立了创新监管互动机制。在原有行政许可的基础上，将金融创新纳入审慎监管的市场准入环节，允许机构针对现行法规未覆盖及不尽完善的领域进行先行先试。截至 2018 年 7 月中旬，累计开展先行先试项目 38 个，并且非居民跨境并购贷款、参与国际金融组织境内贷款等业务已被推广并纳入常态化监督管理，有力支持了"一带一路"建设、企业 OFDI 发展及金融要素市场的国际化建设。目前，交通银行、浦发银行、平安银行、招商银行四家银行均已授权区内的分行开展离岸银行业务，企业可以利用信用卡过度授信、加大自身负债杠杆。其次，不断提升监管能力，守住金融安全底线。一是建立风险监测机制。建立自由贸易账户监测管理信息系统，对跨境资金流动进行实时监测，提高了反洗钱和反恐怖融资工作的有效性。二是建立自贸区银行业特色监测报表体系，以"重点跨境业务定期监测 + 新产品动态报备 + 重大事项及时报告"三项基本监测手段为依托，并强化非现场的信息调研，为有关部门和上级领导决策提供有益参考。三是发布自贸区业务风险评估指导意见，督导银行业机构对标国际高标准，建立健全自贸区业务风险评估和防范机制，提高风险管控的自主意识和能力。

第六章
对外投资新战略
与中国企业OFDI的发展

第一节　国家战略性投资安排与中国 OFDI 的发展

RCEP 协定的签订实施、中欧 CAI 的谈判完成以及 CPTPP 协议，对于全球贸易格局和投资格局都会产生重要影响，对于中国的贸易、投资和金融也会产生一定压力，在这一背景下，加强与 RCEP 成员方、欧洲国家以及金砖国家的金融、贸易、投资合作，以及进一步推进"一带一路"倡议计划的实施就更为重要了。围绕"一带一路"倡议所做的对外投资新战略，中国通过亚投行、丝路基金、金砖国家新开发银行和上合组织银行发展成为四大基金库实施战略性投资安排，从金融、贸易和投资协调互动的角度，进一步完善国家开放型经济体系，实现对外开放战略的升级。

一、丝路基金与中国 OFDI 的发展

丝路基金这一概念最先由原中央财经领导小组第八次会议提出。之

后，习近平主席在北京举行的亚太经合组织（APEC）会议上发表《联通引领发展伙伴聚焦合作》重要讲话，提出中国将出资 400 亿美元成立丝路基金，为"一带一路"沿线国家基础设施建设、资源开发、产业合作等有关项目提供投融资支持。并将以交通基础设施为突破，获得亚洲互联互通的初步成果，优先部署中国同邻国的铁路、公路项目。他强调，丝路基金是开放的，欢迎亚洲区域内外的投资者积极参与。中国首期对丝路基金出资的 100 亿美元中，65 亿美元来自中国的外汇储备①。丝路基金关注的对象不局限于亚洲，它将向整个"一带一路"沿线国家开放。除了先期对于基础设施建设的投入，后期可能更多投入软件方面的建设，投资目标相对多元化。丝路基金除了需要实现初始投入资金的保值增值外，还肩负着利用投入资金吸引更多其他资金投资中国"一带一路"倡议，从而推动对外投资新战略有效落地。设立丝路基金有利于充分发挥财政性资金的引导和杠杆作用，支持相关企业赴"一带一路"沿线国家投资，提升我国对外开放和合作水平。截至 2019 年，基金通过股权、债权等方式多元化融资，目前已签约 34 个项目，承诺投资金额约 123 亿美元。投资领域覆盖东南亚、南亚、中亚、西亚、北非、欧洲、北美以及南美等国家和地区②。随着中国在"十四五"期间进一步深化与"一带一路"沿线国家的经贸合作，丝路基金将进一步助推中国企业 OFDI 的发展。

二、亚洲基础设施投资银行与中国 OFDI 的发展

亚洲基础设施投资银行（以下简称"亚投行"）是一个政府间的亚洲区域多边开发机构，重点支持基础设施建设，总部设在北京。其设立目的是向包括东盟国家在内的亚洲地区发展中国家的基础设施建设提供资金支持。一经倡议，亚投行就得到广泛支持，许多亚洲国家（地区）反响积极。2014 年 10 月 24 日，包括中国、印度和新加坡等国家（地区）在内的 21 个首批意向创始成员方财长和授权代表在北京正式签署《筹建亚洲基础

① 资料来源：中华人民共和国中央人民政府网。
② 资料来源：中国新闻网。

设施投资银行备忘录》（以下简称"备忘录"）共同决定成立亚洲基础设
施投资银行。截至 2020 年 7 月，亚投行成员方已达到包括奥地利、澳大利
亚、俄罗斯、英国等在内的 103 个国家（地区），创始成员方 57 个[①]。亚
投行提供的资金主要用于投资亚洲地区基础设施建设，是对亚太地区现有
多边区域开发银行的补充。另外，亚投行的成立还有利于提高亚洲资本的
利用效率及对亚洲区域发展的贡献水平，对亚洲经济增长产生积极影响。

中国主导的亚洲基础设施投资银行和"一带一路"倡议计划，把中国
的基础设施产能投资到其他国家，既能够带动沿线国家的经济发展，又稳
定了中国经济，这确实是一举两得的重要措施，因此，亚投行在促进中国
基础设施承建企业的 OFDI 发展上起到了非常重要的作用。

三、金砖国家区域性投融资安排与中国 OFDI 的发展

2020 年金砖国家的总面积占全球总陆地面积的 30%，总人口占全球人
口的 41.7%，GDP 占全球 GDP 的 24%[②]。金砖国家联合成立区域性投融资
机构，对金砖国家 OFDI 的发展、对全球经济发展格局，尤其是对未来发
展中国家的经济发展影响巨大。

（一）金砖国家新开发银行

2014 年 7 月 15 日，金砖国家新开发银行成立，总部位于上海，金砖
国家新开发银行的启动资金是 500 亿美元，资金额由 5 个金砖国家均摊，
将来会逐渐增加到 1000 亿美元。金砖国家新开发银行旨在为金砖国家及其
他新兴经济体和发展中国家的基础设施建设和可持续发展项目动员资源，
作为现有多边和区域金融机构的补充，促进全球经济增长与发展。为履行
其宗旨，银行应通过贷款、担保、股权投资和其他金融工具为公共或者私
人项目提供支持。银行还应与国际组织和其他金融实体开展合作，并为银
行支持的项目提供技术援助。金砖国家新开发银行主要资助金砖国家以及

---

① 资料来源：全球经济报道网。
② 资料来源：数字财经智库。

其他发展中国家的基础设施建设，对金砖国家具有非常重要的战略意义。巴西、南非、俄罗斯、印度的基础设施缺口很大，在国家财政力所不逮时，需要共同的资金合作。金砖国家新开发银行不只面向 5 个金砖国家，而是面向全部发展中国家，作为金砖成员方，可能会获得优先贷款权。在基础设施建设方面，设立金砖国家新开发银行，可推动其他国家的基础设施建设，也是分享中国经验的好机会，与中国 OFDI 发展战略相符合，中国输出的既是经验和技术，也是一种标准。

金砖国家新开发银行拓展了中国和金砖国家在合作方面的新空间，作为金融合作方面的一个具体体现，金砖国家新开发银行建立之后，会不断拓展金砖国家合作的新空间，同时，它也代表着金砖国家在金融合作方面新的进程。金砖国家新开发银行不仅为中国带来了经济利益，同时也带来一种长远的战略利益。从短期来看，中国已成为世界第二大经济体，如何在国际舞台上展现一个新兴大国的形象，关系到中国自身发展，也关系到国际社会共同的利益。中国推动设立金砖国家新开发银行，做出实实在在的贡献，是彰显中国大国责任的好机会，在促进中国基础设施承建企业的OFDI 发展上起到了非常重要的作用。

（二）金砖国家应急储备安排

金砖国家应急储备安排的建立历程与金砖国家新开发银行相似。2012年 6 月，在墨西哥洛斯卡沃斯二十国集团峰会期间，金砖国家正式启动建立应急储备安排的磋商。2013 年，金砖国家领导人会议前夕，各国央行行长与财政部部长讨论了建立金砖应急储备安排的可行性，《金砖国家领导人第五次会晤德班宣言》中提到各国财长与央行行长的讨论结论是"建立一个自我管理的应急储备安排具有积极预防效果，将帮助金砖国家应对短期流动性压力，提供相互支持，并进一步加强金融稳定。这也将作为一道增加的防线，为补充现有国际外汇储备安排、加强全球金融安全网做出贡献"，且建立一个初始规模为 1000 亿美元的应急储备安排是可能的和共同期待的。2014 年 7 月 15 日，中国与其他金砖国家在巴西福塔莱萨签署了《关于建立金砖国家应急储备安排的条约》，应急储备安排正式建立，以承担完善自身金融体系从而完善世界金融体系的稳定功能。金砖国家应急储备安排不设国际机构组织，认缴份额采取承诺制，即资金分散存于各国央行由其"自我管理"，危机时期兑现承诺方式，集中筹资履行救助职能。与金砖国家新开发银行不同，中国在金砖国家应急储备安排的初始规模中占据较大份额，这与中国外汇储备大国的身份相适应，是对于人民币抗风险能力的一种认可，也在一定程度上为人民币国际化提供了有效的路径。金砖国家应急储备安排的目的是应对金砖国家的非预期稳定性事件，必须保持充分的流动性，虽然它实行的承诺制可能会引起临时筹资而导致救助的时滞性和不确定性，但是还是为金砖国家加强合作与投资提供了一种保障，有利于金砖国家之间 OFDI 的发展。

四、上合组织开发银行与中国 OFDI 的发展

2014 年 9 月上海合作组织（以下简称"上合组织"）成员国元首共同签署并发表了《上海合作组织成员国元首杜尚别宣言》，为本地区建立长期稳定的融资平台。目前，上合组织成员国对成立上合组织开发银行和专门账户已经基本达成共识，但后续各成员国还将就具体运作问题进行进一步磋商。与金砖国家区域性投融资安排相比，上合组织开发银行和专门账户推动时间更长，难度更大。主要原因是上合组织成立的初衷是维护地缘政治稳定，反对和打击区域极端主义、分裂主义和恐怖主义，区域经济金融合作是各成员国政治军事外交合作发展到一定阶段的产物。此外，上合组织各成员国客观上经济发展水平差异较大，在某些经济利益方面可能难以达成合作的共识。尽管上合组织开发银行和专门账户的成立经历了一个谈判的过程，但上合组织成员国地区经济的不断融合却是大势所趋。从地理位置上看，上合组织开发银行和专门账户的成立对中国丝绸之路经济带的沿线省份将产生比较积极的影响，也有可能成为中国实现中西部对外开放和投资战略的重要契机之一。

目前，上海合作组织（以下简称"上合组织"）在多极化世界中已占据重要一席，加上观察员国的人口，其人口（占世界总人口的 42.5%）[①]，

---

①　资料来源：人民网。

在上合组织成员国和观察员国中，因人口数量和经济发展速度的差异，表现出既有能源资源丰富、能源生产相对较多的国家，如俄罗斯、伊朗、哈萨克斯坦和乌兹别克斯坦等，也有清洁能源相对较少，而能源消费又较多的国家，如中国、印度。因此，上合组织无论在组织内部开展能源资源的互补合作，还是在成员国和观察员国共同参与解决世界能源市场问题上，都有充分的物质基础和发言权。上合组织国家间能源资源和消费数量的差异和地理上的相互接近，是加强能源合作的重要前提和基础。上合组织国家参与世界能源资源的合理分配面临着诸多挑战和困难。因此，除了"一带一路"倡议强调的基础设施通路建设外，能源合作或许会成为这一区域合作的亮点。具体来讲，上合组织为中国企业 OFDI 的发展提供了一些条件。

第一，上合组织为中国企业提供了广阔的合作领域。首先，俄罗斯和中亚国家有丰富的自然资源，中国经济发展紧缺的部分原材料，在部分上合组织成员国中储量相当丰富，比如，石油、天然气、木材、煤、铁矿、铜矿、铝土等。在其资金紧张的时候，一些成员国愿意"以资源换资金"的合作模式开发其资源。其次，这些国家的居民购买力相对较低，而中国的日用商品价廉物美，有很好的市场需求。另外，中亚国家和俄罗斯都把食品和日用品的进口替代政策作为基本国策，希望在该领域吸引更多的外资来加快其国内产业发展，这也为中国企业转移产业布局和规避西方的贸易壁垒提供了新的空间。

第二，上合组织为中国企业提供了广阔的合作渠道。上合组织鼓励发展成员国各领域和各层次的合作，包括中央和地方、政府和民间以及产业界和学术界等的合作。为了充分调动民间力量，使民间广泛参与上合组织的活动，并让上合组织更多地了解民间的意见和想法，上合组织成员国举行了"上海合作组织实业家委员会"成立大会。与此同时，为了加强项目融资力度，扩大融资渠道，上合组织成员国在成立了由各国指定的开发性或商业性银行组成的、根据市场原则对上合组织通过的区域合作项目组织银团贷款的"上海合作组织银行联合体"，签订了《银联体成员关于支持区域经济合作的行动纲要》。此外，上合组织还积极与一些国际组织和国际金融机构合作，如亚洲开发银行和联合国计划开发署等，利用其丰富的经验、资金和技术优势，为深化区域经济合作创造有利条件。上海合作组织开发银行的设立，扩大了使用本币结算的合作业务，促进了合作组织成员国之间的经贸合作，也为合作组织成员国企业进行相关领域的投资活动提供了融资渠道，减少了外汇风险，有利于中国企业对合作组织成员国进行境外直接投资的发展。

总之，近年来虽然中国通过建立不同层次的区域经济协调机制，努力打破洲际限制，与不同区域国家结成经济战略联盟，在运用对外投资手段推动中国经济增长的同时，逐步扩大中国在国际上的影响力。但是，区域经济协调机制仍然面临一些亟待解决的问题。一是有些多边投融资机构，如亚投行等，尽管其大多数创始成员国潜在的基础设施建设需求量很大，但受制于国家本身经济发展水平和市场需求规模，短期内对基础设施建设的实际需求量或许并不高。二是经济上的合作共赢有时会受到非经济因素干扰，特别是地缘政治冲突往往会对经济合作的深入程度产生较大影响，因此在经济互惠互利的基础上，不断增强国与国之间的战略互信显得尤为关键。三是目前大多数区域经济协调机制的经济一体化合作水平还不高，有些还处在象征意义大于实际意义的阶段，后续仍需通过进一步谈判和磋商，争取在一些细节问题上达成双边或多边共识。因此，中国还需进一步主动加强与区域内国家的政策沟通，不断深化完善与区域内国家的双边、多边合作机制，鼓励和带动这些国家共同努力，推动中国对外投资新战略的有效实施。

第二节　中国对外投资新战略与中国企业 OFDI 的发展

RCE 协定的签署生效、CPTPP 现有成员方之间协定的达成以及中欧 CAI 的谈判完成，对于全球贸易格局和投资格局都会产生重要影响，在这一背景下中国对外开放战略以及 OFDI 发展水平都会进一步升级。中国"十四五"商务发展规划进一步对中国的对外投资和经济合作做出了新的战略规划。

一、中国对外投资新战略规划

2021 年 6 月，商务部根据《中共中央关于制定国民经济和社会发展第十四个五年规划和 2035 年远景目标的建议》和《中华人民共和国国民经济和社会发展第十四个五年规划和 2035 年远景目标纲要》，研究编制了《"十四五"商务发展规划》，其中涉及促进我国对外投资的部分主要体现在以下几方面。

（一）提升对外投资战略规划

1. 创新对外投资方式

在创新对外投资方式方面，重点提出鼓励多元化投资方式，以实物投资、股权置换、联合投资、特许经营、小比例投资、初创企业投资、设立联合基金、研发合作等多种方式开展对外投资。高质量建设境外经贸合作区，鼓励借鉴国内开发区和境外先进园区管理经验，创新发展模式，打造一批具有区位优势、产业定位清晰、运营管理先进、生态效应明显、建设效果突出的合作区。在投资区域布局上，强调加强与亚洲、欧洲国家在传统产业和新兴领域的合作。优化对外投资产业布局上，强调要完善境外生产服务网络，加快金融、咨询、会计、法律等生产性服务业国际化发展，鼓励企业以投建营一体化等多种方式开展对外承包工程业务，坚持企业主体，提高跨国经营能力和水平，打造"中国投资"品牌。

2. 深化"一带一路"经贸合作

在深化"一带一路"经贸合作与投资方面，强调要进一步提高"一带一路"投资合作质量、合作领域和项目方面，要结合东道方资源禀赋、市场特点、实际需求和具体条件，深化与共建"一带一路"国家（地区）在陆海天网建设和相关产业的投资合作。做优做精合作项目，建设更多高质量、可持续、抗风险、价格合理、包容可及的基础设施项目，促进更多惠民生项目落地。优化共建"一带一路"国家产业布局，积极建设与当地和国内产业发展相互促进的境外经贸合作区。支持地方建设中国—上合组织

地方经贸合作示范区以及中国—印尼、中国—马来西亚"两国双园"等
"一带一路"合作示范区。同时拓展第三方市场合作，推进与法国、英国、
德国、意大利、西班牙、荷兰、比利时、葡萄牙、奥地利、瑞士、日本、
韩国、新加坡等相关国家开展第三方市场合作。在推动和促进"一带一
路"投资合作措施方面，强调要拓展"一带一路"平台机制功能，建立商
建贸易畅通工作组、投资合作工作组等，建设高水平合作平台，发挥好中
国—加勒比经贸合作论坛、中国—太平洋岛国经济发展合作论坛、中拉基
础设施合作论坛等平台作用。深化与联合国等国际机构合作，高质量执行
"一带一路"国际合作项目，推动更多公共卫生和社会民生项目落地。

（二）多方采取措施，为对外投资创造良好外部环境的战略规划

1. 积极参与全球经济治理，为对外投资创造良好的外部环境

在积极参与全球经济治理，为中国企业对外投资创造良好的外部环境
方面，主要强调深度参与亚太经合组织经贸领域合作，维护亚太经合组织
支持多边贸易体制和区域经济一体化的核心价值，推动构建亚太命运共同
体。促进金砖国家务实合作不断取得新成效，推动金砖一体化大市场建设
再上台阶。完善上合组织经贸部长会议等机制，深化上合组织区域经济合
作，推动大国倡议向机制化过渡。积极参与新兴领域经济治理规则制定，
促进建立互利共赢、公开透明的数字经济国际规则体系，推进绿色发展产
业链、供应链等新议题谈判，推动构建投资便利化多边框架。

2. 构建新型国际经贸关系

强调要丰富完善中美双边经贸交流机制，在相互尊重、平等互利的基
础上，加强中美省州等多层次、多渠道务实合作。构建与欧盟合作的制度
性框架，推动中欧投资协定签署生效，扩大中欧在多双边领域的合作。深
化中俄战略大项目、科技创新、农业等全方位合作，提升与欧亚经济联盟
经贸合作的水平。深化同周边国家的经贸关系，秉持亲诚惠容理念和与邻
为善、以邻为伴的周边外交方针，加强同周边国家战略沟通，夯实互信基
础，完善各层级经贸合作机制，深化与日本、韩国、东盟等区域经济体的
经贸关系，与亚洲周边国家共同推进建设稳定畅通的区域产业链、供
应链。

二、对外投资新战略规划下中国企业 OFDI 的发展

中国"十四五"商务发展规划中对中国的对外投资和经济合作做出了新的战略规划，将促使中国企业的 OFDI 向新的方向、以更为创新的方式进一步发展。

（一）在对外投资新战略规划下，中国企业向东南亚、非洲、"一带一路"沿线等发展中国家聚集地区的投资

在对外投资合作新战略规划下，中国企业将向东南亚、非洲、"一带一路"沿线等发展中国家聚集的地区进行传统优势产业的产业链延伸型投资。我国"十四五"对外投资合作新战略规划在投资区域布局上，强调加强与亚洲、欧洲国家在传统产业和新兴领域的合作。由于 RCEP 的签订及落地实施，为中国企业向东南亚地区的投资提供了有利条件，同时，东南亚地区多为发展中国家，而我国的部分传统产业在东南亚地区具有一定的优势，如纺织、轻工业、机械、电子产业这些产能富余或过剩的长线型产业，可以通过对外投资向海外转移等，延长产品的生命周期，拓展发展空间。如东南亚的服装代工已经做了很多年，有一定的规模，柬埔寨出口商品的 70% 都是服装，但服装面料和一些配件也还是需要从中国进口，相对于东南亚地区的这些产业而言，中国的这些产业不仅产业链完善，而且也较该地区具有一定的技术与管理优势。同时东南亚地区的发展也具有吸引这类产业投资的区位优势，东南亚地区的发展中国家的劳动力比中国国内的劳动力价格低，并且这些国家要么和美国、欧盟、日本签署了自贸协定，要么因为经济发展水平低受到普惠制的照顾，出口到美国、欧盟、日本等主要市场的商品关税很低或者是零关税。如越南已加入了 CPTPP，也和欧盟签署了自贸协定；柬埔寨则受到普惠制的照顾，出口美国、欧盟和日本的绝大部分商品都是零关税。因此，RCEP 实施后该地区适合我国在该地区进行传统优势产业的产业链延伸型投资，同时由于东南亚华人较多，对中国文化的认同感较强，所以也可推进我国的文化艺术、中医药、中餐领域等特色服务业投资东南亚地区。

对于非洲市场来讲，非洲长期处于全球价值链的低端。而非洲地区的投资区位优势也较突出，非洲地区拥有丰富的人力资源、土地和矿产等自然资源，但是受历史因素及经济政策影响，非洲国家未能把握"二战"后全球三次产业转移的机遇承接发达国家的产业转移，导致其长期以来只能通过向全球提供能矿资源、农产品等原材料参与国际分工体系，而其制造业则一直处于全球较低水平。"十四五"期间，在"双循环"格局下我国国内外产业价值链结构将发生变化，国内产业转型升级将继续推动部分产业向外转移，传统优势产业链可以向非洲地区进行延伸型投资。结合非洲国家产业发展规划制定的针对重点国家的鼓励投资产业及我国各地区的传统优势产业，鼓励上下游企业链条式"走出去"，协助非洲国家完善产业链，推动中非产业链融合发展。因此，针对非洲市场，我国产能富余的长线型产业（如纺织、轻工、机械、电子、原料药、建材、电信设备、建筑等），可以在做好 OFDI 项目可行性研究的前提下，对非洲市场进行投资，延长产品的生命周期，寻找新的发展空间和市场，防范和规避部分出口贸易壁垒。

我国"十四五"对外投资合作新战略规划中提出要深化"一带一路"经贸合作，要结合东道方资源禀赋、市场特点、实际需求和具体条件，深化与共建"一带一路"国家在陆海天网建设和相关产业的投资合作。前期中国对"一带一路"国家的投资主要集中在新加坡、印度尼西亚、俄罗斯、老挝、马来西亚、阿拉伯联合酋长国、哈萨克斯坦、泰国、越南、柬埔寨十个国家。实际上，除以上国家外，大多数"一带一路"沿线国家与中国资源互补性强，投资前景广阔。具体来讲，俄罗斯和哈萨克斯坦等中亚国家资源丰富，与中国经济互补性较强，中国与印度在基础设施投资领域有较大合作空间，伊拉克等中东地区能源丰富，投资主要以能源合作和基础设施建设方面为主，中东欧国家在采矿、化工和旅游等产业有技术和资源优势，双方投资前景广阔。随着中国"一带一路"经贸合作的深化发展，中国将进一步增加对这些中亚、中东欧及南亚发展中国家的直接投资。

前期我国对"一带一路"沿线国家投资的行业领域包括制造业、租赁和商务服务业、批发和零售业、建筑业、采矿业、金融业、电力生产和热力供应业、农林牧渔等。其中能源、交通运输、矿产资源和信息技术是中国对"一带一路"沿线国家直接投资较集中的产业。随着中国"一带一路"经贸合作的深化发展，中国对"一带一路"沿线国家投资的行业领域将更加多元化，中国企业可以继续在中亚、中东欧及南亚的发展中国家投资中国相对具有优势的建筑业、能源的开发利用、信息等陆海天网领域的部分产业，以及纺织服装、电子商务等批发和零售业具有竞争优势的传统产业。

（二）在对外投资新战略规划下，中国企业向欧洲、东亚、澳大利亚、美国等发达国家聚集的地区的投资

在对外投资合作新战略规划下，中国企业将向欧洲、东亚、澳大利亚、美国等发达国家聚集的地区进行中国品牌产品产业链、技术研发升级型产业的投资，实现产业链的升级。我国"十四五"对外投资合作新战略规划中提出要加强中美省州等多层次、多渠道的务实合作。构建与欧盟合作的制度性框架，推动中欧投资协定签署生效，扩大中欧在多双边领域的合作，深化中俄战略大项目、科技创新、农业等全方位合作，提升与欧亚经济联盟经贸合作的水平。

对于欧洲地区来讲，随着我国"十四五"对外投资合作新战略规划的推进，中欧投资协定将签署生效，中欧在多双边领域的投资会进一步提升。截至 2019 年底，中国对欧投资主要分布在荷兰、英国、德国、卢森堡、俄罗斯、瑞典、法国、瑞士、意大利、挪威、西班牙、爱尔兰等国家。中国对欧盟直接投资存量上百亿美元的国家依然是荷兰、英国、德国、卢森堡。从存量行业分布看，中国对欧盟投资的主要行业领域依次为：制造业 308.3 亿美元，占 32.8%，主要分布在瑞典、德国、荷兰、英国、卢森堡、法国、意大利等；金融业 164.8 亿美元，占 17.5%；采矿业 148.1 亿美元，占 15.8%，主要分布在荷兰、卢森堡、英国、塞浦路斯等；租赁和商务服务业 112.9 亿美元，占 12.0%，主要分布在英国、卢森堡、德国、塞浦路斯、荷兰、法国等；批发和零售业 53.0 亿美元，占 5.6%，主要分布在法国、英国、卢森堡、德国、荷兰、意大利、比利时等[①]。随

① 中华人民共和国商务部. 中国对外投资合作发展报告 2020 ［R］. 北京：中华人民共和国商务部，2020.

着我国"十四五"对外投资合作新战略规划的推进，中国对欧洲地区的投资方向要根据欧洲各国的市场及产业发展特点而定。欧洲经济发达、产业技术较为先进的国家，如北欧的瑞典、西欧的德国、法国和英国，产业技术先进，汽车制造业、机械工业、化学工业、航空航天业和现代服务业发达，我国企业可以通过合资或在当地建立研发中心投资这些国家具有先进技术的产业，以引进提升我国的产业技术水平。南欧的希腊、罗马尼亚、斯洛伐克等以及中东欧国家经济发展相对滞后，基础设施需求量较大，我国企业则可以在这些区域投资基础设施、批发零售等产业。与此同时，中国目前在数字化和互联网发展方面取得了较高水平，具有整体上的优势。欧洲也十分看好中国的技术水平、商业模式，我国互联网、IT 产业也可通过不同的投资形式投资欧洲市场。

对于东亚的日本、韩国市场而言，目前，日本、韩国到中国进行直接投资的较多，而中国对日本、韩国两国的 OFDI 相对较低。截至 2019 年底，中国企业在亚洲地区的直接投资中居于前十位的分别是中国香港（12753.5 亿美元）、新加坡（526.4 亿美元）、印度尼西亚（151.3 亿美元）、中国澳门（98.5 亿美元）、老挝（82.5 亿美元）、马来西亚（79.2 亿美元）、阿拉伯联合酋长国（76.4 亿美元）、哈萨克斯坦（72.5 亿美元）、泰国（71.9 亿美元）、越南（70.7 亿美元）①。而中国对于日韩两国的 OFDI 总额均不在前十之列。2019 年中国企业对日本全行业直接投资额约为 2.535 亿美元，仅占中国 OFDI 排名第十位的越南约 3.58%。2020 年中国企业对日本全行业直接投资总额为 3.6 亿美元，而日本对中国直接投资额则为 33.7 亿美元，几乎是中国对日投资额的 10 倍。2019 年中国企业对韩国全行业直接投资额约为 0.829 亿美元，仅占中国 OFDI 排名第十位的越南约 1.7%。2020 年中国企业对韩国全行业直接投资达 3.6 亿美元，而韩国对中国直接投资额约为 36.1 亿美元，也几乎达到中国对韩投资额的 10 倍②。而当前 RCEP 的签订及落地实施，则为中国企业进入日韩两国提供了便利条件，日韩两国在 RCEP 框架下也作出了开放国内投资市场的承

---

① 中华人民共和国商务部. 中国对外投资合作发展报告 2020［R］. 北京：中华人民共和国商务部，2020.

② 资料来源：中华人民共和国商务部"走出去"导航网。

诺，并提供相应的保障机制，中国企业也将充分利用 RCEP 的机制对日本、韩国市场进行有力的投资。

对于日本市场而言，虽然对外国投资实施"原则放开，例外禁止"的方针，大部分行业均允许外国资本自由进入，但是日本中央政府没有特别规定的鼓励外商投资的行业，并且由于日本劳动力短缺导致工薪较高，劳动力成本高，且日本的制造业由于自然资源非常贫乏，原材料短缺，生产所需原料多需要从海外进口，生产成本远远高于其他国家；同时，日本的企业所得税较高。在日本，针对法人征收的所得税主要包括对法人的应税所得征收的国税（约 30%）和地方税。而地方税又包括即使没有应税所得，也要缴纳以公司的规模等为计税标准的均摊税。这样，包含地方税后的企业所得税实际税率约为 42%。另外，如果以法人税等的纳税金额除以税前本期净利润算出的实际负担税率来看，多数情况下要超过上述的实际税率。在地方税中，即使法人没有应税所得，也必须缴纳法人住民税的均摊税和以法人规模等为计税标准的外部标准纳税。也就是说，即使法人所得为赤字，也发生纳税义务。可见，其法人所得税远远高于中国目前的企业所得税。因此，中国企业对日本进行投资，首先要避开其劳动力成本高、资源短缺的劳动密集型、资源密集型的制造业，尽可能选择日本较具优势的技术研发领域进行投资，并购部分研发机构、国际服务业，同时做好日籍员工的文化管理问题，因为中日企业文化和管理理念的差异，使一些日本员工对境外企业的并购及随后的管理持有一定的抵制情绪和偏见，建设契合东道方文化的企业文化则是海外投资成功的重要保障。因此，即使在 RCEP 框架下，中国对日本的 OFDI 都有详细进行可行性研究，制定科学的投资策略和运行方案。

对于韩国市场而言，韩国原本在一些行业中限制外商持股比例（一般 50% 以下），且对国外企业到韩国投资有投资金额的要求，如单个生产性企业投资额至少 3000 万美元，雇用当地员工至少 300 人等[1]。但随着 RCEP 的签订及落地实施，这些限制条件就会对国外投资者解除，但涉及影响其国家安全或公共秩序领域的产业除外，并且韩国对于在其自由贸易

---

[1] 北京亚新咨询公司. 韩国投资指南［R］. 北京：北京亚新咨询公司，2017.

区、经济自由区（包括济州国际自由城市）内投资的国外企业是给予免三减二的税收优惠的。韩国的产业发展在一定程度上与中国具有一定的互补性，但是韩国的劳动力成本也远高于中国。因此，中国企业对韩国的投资，也应该避开劳动力成本高的劳动密集型、资源密集型的制造业，尽可能选择韩国较具技术优势的产业进行投资，中国的优势产业如互联网、数字经济领域的产业可通过不同的投资形式在韩国进行投资，并购其部分研发机构，同时由于中国文化历史上对韩国的深刻影响，也可推进我国的文化艺术、中医药、中餐领域等特色服务业到韩国投资。

对于澳大利亚、新西兰市场而言，澳大利亚和新西兰也是中国对外投资的主要目的地之一，2019 年中国对大洋洲地区的直接投资主要分布在澳大利亚。当年对澳大利亚直接投资流量 20.9 亿美元，同比增长 5.1%，占中国对外投资流量总额的 1.5%，占对大洋洲投资流量的 100.5%。目前中国与澳大利亚、新西兰已是全面战略伙伴关系，随着 RCEP 的签订及落地实施，澳大利亚、新西兰也将按照承诺放开国内的投资市场，但涉及影响其国家安全或公共秩序领域的产业除外。但是，由于澳大利亚、新西兰的劳动力成本也远高于中国。因此，中国企业对于澳大利亚、新西兰的投资，也应该避开劳动力成本高的劳动密集型的制造业。从目前中国对澳大利亚、新西兰的投资产业来看，中国对大洋洲地区的投资行业日趋多元，但矿业投资依然是主业，占比接近五成。2019 年，中国对澳大利亚投资主要流向采矿业 7.81 亿美元，占 37.4%；租赁和商务服务业 4.19 亿美元，占 20.1%；金融业 3.93 亿美元，占 18.8%；制造业 3.09 亿美元，占 14.8%。从存量的主要行业分布情况看，投向采矿业 193.61 亿美元，占 50.9%；金融业 41.84 亿美元，占 11%；租赁和商务服务业 39.27 亿美元，占 10.3%；房地产业 35.34 亿美元，占 9.3%；制造业 20.86 亿美元，占 5.5%；农/林/牧/渔业 10.56 亿美元，占 2.8%；批发和零售业 9.16 亿美元，占 2.4%[①]。未来中国对澳大利亚、新西兰的投资可考虑互联网、数字经济领域的产业投资，也可适当推进我国的文化艺术、现代特色服务业到澳大利亚、

---

①　中华人民共和国商务部. 中国对外投资合作发展报告 2020 [R]. 北京：中华人民共和国商务部，2020.

新西兰投资。

但是近年来澳大利亚、新西兰等国通过加强立法，强化对外资的审查监管。2018年3月，澳大利亚议会通过《关键基础设施安全法》并于7月正式实施，加强了对高风险资产所有者、运行者、收购者等的监管。澳大利亚政府收紧外资审批政策，提高了对中资企业投资的监管要求，因此，中国对澳大利亚的新项目投资要认真研习澳大利亚法律，包括《关键基础设施安全法》《商业行为法》《价格监督法》《竞争政策改革法》《新税收法》《公司法》《环境保护和生物多样性保护法案》等，做到合法投资、合规经营。

对于美国市场而言，美国是世界最大的发达经济体，是中国企业在北美市场投资的重点国家。中美关系直接影响北美市场的投资前景。2020年，随着两国第一阶段经贸协议的签署，中美贸易摩擦虽然没有继续恶化，但美国单方面对中国企业赴美国投资审查日趋严格，对中国企业的制裁变本加厉，中国对美投资大幅放缓。2020年中国对美投资达到72亿美元，比2019年的63亿美元略微提高，主要的原因是一些大型收购案，包括腾讯收购环球音乐集团（Universal Music Group）部分股权和中国哈药集团收购美国保健品公司健安喜等。2020年美国对华投资为87亿美元，同比下降1/3，达到2004年以来最低水平。中美之间的资金流动在新冠疫情暴发前就一直呈现不稳定状态，直接投资和风险投资在2010年迅速增长，随着中国对外投资加速，2016年达到700亿美元的峰值。但自特朗普上台的2017年开始，由于中美贸易摩擦和美方的监管措施，中国对美投资大幅下降。

目前，中国企业在美国投资发展面临的不确定性增强。自中美贸易摩擦以来，美国政府利用《外国投资风险评估现代化法》，以所谓的"国家安全"为由，不仅加大对中国企业赴美投资并购审查力度，还不断扩大审查范围，不断加大对其国内产业的补贴力度，使得中国赴美企业投资领域进一步缩减。目前，美国对华投资类型审查范围已从半导体、金融行业扩大至猪饲料等食品加工业。在科技领域的审查更严格，相关部门如发现中国企业投资美国高科技产业，会采取一票否决，或对整个投资流程提出相当严苛条件的措施，迫使中国企业知难而退。受此影响，未来中国赴美投资企业的投资领域将有缩减。但我国的"十四五"商务规划中提出要构建新型国际经贸关系，丰富完善中美双边经贸交流机制，在相互尊重、平等互利的基础上，加强中美省州等多层次、多渠道的务实合作。随着"十四五"期间中美省州等多层次多渠道合作的加强，中美之间的 FDI 有望会得到进一步的恢复和发展。

（三）对外投资新战略规划下，中国对金砖国家的投资合作

随着中国经济进入新常态，中国的对外投资战略也在不断地进行调整，基于中欧 CAI 谈判，实现中国与最发达经济体跨境直接投资的战略协调；基于"区域全面经济伙伴关系协定"谈判，实现中国与周边经济体跨境直接投资的战略协调；基于"一带一路"倡议计划的推进，实现中国跨大陆、跨国直接投资的战略协调等。另外，加强与金砖国家金融、贸易与投资的合作，有利于中国推进实施对外投资新战略，进一步应对中国加入 CPTPP 之前，CPTPP 条款对中国投资其成员方市场所产生的投资壁垒与障碍。我国"十四五"对外投资合作新战略规划中提出要促进金砖国家务实合作不断取得新成效，推动金砖一体化大市场建设再上新台阶。

1. CPTPP 达成背景下中国加强与金砖国家贸易和投资合作的重要性

CPTPP 的达成对中国贸易和投资会产生一定的负面影响。就投资而言，CPTPP 中投资条款旨在为成员方进行海外投资建立一个稳定、透明、可预见和非歧视的保护框架。成员方投资环境的改善会对非成员方产生一定的投资转移效应。贸易和投资转移效应不仅发生在国际层面，也对中国产生一定的影响。就货物贸易而言，CPTPP 实施后，绝大部分成员方零关税的比重将达到 80% 以上。成员方范围内如此大幅度地减税，必然产生不可忽视的货物贸易转移效应。就服务贸易而言，成员方较高的承诺水平，会进一步促进服务贸易在成员方之间的流动，并产生相应的贸易转移效应。但是 CPTPP 对中国的遏制程度与 TPP 相比明显变小，RCEP 的持续推进以及"一带一路"倡议使得中国在亚太地区的影响力持续增强、国际地位快速提高。特别是目前的"一带一路"建设将欧亚大陆连成一片，对美国原本的"重返亚太战略"以及推行的"印太战略"产生极大制衡。

虽然 CPTPP 降低了缔约方和中国的接受难度，对中国的影响也相应减

少，但是我们并不能有乐观的心态，因为贸易环境的多变性、利益集团诉求的多样化、地缘政治的复杂化、美国未来重新加入的可能性都对国际贸易和投资规则的完善、边境后管理提出了挑战。我们确实需要仔细研究CPTPP条款，并提出相应的对策，从而更好地化解CPTPP对中国的压力与风险。具体措施如积极完善国内相关规则制定，深入改革，尽早实现与CPTPP规则的对接。主动谋求加入CPTPP，破除美国在贸易规则层面对中国的"规锁"。

从国际战略来看，美国主导的TPP协议，其根本目的是希望对中国与东盟的FTA起到制衡作用，以确保其在东亚的地缘政治利益，稳固其超级大国的霸权地位，这也是美国重返亚太战略的一个重要部分。作为亚太地区最为重要的支点国家，美国和日本的经贸关系更为密切。虽然美国退出后的CPTPP降低了缔约方和中国接受的难度，但是目前CPTPP还存在着不少中国接受难度较大的条款，包括货物的国民待遇与市场准入、卫生与植物卫生措施（SPS）、跨境服务贸易、商务人员临时入境、电信服务、电子商务、竞争政策、知识产权、劳工、监管的一致性、国有企业和指定垄断。因此，从理论上和CPTPP的规则上来说，任何国家都可以加入CPT-PP，但实际上很多国家包括中国在一定时期内将被排除在外。特别是货币自由兑换、国企私有化等条件，中国在当前是不可能达到的。因此，加强与金砖国家的金融、贸易与投资合作将显得更为重要。

2. 中国对金砖国家的进一步投资合作战略

与日韩市场不同的是金砖国家拥有丰富的自然资源、劳动力资源和广阔的市场，拥有良好的投资区位优势，为中国企业OFDI的发展提供了良好的投资条件，金砖国家完全可以继续提升贸易与投资、制造业与矿产加工、能源、农业合作、科技与创新、金融等重点领域的合作水平和层次。

对于俄罗斯市场来讲，俄罗斯地广人稀，具有丰富的自然资源。而我国的资源与能源产业（如石油、天然气、铁矿、铝矿、有色金属等）属于生产量满足不了国内需求的短线型产业，可加大海外投资力度，控制和开采海外资源，作为除购买海外资源以外的第二条国外资源补给途径，满足发展经济和改善人民生活而导致的不断扩大的需求。长期来看，我国作为发展中国家，各产业都还处于发展提升阶段，我国在今后一定时期内仍将会是一个资源消耗大国。因此，我国可以在与俄罗斯原来的合作基础上，继续对俄罗斯的石油勘探、煤炭、核能、矿产资源、森林资源等方面寻求投资合作机会。

印度作为人口大国，劳动力资源丰富，因此在对印度保持劳动密集型产业投资规模的同时，应引导中国企业投资印度向软件、医药、节能环保等高端领域转移，在竞争较大的领域考虑错位投资，促进建立优势互补的生产分工体系，减少两国的产业重合。同时大力推动对印度基础设施领域的投资，印度的发展正处于城镇化进程的关键时期，亟须配套的基础设施建设，而中国在基建领域具有较强的比较优势，加之印度政府采取优惠措施，吸引中国建筑企业前往印度投资，将对中国企业对印度的投资起到重要促进作用。

结合我国的"十四五"战略规划，对南非的直接投资重点考虑以下几方面。第一，依托南非资源禀赋，进一步投资于矿产资源的开发与加工领域。南非矿产资源富集，品位很高，开采技术先进，具有很强的国际竞争力。中方可以进一步以收购股份、资产入股等形式，深度参与南非矿产资源投资。第二，实施产业链攀升性投资。南非经济较为发达，产业体系较为齐全，产业技术具有一定的先进性，社会购买力较强。因此，可进一步把我国相对处于产业链中高端的投资信息技术、通信技术、数字经济领域的企业向南非延伸投资，拓展高科技通信领域的投资合作。第三，延伸投资传统优势产业中的家庭耐用品制造业。进一步考虑将新能源汽车、家用电器的加工制造向南非延伸投资。南非汽车工业发达，市场消费潜力巨大，中国汽车厂商应紧随汽车市场的发展动向，立足自身优势，在南非市场投资新能源汽车的研发与加工制造。同时，应发挥我国家电品牌优势，在南非市场投资家用电器的研发与加工制造，进一步进行技术创新和产品更新换代，大力提升售后服务，提高中国产品品牌的国际影响力。第四，继续进行基础设施建设领域的投资。中国建筑企业应依照南非实际需求情况，继续积极开展对南非基础设施建设的投资。

总之，对外投资新战略规划下，我国的 OFDI 区位战略将针对各个重点投资区域，全球作为一盘棋，构建中国企业主导的国际生产经营网络，即由中国企业主动投资建立的、中国企业在其中居于核心地位的国际性生产销售组织架构。改革开放以来，中国企业基本上是通过一般贸易、加工贸易、引进外资、承包劳务等方式参与国际分工，获得了相应的益处，但是在现有的国际分工体系中，中国企业多处于价值链的低端或产业链的中端，与发达国家比，没有获得贸易和投资的相对优势。而在现阶段，中国的贸易和投资都已达到了一定水平，具备了进一步升级在全球价值链中地位的条件，就需要着手构建由中国企业主导的国际生产经营网络。该网络的构建主要通过两个渠道：一是通过中国企业的 OFDI，在世界范围内设立分支机构，发展属于自己的全球产品链（价值链）或产业链，构建自己主导的生产经营体系；二是通过技术授权或货物与服务外包等方式吸纳当地企业参与，把当地企业纳入自己主导的生产经营体系中来。

通过构建由中国企业主导的国际生产经营网络可以在以下几方面提高中国参与国际分工的水平，促进中国作为负责任的大国在世界经贸发展中的作用。第一，有利于实现中国企业在国际分工中的价值链攀升，促进中国跨国公司的成长。借助中国企业主导的国际生产经营网络，一部分中国企业可以将价值链中的低附加值环节分包出去，而集中进军价值链中高附加值的部分，从而可以从价值链中低端逐步走向高端，从产业链的中端（原材料、零部件、加工环节）逐步走向产业链的前端（研发、设计、品牌）和后端（广告、销售、服务），而获取更多的技术性、服务性收益，从而也进一步提高中国企业的跨国投资与经营管理能力，提高其在全球市场的竞争力，扩大产品和服务的国际知名度与影响力，促进中国跨国公司的成长，也促进国内知名品牌向国际知名品牌的转变。第二，有利于中国企业整合全球资源。构建自己主导的生产经营网络，可以从自然资源导向、市场开发导向、优惠政策导向、先进技术与管理导向等 OFDI 的理论动机出发，发展属于自己的全球产品链（价值链）或产业链，可以在更大范围内利用全球资源，规避风险，促进企业 OFDI 的发展，重塑中国企业在国际分工中的角色，使国际分工格局和世界经济格局更加合理。第三，有利于进一步推进人民币国际化的进程。构建由中国企业主导的国际生产经营网络，促使中国企业主导的产业链参与渗透到全球不同国家（地区）的产业经营中，中国与各国本土的商品买卖与货币流通量进一步扩大且更为频繁，人民币的国际影响力和购买力也会进一步增强，人民币被投资东道方接纳使用的程度就越高，这就进一步推进了人民币国际化的进程。

（四）"双循环"经济下，中国企业 OFDI 的发展

在全球新冠疫情暴发的背景下，我国提出了"构建国内国际双循环相互促进的新发展格局"的发展战略。"双循环"经济需要以国内大循环吸引全球资源要素，充分利用国内国际两个市场、两种资源，积极促进内需和外需、进口和出口、引进外资和对外投资协调发展。所以，"双循环"经济下，中国企业 OFDI 的发展应从以下几方面平衡国内经济和对外经济的发展。

1. 加强 OFDI 和 FDI 的互动与协调

在与对外投资新战略互动的过程中，未来中国对外投资和引进外资的政策协调应当从引导外资更多向中西部地区转移、通过体制改革提高 OFDI 和 FDI 的管理效率、积极拓展投融资双向渠道等几个方面入手。第一，要制定引进外资和对外投资之间的相互关联及其相对平衡发展的战略与政策。进一步确定对外投资与引进外资的战略选择，制定有利于中国宏观经济增长的对外投资和引进外资的相对平衡发展战略。第二，建立中央与地方、地方与地方之间的协调机制。确定中央与地方、地方与地方 OFDI 的战略方向与分工，避免盲目重复投资，项目竞争。同时要进行不同区域省市之间的功能分工和定位，在引进外资和对外投资具有地区分布高度集中性的趋势下，应对不同省份之间，以及省份和部分大城市之间在 OFDI 和 FDI 的功能与作用适当定位，特别是在 OFDI 方面重点发展大城市的平台功能，建立 OFDI 的综合服务体系，推动 OFDI 健康有序发展。第三，建立产业之间的协调机制。由于中国 OFDI 和 FDI 的产业比较优势是不同的，因此，应对 OFDI 和 FDI 的重点扶持提出基本导向，尤其是 OFDI 产业的选择和协调推进战略，服务于中国高水平 FDI 与大规模高质量 OFDI 的发展。同时要促进 OFDI 与国内产业结构的调整和优化升级相结合，实现国内外产业联动与互补。对于产能富余或过剩的长线型产业（如纺织、轻工、机械、电子、建材、电信设备、建筑等），需要通过对外投资向海外转移，寻找新的发展空间和市场，或实现国外生产、国外销售，防范和规避国外近年来对中国出口商品实行的频繁的贸易壁垒和反倾销起诉等限制措施。

对于生产量满足不了国内需求的短线型产业，如资源与能源产业，需要延长与克服短板，加大海外投资力度，控制和开采海外资源，作为除购买海外资源以外的第二条国外资源补给途径，满足发展经济的需求。对于我国以劳动密集型或劳动与资本密集结合型产业为主的优势产业（如化工、石化、石油、钢铁、电信设备、船舶制造等），技术与管理比较成熟，相对于东道方已有比较优势，借助海外投资拓展市场，建立海外生产经营网络，利用和巩固已有优势，又可以培育和增强新的优势。对于在国内属于刚刚兴起的产业（如研发、设计、新能源、新材料、新一代信息技术、生物产业、高端装备制造、新能源汽车等），根据以往的优势发挥型国际投资理论，这些产业需要先在国内锻炼发展，待具备一定优势后再走向海外。但是，现在国内外市场已经接轨，各国经济越来越一体化，因此按照优势获取型国际投资理论，这类产业也可以在对外投资中培育和获取优势。

2. 加强 OFDI 与对外贸易的互动与协调

通过实证研究可以看出，我国的年出口规模对 OFDI 的影响方向为正，弹性系数较大。我国出口总额每增长 1%，我国企业的 OFDI 总额平均增长 4.50%。这说明一国的对外贸易出口与对外投资也是相互影响、相互促进的，往往是对外贸易带动 OFDI，贸易与投资具有一体化的趋势，尤其对于资源导向型和市场导向型的 OFDI 贸易与投资的相互促进作用更为明显，对外投资创造对外贸易，对外贸易推进对外投资。从实践来看，中国需要 OFDI 升级，以投资跨越贸易障碍，获得扩大贸易的资源供给，因此，顺应我国 OFDI 的升级发展，应与国内具有对外贸易出口优势的区域和产业相结合，产生相互促进、协同发展的经济效应。

第七章
中国企业OFDI的发展现状分析

第一节 中国企业 OFDI 的基本发展情况

一、中国企业 OFDI 的发展现状

（一）中国 OFDI 的发展规模

总体来看，中国企业对外直接投资规模多数年份呈上升趋势，从 2010～2019 年，中国企业对外直接投资规模由 2010 年的 688.1 亿美元上升到 2016 年的 1961.5 亿美元，7 年时间增长了 1.85 倍，同比增长由 21.7%到 34.7%。但是从 2016～2019 年中国企业对外直接投资规模却呈略微下降趋势，由 2016 年的 1961.5 亿美元下降到 2019 年的 1369.1 亿美元，同比增长由 34.7%到 -4.3%（见图 7-1）。而中国对外直接投资存量占全球比重却保持稳定增长状态，2016 年中国对外直接投资存量 13573.9 亿美元，占全球比重 5.2%，2017 年中国对外直接投资存量 18090.4 亿美元，占全球比重 5.9%，2019 年中国对外直接投资存量

21988.8 亿美元，占全球比重 6.4%，占比与 2018 年保持相同水平①。

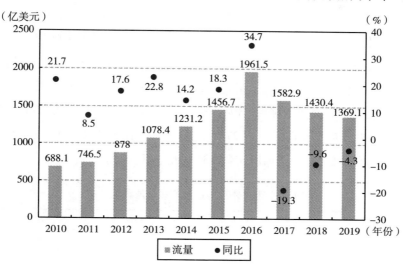

图 7 - 1　中国对外直接投资流量 2010 ~ 2019 年变化情况

资料来源：中华人民共和国商务部．中国对外投资合作发展报告（2020）［R］．北京：中华人民共和国商务部，2020.

（二）中国企业 OFDI 的区域分布

中国对外投资的国家和地区覆盖面广，但相对集中。截至 2019 年底，中国超过 2.75 万家境内投资者在全球 188 个国家（地区）设立对外直接投资企业 4.4 万家，全球 80% 以上国家（地区）都有中国的投资，年末境外企业资产总额 7.2 万亿美元。在"一带一路"沿线国家设立境外企业超过 1 万家，2019 年当年实现直接投资 186.9 亿美元，同比增长 4.5%，占同期流量的 13.7%；年末存量 1794.7 亿美元，占存量总额的 8.2%。2013 ~ 2019 年中国对"一带一路"沿线国家累计直接投资 1173.1 亿美元②。

但是，亚洲和欧洲是近两年中国对外直接投资的主要流向目的地，对两大洲的直接投资均扭转了上年的下滑态势实现增长，特别是对欧洲直接投资呈现大幅提升。《2019 年度中国对外直接投资统计公报》显示，2019

---

①②　中华人民共和国商务部．中国对外投资合作发展报告（2020）［R］．北京：中华人民共和国商务部，2020.

年中国对外直接投资 88.6% 流向亚洲和欧洲, 其中流向亚洲 1108.4 亿美元, 同比增长 5.1%, 占中国对外直接投资总额的比重为 80.9%; 流向欧洲 105.2 亿美元, 同比增长 59.6%, 占当年对外直接投资总额的比重为 7.7%。而与此同时, 中国对美洲、非洲和大洋洲的直接投资流量均呈现下滑, 其中对美洲和非洲的下滑幅度较大。2019 年中国对拉丁美洲直接投资 63.9 亿美元, 同比下降 56.3%; 对北美洲直接投资 43.7 亿美元, 同比下降 49.9%; 对非洲直接投资 27.1 亿美元, 同比下降 49.9%; 对大洋洲直接投资 20.8 亿美元, 同比下降 6.3% (见表 7 - 1)。

表 7 - 1 　　　　　　2019 年中国对外直接投资流量全球地区分布

地区	投资流量 (亿美元)	同比 (%)	比重 (%)
亚洲	1108.4	5.1	80.9
拉丁美洲	63.9	-56.3	4.7
北美洲	43.7	-49.9	3.2
欧洲	105.2	59.6	7.7
大洋洲	20.8	-6.3	1.5
非洲	27.1	-49.9	2.0
合计	1369.1	-4.3	100.0

资料来源: 中华人民共和国商务部. 中国对外投资合作发展报告 (2020) [R]. 北京: 中华人民共和国商务部, 2020.

(三) 中国对外投资行业分布

中国对外投资涉及的行业越来越广, 据商务部统计, 2019 年, 中国对外直接投资涵盖了国民经济的 18 个行业大类, 主要流向租赁和商务服务业, 制造业, 金融业, 批发和零售业, 信息传输、软件和信息技术服务业等领域, 流向上述 5 大行业的投资规模 1070.2 亿美元, 占当年对外直接投资的 78.2%, 较上年扩大 1.7 个百分点。2019 年中国流向租赁和商务服务业, 制造业, 金融业, 批发和零售业, 信息传输、软件和信息技术服务业 5 大领域的对外直接投资分别为 418.8 亿美元、202.4 亿美元、199.5 亿美元、194.7 亿美元和 54.8 亿美元, 整体占比分别为 30.6%、14.8%、14.6%、14.2% 和 4.0%, 其中制造业, 批发和零售业, 信息传输、软件和信息技术服务业占全部投资之比较上年有所提高，分别扩大 1.4 个百分点、5.6 个百分点和 0.1 个百分点。当年租赁和商务服务业、制造业、金融业、批发和零售业等 4 大行业的投资流量继续保持百亿美元规模，前 5 大行业投资流量合计 1070.2 亿美元，同比下降 2.2%，中国对外直接投资流量同比萎缩 4.3%，前 5 大行业降幅低于整体 2.1 个百分点（见表 7 – 2）。

表 7 – 2　　　　　　　　2018～2019 年中国对外直接投资行业统计

行业	2018 年（亿美元）	2019 年（亿美元）	同比（%）	2018 年占比（%）	2019 年占比（%）
租赁和商务服务业	507.8	418.8	-17.5	35.5	30.6
制造业	191.1	202.4	5.9	13.4	14.8
金融业	217.2	199.5	-8.1	15.2	14.6
批发和零售业	122.4	194.7	59.1	8.6	14.2
信息传输、软件和信息技术服务业	56.3	54.8	-2.7	3.9	4.0
采矿业	46.3	51.3	10.8	3.2	3.7
交通运输、仓储和邮政业	51.6	38.8	-24.8	3.6	2.8
电力、热力、燃气及水的生产和供应业	47.0	38.7	-17.7	3.3	2.8
建筑业	36.2	37.8	4.5	2.5	2.8
科学研究和技术服务业	38.0	34.3	-9.7	2.7	2.5
房地产业	30.7	34.2	11.5	2.1	2.5
农、林、牧、渔业	25.6	24.4	-4.8	1.8	1.8
居民服务、修理和其他服务业	22.3	16.7	-24.9	1.6	1.2
教育	5.7	6.5	13.2	0.4	0.5
住宿和餐饮业	13.5	6.0	-55.4	0.9	0.4
文化、体育和娱乐业	11.7	5.2	-55.1	0.8	0.4
水利、环境和公共设施管理业	1.8	2.7	51.1	0.1	0.2
卫生和社会工作	5.2	2.3	-56.7	0.4	0.2
合计	1430.4	1369.1	-4.3	100	100

资料来源：中华人民共和国商务部. 中国对外投资合作发展报告（2020）［R］. 北京：中华人民共和国商务部，2020.

（四）非国有企业对外投资所占比重不断扩大

国有企业相对非国有企业而言，规模大、实力强、对外直接投资经验丰富。2015 年中国非金融类对外直接投资存量中国有企业和非国有企业所占比重分别为 50.4% 和 49.6%，2018 年中国对外非金融类投资流量中，非公有经济控股的境内投资者对外投资 755.7 亿美元，占比 62.3%，较上年提升 13.6%，公有经济控股的投资者对外投资同比下降 36.1%。2019 年中国对外非金融类投资流量中，非公有经济控股的境内投资者对外投资占比已达到 95%。在对外直接投资存量方面，地方企业占比 86.4%；中央企业投资占 13.6%[①]。非国有企业境外投资发展迅速，并成为中国 OFDI 的主力军，登上了市场的舞台。

（五）我国对外直接投资的省份分布

我国对外直接投资的省份主要分布在东部地区，中西部所占比重相对较低。据商务部统计，2019 年，东部省份对外直接投资表现活跃，九成东部省份继续稳居当年地方对外直接投资流量前 10 大之列。北京、天津、上海、江苏、浙江、福建、山东、广东和海南 9 大东部地区省份当年对外直接投资流量合计 696.3 亿美元，占当年地方整体流量的 77.6%，较上年提高 2.1 个百分点。2019 年东部地区对外直接投资流量 715.6 亿美元，同比下降 5.6%，占地方对外投资流量总额的 79.7%，规模降幅低于当年地方整体 3.1 个百分点。山东、天津、北京、河北和广东 5 个东部省份 2019 年对外直接投资流量实现增长，同比分别增长 53%、30.5%、27.8%、21% 和 4%（见表 7-3）。中部地区、西部地区和东北三省 2019 年对外直接投资流量分别为 91.1 亿美元、78.1 亿美元和 12.6 亿美元，同比分别下降 10.2%、22.4% 和 43.8%，占地方比重分别为 10.2%、8.7% 和 1.4%（见图 7-2）。

表 7-3　　　　　　2019 年地方对外直接投资流量前 10 大省份

序号	省份	2019 年流量（亿美元）	2019 年占地方比重（%）	2018 年流量（亿美元）	2018 年占地方比重（%）
1	广东省	167.0	18.6	160.6	16.3
2	上海市	104.9	11.7	153.3	15.6
3	山东省	102.4	11.4	66.9	6.8

---

① 中华人民共和国商务部. 中国对外投资合作发展报告（2020）［R］. 北京：中华人民共和国商务部，2020.

续表

序号	省份	2019 年流量 （亿美元）	2019 年占地方 比重（%）	2018 年流量 （亿美元）	2018 年占地方 比重（%）
4	浙江省	89.5	10.0	122.8	12.5
5	北京市	82.7	9.2	64.7	6.6
6	江苏省	51.2	5.7	61.0	6.2
7	天津市	44.0	4.9	33.7	3.4
8	福建省	29.0	3.2	45.4	4.6
9	河南省	27.5	3.1	38.6	3.9
10	海南省	25.6	2.9	33.8	3.4
	合计	723.8	80.7	780.8	79.5

资料来源：中华人民共和国商务部．中国对外投资合作发展报告（2020）［R］．北京：中华人民共和国商务部，2020．

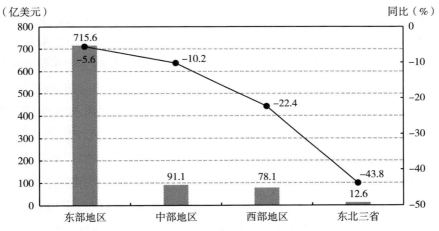

图 7 - 2　2019 年中国各地区对外直接投资流量分布

资料来源：中华人民共和国商务部．中国对外投资合作发展报告（2020）［R］．北京：中华人民共和国商务部，2020．

二、中国 OFDI 的相关政策

"走出去"战略在"十五"计划中首次提出，但是在 20 世纪，我国对外直接投资政策体系并不鼓励中国企业海外投资，仅有管理的初步政策，比如，1991 年的《关于加强海外投资项目管理意见》和《关于编制、审批境外投资项目的项目建议书和可行性研究报告的规定》。从某种程度上这些政策限制了中国境外投资的规模和数量，审批程序复杂，审批时间较长。进入 21 世纪后，我国对外投资政策有了转折性的变化，并逐步形成了对外直接投资政策体系。

（一）对境外投资日常管理政策越来越完善

2002 年 10 月原外经贸部颁布的《境外投资联合年检暂行办法》《境外投资综合绩效评价办法（试行）》，以及 2004 年商务部印发的《国别投资经营障碍报告制度》等，规范了中国政府监督和服务境外投资方面的相关要求。2004 年 7 月的《国务院关于投资体制改革的决定》给予了企业更多的主动权，奠定了中国对外直接投资政策体系由限制向鼓励转型的基础。2004 年 10 月，国家发改委颁布《境外投资项目核准暂行管理办法》，用核准权取代政府境外投资的审批权，企业对境外投资的经济效益无须征求政府意见。2009 年，商务部公布《境外投资管理办法》，进一步下放核准权限，简化核准程序，缩短核准时限，境外投资的规章制度更加系统，更加规范。在企业海外并购方面，2014 年 3 月，国务院发布了《国务院关于进一步优化企业兼并重组市场环境的意见》，简化海外并购的外汇管理，进一步促进投资便利化；优化国内企业境外收购的事前信息报告确认程序，加快办理相关核准手续；落实完善企业跨国并购的相关政策；规范企业海外并购秩序，加强竞争合作；积极指导企业制定境外并购风险应对预案，防范债务风险。2014 年 10 月，国务院发布《政府核准的投资项目目录》（2014 年版），对于涉及敏感国家和地区、敏感行业的境外投资项目，由国务院投资组各个部门核准。同期商务部开始实施新的《境外投资管理办法》，确定备案为主、核准为辅的境外投资管理模式。针对对外投资合作竞争行为管理方面，2013 年商务部印发了《规范对外投资合作领域竞争行为的规定》，系统说明对外投资合作企业不正当竞争行为的表现及处罚措施。2018 年出台的《对外投资备案（核准）报告暂行办法》，2019 年出台的《对外投资备案（核准）报告实施细则》，强调了"凡备案（核准）必报告"原则。报告事项主要包括六个方面：一是报送投资主体对外直接投资月度情况和通过境外企业再投资月度情况；二是半年报送境外企业合规建设情况和境外企业遇到的投资障碍；三是 1 亿美元及以上且中方实际控制的境外企业报送企业资产、债务、营收、人员等情况；四是通过考核的实施，企业作为投资主体，报告境外合作区经营情况；五是报告境外并购情况；六是突发事件或重大不利事件 24 小时内报告。2020 年出台《关于积极指导帮助"走出去"企业做好新冠肺炎疫情应对工作的通知》指出，一要高度重视，指导企业做好疫情防控；二要收集情况，跟进协调解决企业困难问题；三要加强研判，出台政策举措，提出工作建议。

针对境外经贸合作区考核管理方面，2013 年 7 月，商务部联合财政部出台《境外经济贸易合作区确认考核和年度考核管理办法》，以及针对对外投资合作和对外贸易领域不良记录管理方面，商务部、外交部、公安部等 9 部门联合印发《对外投资合作和对外贸易领域不良信用记录试行办法》，明确提出不为境内派出人员办理合法出入境手续、健康体检、预防接种和工作许可证；不尊重当地风俗习惯、宗教信仰和生活习惯，导致与当地民众发生冲突；不遵守当地生产、技术和卫生标准导致安全事故；不遵守当地劳动法规导致重大劳资纠纷；破坏当地生态环境，威胁当地公共安全等行为应当列入对外投资合作不良信用记录。2019 年商务部、国家统计局、国家外汇管理局对 2016 年 12 月印发的《对外直接投资统计制度》增加了"质量控制"相关内容，调整了统计标准，进一步明确统计原则，增加了境外经贸合作区定义及合作区类型的统计界定标准，对部分指标的解释进行了规范，增加了附录七和附录八。同时，在《调查表式》部分做了六项变化。2020 年出台的《关于加强境外经贸合作区疫情防控工作的通知》要求：一要深刻认识做好合作区疫情防控的重大意义；二要建立合作区疫情防控联动工作机制；三要切实做好合作区疫情防控重点工作；四要积极做好与东道方社会各界沟通工作；五要重大情况及时上报。

为了保障外派劳务的合法权益，促进对外投资的顺利健康发展，针对对外投资人员分类管理方面，2013 年 10 月，商务部发布《关于加强对外投资合作在外人员分类管理工作的通知》，明确了劳务人员、对外承包工程外派人员和对外投资外派人员的管理范围、管理职责和违规处罚措施。2019 年商务部出台《关于印发〈对外承包工程业务统计调查制度〉和〈对外劳务合作业务统计调查制度〉的通知》，商务部对《对外承包工程业务统计调查制度》调整了统计调查范围，明确了部分统计原则，增加了质量控制内容和附录部分——《向国家统计局提供的统计资料清单》。在《对外劳务合作业务统计制度》中，将商务部统计管理涉及有关中央管理企业的统计权限下放至地方商务主管部门，增加了质量控制内容和附录部分——《向国家统计局提供的统计资料清单》。

（二）进一步制定和完善对外直接投资的鼓励措施

2003 年，国家发改委、中国进出口银行下发并在 2004 年 10 月调整的《关于对国家鼓励的境外投资重点项目给予信贷支持政策的通知》，明确提出对于能弥补国内资源相对不足的境外资源开发类、带动国内技术、产品、设备等出口和劳务输出四类境外投资项目给予资金支持。2007 年，我国对非公有制企业加大对外投资支持力度。商务部、财政部、人民银行和全国工商联联合出台了《关于鼓励支持和引导非公有制企业对外投资合作的意见》，在对外投资核准、对外承包工程和劳务合作等资格核准方面，对非公有制企业贯彻了平等原则，在财税、融资、外汇、保险等方面享受同其他所有制企业同等待遇，并减少了审批环节。2014 年 1 月，国家外汇管理局发布《关于进一步改进和调整资本项目外汇管理政策的通知》，进一步放宽境内企业境外投资前期费用汇出和境外放款管理，为其提供多种融资资金的方式和渠道，大大缓解境外直接投资企业融资难和流动性资金不足等长期存在的制约性问题，为正在"走出去"的企业境外投资提供了便利，并且促进已经在境外直接投资企业的发展和壮大。同年，为了投资便利化，推进资本项目可兑换，以及规范跨境担保项下收支行为，国家外汇管理局又出台了《国家外汇管理局关于发布〈跨境担保外汇管理规定〉的通知》，在简政放权、强化风险防范的同时，有助于境外投资企业更好地获取境内信用支持。2020 年出台《关于应对新冠肺炎疫情发挥开发性金融作用支持高质量共建"一带一路"的工作通知》，商务部、国家开发银行、省级商务主管部门、各中央企业建立联合工作机制，商务部梳理汇总受疫情影响且有融资需求的境外项目和企业名单，对于符合条件的高质量共建"一带一路"项目和企业，国家开发银行将通过提供低成本融资、外汇专项流动资金贷款、合理设置还款宽限期、开辟信贷"绿色通道"和提供多样化本外币融资服务等方式给予支持。

中国加快推进重大经贸谈判，为企业 OFDI 发展提供国际制度支持。2019 年，中欧投资协定共举行六轮正式谈判和三次会间会。RCEP 15 个成员方整体上结束谈判。中国与毛里求斯签署首个中非自由贸易协定。中方首次采取负面清单方式开展中韩自贸区服务投资二阶段谈判和中日韩自贸区谈判，自贸区建设进入高标准的"负面清单"时代。中国与新西兰结束了自贸协定升级谈判，推动与巴基斯坦自贸协定第二阶段议定书签署并生效，与东盟、新加坡、智利的自贸区升级议定书顺利生效。此外，中国维护以规则为基础的多边经贸体制，积极参与国际投资争端解决机制改革进程，提出中国方案。

在国内政策方面，中国政府继续健全政策支持体系，为企业 OFDI 发展保驾护航。2019 年 1 月，商务部、国家统计局、国家外汇管理局结合近两年中国对外投资业务特点及高质量发展的需要，发布《对外直接投资统计制度》，增加"质量控制"的相关内容，将相关产业分类调整为最新统计标准，规范了部分指标的解释。2019 年 7 月，商务部制定了《对外投资备案（核准）报告实施规程》，贯彻落实《对外投资备案（核准）报告暂行办法》，有利于加强对外投资事中、事后监管，推动对外投资健康有序发展。在完善对外承包工程体制方面，商务部等 19 个部门于 2019 年 9 月发布《关于促进对外承包工程高质量发展的指导意见》，加快形成对外承包工程发展新优势，加强对外承包工程的促进和服务，完善对外承包工程的监管和保障。2019 年 12 月，最高人民法院发布《关于人民法院进一步为"一带一路"建设提供司法服务和保障的意见》，强调充分发挥司法职能作用，为高质量共建"一带一路"营造更加稳定、公平、透明、可预期的国际化、法治化、便利化营商环境。

第二节 中国企业 OFDI 的发展态势

当前，中国经济实力正进一步提升，同世界各国经济往来不断加强，尤其是进入 21 世纪以来，中国企业"走出去"对外直接投资的步伐不断加快。统计数据显示，目前中国已成为全球仅次于美国、日本的第三大对外投资国。从区域分布来看，亚洲一直是中国对外直接投资最多、最重要的地区，占整个对外直接投资的 70% 以上，且前景依然看好。而近年来自然资源丰富、市场潜力巨大的非洲地区，也已成为中国企业对外直接投资的热点区域之一，截至 2013 年底，中国企业对非洲投资存量为 261.9 亿美元，同 2003 年相比增长了约 52 倍①，中非经贸合作不但推动了中国企业的国际化进程，同时也增强了非洲国家的自主发展能力。与此同时，伴随着与拉丁美洲地区经贸联系的日益紧密，中国企业赴拉丁美洲地区投资整体亦呈上升趋势。此外，中国公司赴欧投资力度正在加大，2013 年中国对欧投资接近 60 亿美元，随着中国投资重心从获取资源向收购先进技术、专业知识和品牌的不断转移，欧洲必将成为更多中国公司的投资目的地②。毫无疑问，中国企业"走出去"对外投资已成为中国对外经济发展的重要国策，在国家"一带一路"倡议的大背景下，中国企业在加快"走出去"对外投资的进程中必将进一步加深与世界各国的经济合作并达至共赢的局面。

近 10 年来，随着中国经济的崛起以及企业对外投资战略的不断推进，中国企业 OFDI 发展取得了很大的成绩。近年来虽受新冠疫情的影响，但中国企业对外直接投资仍与西方国家相比保持较好的发展态势，不仅投资保持一定的水平，而且对外投资流量已连续两年位居世界第三。

一、投资增速领先世界，存量规模升至全球前 3 行列

2010~2019 年，中国对外直接投资流量由 688.1 亿美元上升至 2019 年的 1369.1 亿美元，2016 年中国对外直接投资流量高达 1961.5 亿美元，OFDI 健康有序开展。2019 年中国对外直接投资流量蝉联全球第二，对全球对外投资流量的贡献度连续 4 年超过 10%，存量规模保持全球第三，占全球比重保持稳定③。根据《2019 年度中国对外直接投统计公报》，2019 年中国全口径对外直接投资 1369.1 亿美元，同比减少 4.3%，降幅较上年

———————

① ② ③　资料来源：中华人民共和国商务部网站。

收紧 5.3 个百分点①。

二、中国企业 OFDI 合规经营持续推进

（一）外国投资政策变化凸显合规风险

发达经济体贸易保护主义势力抬头，试图通过经贸摩擦、竞争中性、国家安全审查等新手段重塑全球贸易投资规则。2019 年 4 月，欧盟《外资审查条例》正式生效，该条例明确了欧盟成员方可以合法阻止外资对涉及关键基础设施、技术、原材料和敏感信息的收购交易，中国对外直接投资面临更加严密的审查。2018 年 8 月，美国前总统特朗普签署通过了《外国投资风险审查现代化法案》（FIRRMA）。2020 年 1 月，美国财政部发布了 FIRRMA 的实施细则，列举了 28 类关键基础设施，日趋复杂的涉外政策督促中国企业依法合规经营。

（二）境外经营合规管理工作持续推进

在《企业境外经营合规管理指引》的指导下，中国企业境外合规经营意识逐步提高。中国国际贸易促进委员会发布的《中国企业对外投资现状及意向调查报告》显示，受访的"走出去"企业中，61.9% 的企业开展过合规培训，37.8% 的企业设有独立合规部门，37.8% 的企业将合规工作纳入董事会或最高管理层会议讨论事项。中央企业在境外经营中秉持依法合规、诚信经营的原则，积极开展社会责任建设，注重当地生态环境保护，充分利用自身资源优势，促进所在国家和地区，特别是较为落后地区的经济发展，得到当地国家和政府、社会民众的充分肯定。

（三）中国合规管理政策指引体系不断健全

2019 年 1 月，中国银保监会发布《关于加强中资商业银行境外机构合规管理长效机制建设的指导意见》《银行业金融机构反洗钱和反恐怖融资管理办法》，要求中资金融企业严格遵守东道方法律，建立全面有效的跨

---

① 中华人民共和国商务部、国家统计局、国家外汇管理局.2019 年度中国对外直接投资统计公报〔R〕.北京：中华人民共和国商务部、国家统计局、国家外汇管理局，2020.

境合规管理体系。2019 年 12 月，中共中央和国务院联合发布《关于营造更好发展环境支持民营企业改革发展的意见》，对民营企业强化合规经营做出明确要求，推进民营企业"走出去"遵法守法、合规经营、塑造良好形象。政府通过"一带一路"官网、"走出去"公共服务平台，为企业提供法律法规、国际条约、经贸规则、规范指引、典型案例等合规管理相关信息；中国贸促会积极开展系列合规经营专题培训，制定企业合规指引，帮助企业建立健全合规管理制度。

三、海外并购稳步提升

2018 年，中国对外投资并购健康发展，共实施对外投资并购项目 433 起，涉及 63 个国家（地区），实际交易总额 742.3 亿美元。中企海外并购主要流向高技术含量和高附加值的新兴产业、高端服务业和消费品行业。亚洲和大洋洲超越欧美成为最受中国企业欢迎的海外并购目的地，中国企业在对外投资上变得更为理性、专业，风险意识也有所增强。2018 年，中国企业对外投资并购涉及制造业、采矿业、电力/热力/燃气及水的生产和供应业等 18 个行业大类，从并购金额上看，制造业为 329.1 亿美元，居首位，涉及 162 个项目。采矿业 91.8 亿美元，位居次席。电力/热力/燃气及水的生产和供应业 83.9 亿美元，居第三位。2018 年，中国企业对外投资并购分布在全球 63 个国家（地区），其中德国、法国、巴西列前三位。在"一带一路"沿线，新加坡、阿联酋、马来西亚吸引中国企业投资并购超过 10 亿美元[①]。

四、积极融入全球产业链、价值链、创新链

（一）对外直接投资趋于多元

截至 2019 年末，中国对外直接投资存量分布在全球 188 个国家或地区。2019 年，中国企业共实施完成跨境并购项目 247 起，分布在芬兰、德

---

① 中华人民共和国商务部、国家统计局、国家外汇管理局.2018 年度中国对外直接投资统计公报［R］.北京：中华人民共和国商务部、国家统计局、国家外汇管理局，2019.

国和秘鲁等 50 个国家（地区），涉及制造业、信息传输/软件和信息技术服务业等 16 个行业大类，实际交易总额 281.1 亿美元。2019 年，超过 60％的对外直接投资流向租赁和商务服务业、制造业、批发和零售业。房地产业、体育和娱乐业对外投资没有新增项目，非理性投资得到遏制。

（二）国际产能合作向高端延伸

"一带一路"倡议促进了国家及区域间的战略对接，同时也是中国新一轮高水平对外开放、推行互利共赢原则的重要平台。中国积极与相关国家推进市场化、全方位的产能合作，促进沿线国家实现产业结构升级、产业发展层次提升。截至 2019 年，中国已同哈萨克斯坦、埃及、埃塞俄比亚、巴西等 40 多个国家签署了产能合作文件，同东盟、非盟、拉美和加勒比国家共同体等区域组织进行合作对接，开展机制化产能合作。中国与法国、意大利、西班牙、日本、葡萄牙等国签署了第三方市场合作文件。共建"一带一路"产能合作正由能源资源、基础设施、加工制造、农业等传统领域向绿色经济、数字经济、跨境电子商务、金融科技等新经济领域方向发展。境外经贸合作区的蓬勃发展助力中小企业境外直接投资呈集群式、链条式发展，建立起龙头企业与中小企业密切合作的产业链。

第三节　中国企业 OFDI 的区域分布

一、中国企业 OFDI 的区域分布总体情况

中国对外投资的国家和地区覆盖面广，但相对集中。截至 2019 年底，中国超过 2.75 万家境内投资者在全球 188 个国家（地区）设立对外直接投资企业 4.4 万家，全球 80％以上国家（地区）都有中国的投资，年末境外企业资产总额 7.2 万亿美元。在"一带一路"沿线国家设立境外企业超过 1 万家，2019 年实现直接投资 186.9 亿美元，同比增长 4.5％，占同期流量的 13.7％；年末存量 1794.7 亿美元，占存量总额的 8.2％。2013～2019 年

中国对沿线国家累计直接投资 1173.1 亿美元①。

　　但是，亚洲和欧洲是 2019 年中国对外直接投资的主要流向目的地，对两大洲的直接投资均扭转了 2018 年的下滑态势实现增长，特别是对欧洲直接投资呈现大幅提升。《2019 年度中国对外直接投资统计公报》显示，2019 年中国对外直接投资 88.6% 流向亚洲和欧洲，其中流向亚洲 1108.4 亿美元，同比增长 5.1%，占中国对外直接投资总额的比重为 80.9%；流向欧洲 105.2 亿美元，同比增长 59.6%，占当年对外直接投资总额的比重为 7.7%。而与此同时，中国对美洲、非洲和大洋洲的直接投资流量均呈现下滑，其中对美洲和非洲的下滑幅度较大。2019 年中国对拉丁美洲直接投资 63.9 亿美元，同比下降 56.3%；对北美洲直接投资 43.7 亿美元，同比下降 49.9%；对非洲直接投资 27.1 亿美元，同比下降 49.9%；对大洋洲直接投资 20.8 亿美元，同比下降 6.3%（见图 7-3）。中国的对外开放始于亚洲，中国企业"走出去"对外投资自然也从亚洲开始，这是因为亚洲国家不仅是中国的近邻，而且同中国文化相通、习惯相似，所以，亚洲是中国企业对外投资最主要的区域。而随着中国经济现代化进程的不断加速，中国对外投资的区域已从亚洲延伸至非洲、拉丁美洲、欧洲等世界各大洲，中国投资几乎遍布世界各个角落。

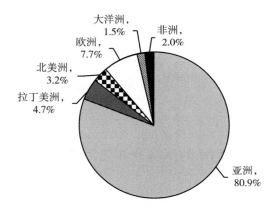

图 7-3　2019 年中国企业在全球各大洲直接投资额分布

资料来源：中华人民共和国商务部. 中国对外投资合作发展报告（2020）［R］. 北京：中华人民共和国商务部，2020.

---

　　①　中华人民共和国商务部. 中国对外投资合作发展报告（2020）［R］. 北京：中华人民共和国商务部，2020.

二、中国对亚洲地区 OFDI 的具体情况

亚洲被公认为当今世界经济增长最快、最具活力的地区，鉴于地理位置邻近、文化传统相通以及总体良好的外交关系，亚洲是中国经济发展最主要的腹地及最易融合的地区。其在中国对外投资合作中占据非常重要的地位。中国投资亚洲的情况具体表现在以下几方面。

（一）投资额多呈增长趋势，投资额居各大洲首位

长期以来，亚洲地区是中国企业对外直接投资合作的重点区域。2019年，亚洲地区继续保持中国对外投资的最大市场地位，对亚洲投资流量和占比均实现较快增长。从投资流量看，2019 年，中国流向亚洲地区的直接投资为 1108.4 亿美元，同比增长 5.1%，占当年对全球直接投资流量的80.9%；从投资存量看，截至 2019 年末，中国在亚洲地区累计投资14602.2 亿美元，占中国对全球直接投资存量的 66.4%，较上年提高 2.0个百分点。如图 7 - 4 所示，2011～2016 年，中国对亚洲地区的投资额连续六年呈上升趋势，2016～2018 年投资额略有回调后，2019 年有略微上升。亚洲地区是迄今中国对外直接投资存量最多的区域目标市场。

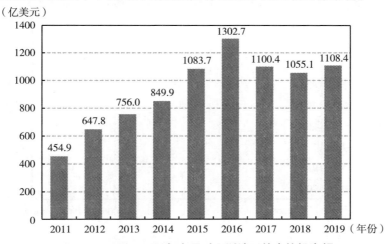

（亿美元）

图 7 - 4　2011～2019 年中国对亚洲地区的直接投资额

资料来源：中华人民共和国商务部. 中国对外投资合作发展报告（2020）［R］. 北京：中华人民共和国商务部，2020.

（二）投资的国别（地区）覆盖面大但资本相对集中

从存量数据看，截至 2019 年底，中国企业在亚洲 45 个国家和地区设立了境外企业，覆盖率为 95.7%，居全球首位。中国在亚洲地区设立的境外企业数量超过 2.5 万家，占中国在全球设立的境外企业总数的 57.3%，较上年提高 0.3 个百分点，主要分布在中国香港、新加坡、日本、越南、印度尼西亚、马来西亚、韩国、泰国、老挝、柬埔寨、印度、阿拉伯联合酋长国、缅甸等（见图 7-5）。在中国香港设立的境外企业近 1.4 万家，占到中国境外企业总数的三成。中国香港是中国设立境外企业数量最多、投资最活跃、投资额最集中的目的地。从流量数据看，2019 年中国对亚洲 OFDI 量主要分布在中国香港、新加坡、印度尼西亚、越南、泰国、阿拉伯联合酋长国、老挝、马来西亚、伊拉克、哈萨克斯坦、柬埔寨、日本、沙特阿拉伯、中国澳门、巴基斯坦、韩国、印度等。中国香港长期以来一直是中国内地企业境外投资最重要的目的地。2019 年，中国内地企业对中国香港的投资流量为 905.5 亿美元，同比增长 4.2%，占当年中国对外直接投资总额的 66.1%，较上年增长 5.4 个百分点，占当年中国企业对亚洲投资流量的 81.7%。

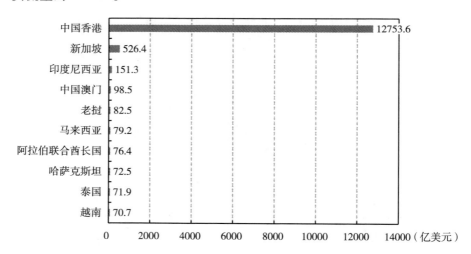

图 7-5　2019 年中国对亚洲直接投资额的国家和地区分布

资料来源：中华人民共和国商务部. 中国对外投资合作发展报告（2020）［R］. 北京：中华人民共和国商务部，2020.

（三）投资行业相对集中

截至 2019 年末，中国企业对亚洲国家和地区投资最为集中的五大行业，依次为租赁和商务服务业（41.5%）、批发和零售业（15.0%）、金融业（12.8%）、制造业（8.2%）以及采矿业（5.5%）。上述 5 个行业投资存量合计为 12128.4 亿美元，所占比重达 83.0%。截至 2019 年，中国企业对亚洲国家和地区的投资领域中，最主要的行业并不是制造业，虽然亚洲不少国家人口多，劳动力成本低，自然资源也较丰富，其原因之一是中国对亚洲的投资资金，60%~80% 都分布在中国香港地区，而中国香港土地和劳动力成本都较高，不适合进行制造业的投资。截至 2019 年末，中国内地对中国香港行业的投资存量为：租赁和商务服务业（45.8%）、批发和零售业（15.4%）、金融业（12.9%）、制造业（6.4%）、房地产业（4.9%）。而对东盟十国行业的投资存量中，制造业却占比较高，其中制造业（24.2%）、租赁和商务服务业（17.2%）、批发和零售业（16.2%）、电力/热力/燃气及水的生产供应业（8.6%）、建筑业（7.2%）[①]。这说明，东盟十国由于其劳动力成本的优势，还是吸引了中国一部分企业对其进行直接投资。从长远看，随着 RCEP 的落地实施和"一带一路"倡议计划的深入推进，中国对东盟十国制造业的投资比率会进一步上升。

亚洲是中国对外承包工程最重要的市场之一。2019 年，中国对亚洲承包工程业务大幅增长，亚洲仍是中国对外承包工程的第一大市场。中国企业在亚洲地区新签约合同额 1411.3 亿美元，同比增长 18.2%；完成营业额 981.5 亿美元，同比增长 8.2%。按照新签合同额排序，在亚洲的前 5 大市场依次为：印度尼西亚（140.8 亿美元）、孟加拉国（134.8 亿美元）、沙特阿拉伯（112.9 亿美元）、中国香港（80.6 亿美元）、巴基斯坦（70.6 亿美元），新签合同额合计 539.7 亿美元，占当年亚洲市场的 38.2%。按完成营业额排序，前 5 大市场依次为：巴基斯坦（96.7 亿美元）、印度尼西亚（87.1 亿美元）、马来西亚（73.0 亿美元）、中国香港（63.7 亿美元）、沙特阿拉伯（62.1 亿美元），完成营业额合计 382.6 亿美元，占当年亚洲市场的 39.0%[②]。

---

①② 中华人民共和国商务部. 中国对外投资合作发展报告（2020）[R]. 北京：中华人民共和国商务部，2020.

三、中国企业对欧洲地区 OFDI 的具体情况

近年来，中国与欧洲国家合作领域不断扩宽，中国企业在欧洲投资行业日益多元化，中国对欧洲投资的具体情况表现在以下几方面。

（一）中国对欧洲投资额呈升降波动发展趋势

从流量数据看，2019 年，中国对欧洲地区直接投资流量为 105.2 亿美元，同比增长 59.6%，占当年对外直接投资流量的 7.7%，较上年提高 3.1 个百分点。如图 7－6 所示，2011～2013 年，中国对欧洲地区的投资额连续呈下降趋势，2014 年突破了 100 亿美元后，2015～2017 年中国对欧洲的投资额呈上升趋势，2018 年投资额略有回调后，2019 年有略微上升。其中，中国对欧盟直接投资 107.0 亿美元，同比增长 20.7%，占流量总额的 7.8%。从存量数据看，截至 2019 年底，中国在欧洲地区投资存量为 1143.8 亿美元，占中国对外直接投资存量的 5.2%，其中对欧盟直接投资存量 939.1 亿美元，占中国对外直接投资存量的 4.3%。2019 年，我国对欧盟直接投资规模占比仍相对较低，但从长远看，若中欧双方进一步推进中欧 CAI 落地实施，中国对欧盟的投资额将会出现较为可观的增长。

图 7－6　2011～2019 年中国对欧洲地区的直接投资额

资料来源：中华人民共和国商务部. 中国对外投资合作发展报告（2020）［R］. 北京：中华人民共和国商务部，2020.

（二）投资的国别（地区）集中，市场覆盖率较高

从投资流量看，2019 年，中国对欧洲地区投资流量在 10 亿美元以上的国家有 4 个，分别是荷兰（38.9 亿美元）、瑞典（19.2 亿美元）、德国（14.6 亿美元）、英国（11.0 亿美元）。截至 2019 年底，中国企业在欧洲 43 个国家和地区设立境外企业，覆盖率达 87.8%，仅次于亚洲。在欧洲设立的境外企业超过 4800 家，占境外企业总数的 11%，主要分布在德国、俄罗斯、英国、荷兰、法国、意大利、西班牙、白俄罗斯等国家①。

（三）投资行业领域多元化，较多企业投资于制造业领域

中国企业在欧洲地区的投资涉及 18 个行业领域。从投资存量上看，主要分布在 5 个行业领域，依次为：制造业（33.1%）、采矿业（18.5%）、金融业（15.1%）、租赁和商务服务业（10.2%）以及批发和零售业（5.1%）（见图 7-7）。上述 5 个行业投资存量合计 937.6 亿美元，占中国对欧洲投资存量的 82.0%。截至 2019 年底，中国对欧盟直接投资存量上百亿美元的国家依然是荷兰、英国、德国、卢森堡。

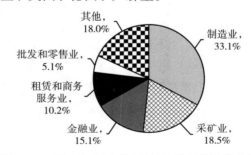

图 7-7 2019 年中国对欧洲地区的行业投资分布
资料来源：中华人民共和国商务部. 中国对外投资合作发展报告（2020）［R］. 北京：中华人民共和国商务部，2020.

四、中国企业对非洲地区 OFDI 的具体情况

近年来，中国一直保持对非洲的投资，投资的领域不断拓宽，中国政府鼓

---

① 中华人民共和国商务部. 中国对外投资合作发展报告（2020）［R］. 北京：中华人民共和国商务部，2020.

励并支持企业扩大对非投资，大量民营企业和中小企业进入非洲国家投资、生产、经营。中非经贸合作不但推动了中国企业的国际化进程，同时也增强了非洲国家的自主发展能力。中国对非洲投资的具体情况表现在以下几方面。

（一）中国对非洲投资相对稳定，但也有升降波动

截至 2019 年末，中国在非洲地区的投资存量为 443.9 亿美元，占中国对外投资存量的 2.0%，总体占比较低。如图 7 – 8 所示，2011 ~ 2019 年，中国对非洲地区的投资额大致保持在 20 亿 ~ 40 亿美元之间，每年投资额有升有降，只有在 2018 年突破了 50 亿美元，2019 年又大幅度下降。2019 年，在中国对外投资流量整体有所减少的情况下，中国流向非洲的对外直接投资为 27.1 亿美元，同比下降 49.9%，占当年对外直接投资流量的 2.0%。

（亿美元）

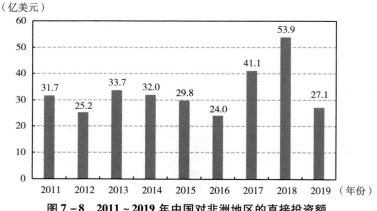

图 7 – 8　2011 ~ 2019 年中国对非洲地区的直接投资额
资料来源：中华人民共和国商务部. 中国对外投资合作发展报告（2020）［R］. 北京：中华人民共和国商务部，2020.

（二）投资的国别（地区）较为集中

虽然中国对非洲投资国别覆盖率较高，但投资的国家（地区）分布较为集中。截至 2019 年末，中国企业在非洲地区的 52 个国家开展投资，投资覆盖率为 86.7%，设立的境外企业超过 3800 家，占境外企业总数的 8.7%，主要分布在赞比亚、埃塞俄比亚、尼日利亚、肯尼亚、坦桑尼亚、南非、加纳、安哥拉、乌干达等。从流量上看，2019 年中国对非洲投资主要流向刚果（金）、安哥拉、埃塞俄比亚、南非、毛里求斯、尼日尔、赞

比亚、乌干达、尼日利亚、坦桑尼亚等国家。其中，对刚果（金）直接投资流量为 9.3 亿美元，同比增长 44.8%；对安哥拉直接投资流量为 3.8 亿美元，同比增长 41.8%。截至 2019 年末，中国在南非的直接投资存量达到 61.5 亿美元，位居非洲首位（见图 7-9）。

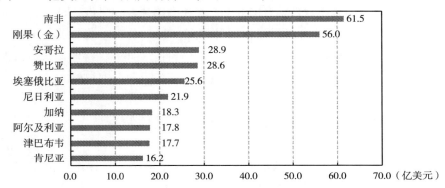

图 7-9　2019 年中国对非洲直接投资额的国别地区分布

资料来源：中华人民共和国商务部. 中国对外投资合作发展报告（2020）[R]. 北京：中华人民共和国商务部，2020.

（三）投资领域不断拓宽，但行业分布仍相对集中

近年来中国企业在非洲投资的行业领域不断拓宽，几乎涵盖所有行业部门，但中国企业在非洲投资行业分布仍然较为集中。2019 年，中国对非洲地区投资存量最集中的 5 个行业领域，依次为建筑业（30.6%）、采矿业（24.8%）、制造业（12.6%）、金融业（11.8%）以及租赁与商务服务业（5.6%）①。建筑业及采矿业仍继续保持在前两名位置。其中，采矿业增速较快，占比较上年提高 2.1 个百分点。境外园区成为中国对非集群式投资的重要平台。

非洲依旧是中国对外承包工程的主要市场之一，仅次于亚洲。2019 年，中国对非洲承包工程业务减少，新签合同额 559.3 亿美元，同比下降 28.7%；完成营业额 460.1 亿美元，同比下降 5.8%；分别占当年在全球市场新签合同额和完成营业额的 21.5% 和 26.6%。按照新签合同额排序，前五大国别市场依次为：尼日利亚（125.6 亿美元）、加纳（42.9 亿美元）、阿尔及利亚（37.3 亿美元）、刚果（金）（35.6 亿美元）、科特迪瓦（34.9 亿美

---

① 中华人民共和国商务部. 中国对外投资合作发展报告（2020）[R]. 北京：中华人民共和国商务部，2020.

元），新签合同额合计为 276.3 亿美元，占当年非洲市场的 49.4%。按完成营业额排序，前五大国别市场包括：阿尔及利亚（63.4 亿美元）、尼日利亚（46.0 亿美元）、肯尼亚（41.7 亿美元）、埃及（31.9 亿美元）、安哥拉（28.7 亿美元），完成营业额合计 211.5 亿美元，占当年非洲市场的 46.0%。中国企业在非洲承包工程新签合同额中，交通运输建设项目占 37.9%，一般建筑项目占 19.8%，电力工程建设项目占 13.6%，水利建设项目占 6.4%。承包工程业务完成营业额中，交通运输建设项目占 33.6%，一般建筑项目占 23.4%，电力工程建设项目占 12.6%，通信工程建设项目占 6.9%[①]。

五、中国企业对北美洲地区 OFDI 的具体情况

北美洲地区经济发达、政治稳定、法律制度健全，正逐渐成为中国企业对外直接投资最主要的目的地之一。中国对北美洲投资的具体情况表现在以下几方面。

（一）中国对北美洲投资呈现先升后降的发展态势

截至 2019 年末，中国在北美洲地区的投资存量为 1002.3 亿美元，占中国对外直接投资存量的 4.6%，主要分布在美国、加拿大。如图 7 - 10 所示，2011 ~ 2019 年，中国对北美洲地区的投资额 2011 ~ 2016 年一直处

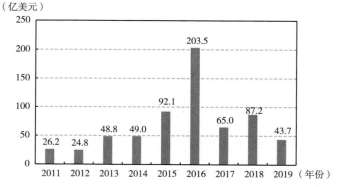

图 7 - 10　2011 ~ 2019 年中国对北美洲地区的直接投资额

资料来源：中华人民共和国商务部. 中国对外投资合作发展报告（2020）［R］. 北京：中华人民共和国商务部，2020.

---

① 中华人民共和国商务部. 中国对外投资合作发展报告（2020）［R］. 北京：中华人民共和国商务部，2020.

于上升状态，在 2016 年突破了 200 亿美元。2016 年后，中国对北美洲地区的投资额呈升降交替状态，2019 年，中国企业对北美洲地区直接投资 43.7 亿美元，同比下降 49.9%，占当年对外直接投资流量的 3.2%。

（二）投资的国别（地区）高度集中

中国对北美洲的投资主要分布在美国和加拿大两个国家，更多集中在美国。从投资流量看，2019 年中国对美国投资流量为 38.1 亿美元，同比下降 49.1%，占流量总额的 2.8%，占对北美洲投资流量的 87.2%；中国对加拿大投资流量为 4.7 亿美元，同比下降 69.7%。从投资存量看，中国对北美洲投资存量为 1002.3 亿美元，占中国对外直接投资存量的 4.6%，主要分布在美国、加拿大、百慕大群岛。其中，对美国投资存量为 778 亿美元，占对北美洲投资存量的 77.6%；对加拿大投资存量 140.9 亿美元，占比 14.1%；对百慕大群岛投资存量为 83.4 亿美元，占比 8.3%[①]。美国是世界最大的发达经济体，是中国企业在北美市场投资的重点国家，中美关系直接影响北美市场的投资前景。2020 年，随着两国第一阶段经贸协议的签署，中美贸易摩擦虽然没有继续恶化，但美国单方面对中国企业赴美国投资审查日趋严格，对中国企业的制裁变本加厉，中国企业在美国投资发展面临的不确定性增强。近期中国对美国的投资可能进一步放缓，中美关系目前处于低热度阶段，中国对北美洲的投资额不会有大幅度的增长。

（三）中国对北美洲地区投资的行业多元化

中国对北美洲地区的投资行业日益多元。2019 年，中国对美投资覆盖国民经济 18 个行业大类，投资存量最为集中的 5 个行业领域依次为：制造业（占比 21.4%）、采矿业（占比 18.5%）、金融业（占比 14.2%）、租赁和商务服务业（占比 10.6%）、信息传输/软件和信息技术服务业（占比 7.8%）。其中制造业、采矿业和金融业略有增长，排序保持不变。上述 5 个行业投资存量合计为 726.8 亿美元，所占比重高达 72.5%。从流量构成情况看，流向制造业 23.2 亿美元，同比下降 24.7%，占 60.9%，仍是中国企业主要投资

---

① 中华人民共和国商务部. 中国对外投资合作发展报告（2020）［R］. 北京：中华人民共和国商务部，2020.

领域；流向信息传输/软件和信息技术服务业 7 亿美元，同比增长 3.46 倍，占 18.4%，位居次席；批发和零售业 6.46 亿美元，同比下降 22.2%，占 17%；建筑业 2.87 亿美元，同比增长 42.7%，占 7.5%；采矿业 2.56 亿美元，同比下降 50.6%，占 6.7%；科学研究和技术服务业 2.44 亿美元，同比下降 63.4%，占 6.4%；房地产业 1.48 亿美元，占 3.9%；金融业、租赁和商务服务业、文化/体育和娱乐业均为负流量（见图 7-11）。从存量的行业构成看，主要分布在制造业 192.86 亿美元，占 24.8%；金融业 119.18 亿美元，占 15.3%；租赁和商务服务业 94.05 亿美元，占 12.1%；信息传输/软件和信息技术服务业 75.99 亿美元，占 9.8%；批发和零售业 59.01 亿美元，占 7.6%；采矿业 57.38 亿美元，占 7.4%；文化/体育和娱乐业 56.21 亿美元，占 7.2%；房地产业 37.57 亿美元，占 4.8%；科学研究和技术服务业 33.67 亿美元，占 4.3%；建筑业占 2.5%；住宿和餐饮业占 1.3%；其他占 2.9%[①]。

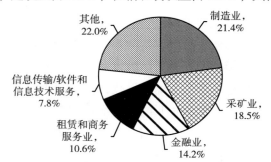

图 7-11　2019 年中国对北美洲地区的行业投资分布

资料来源：中华人民共和国商务部．中国对外投资合作发展报告（2020）［R］．北京：中华人民共和国商务部，2020.

　　美国是中国企业在北美洲地区最大的工程承包市场，截至 2019 年末，新签合同额 27.62 亿美元，完成营业额 12.7 亿美元，分别占 2019 年在各国（地区）新签合同总额和完成营业额总额的 1.06% 和 0.73%。在中国企业对北美洲对外承包工程新签合同额行业分布中，从承包工程类型看，中国企业在北美洲承包工程新签合同额中，一般建筑项目占 33.4%，制造加工设施建设项目占 16.2%，工业建设项目占 13%，电力工程建设项目占 9.0%，石油化工项目占 6.4%。承包工程业务完成营业额中，一般建筑项

---

　　① 中华人民共和国商务部．中国对外投资合作发展报告（2020）［R］．北京：中华人民共和国商务部，2020.

目占 23.6%，制造加工设施建设项目占 22.6%，石油化工项目占 13.9%，电力工程建设项目占 8.4%[①]。

六、中国企业对拉丁美洲地区 OFDI 的具体情况

拉丁美洲国家总体经济增长稳定，未来发展态势良好。近年来伴随中国与拉丁美洲地区贸易联系的日益紧密，中国对拉丁洲投资的具体情况表现在以下几方面。

（一）中国对拉丁美洲国家投资呈升降波动发展趋势，发展水平总体稳定

截至 2019 年末，中国在拉丁美洲地区的投资存量为 4360.5 亿美元，占中国对外直接投资存量的 19.8%。如图 7-12 所示，2011～2019 年，中国对拉丁美洲地区的投资额大致保持在 100 多亿美元，每年投资额有升有降，只有在 2016 年突破了 200 亿美元。2019 年又大幅度下降，几乎与近十年最低水平的 2012 年的投资水平相当，2019 年，中国流向拉丁美洲地区的直接投资流量为 63.9 亿美元，同比下降 56.3%，占当年对外直接投资流量的 4.7%。

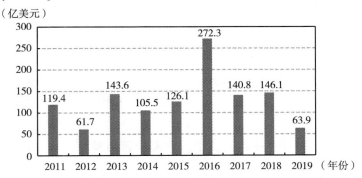

图 7-12　2011～2019 年中国对拉丁美洲地区的直接投资额

资料来源：中华人民共和国商务部. 中国对外投资合作发展报告（2020）［R］. 北京：中华人民共和国商务部，2020.

---

① 中华人民共和国商务部. 中国对外投资合作发展报告（2020）［R］. 北京：中华人民共和国商务部，2020.

（二）投资的国别（地区）不均衡

中国对拉丁美洲的 OFDI 在离岸金融中心、南美洲地区、中美洲和加勒比海地区间的分布不均衡。截至 2019 年末，中国在拉丁美洲的投资存量为 4360.5 亿美元，主要分布在开曼群岛、英属维尔京群岛、巴西、委内瑞拉、阿根廷、秘鲁、智利、牙买加、墨西哥、特立尼达和多巴哥、厄瓜多尔、巴拿马等国家和地区。其中对开曼群岛和英属维尔京群岛的投资存量合计 4180.3 亿美元，占对拉美地区投资存量的 95.9%（见图 7-13）。可见，中国企业对拉丁美洲的直接投资大部分流向了开曼群岛和英属维尔京群岛这些国际避税地，投资动机更多表现为对海外企业的国际避税方面。2019 年，中国对拉丁美洲直接投资主要流向英属维尔京群岛（86.8 亿美元）、巴西（8.6 亿美元）、智利（6.1 亿美元）、阿根廷（3.5 亿美元）、秘鲁（3.5 亿美元）、墨西哥（1.6 亿美元）等。对开曼群岛和委内瑞拉的投资呈负流量，分别为 -43.6 亿美元和 -2.2 亿美元。

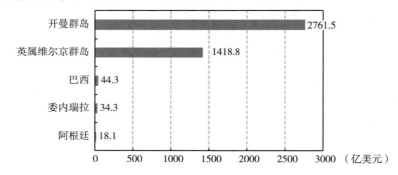

图 7-13   截至 2019 年末中国对拉丁美洲直接投资存量的主要国别地区分布
资料来源：中华人民共和国商务部. 中国对外投资合作发展报告（2020）［R］. 北京：中华人民共和国商务部，2020.

（三）中国对拉丁美洲投资的行业布局较为集中

截至 2019 年末，中国企业对拉丁美洲国家投资最为集中的 5 个行业领域，依次为信息传输、软件和信息技术服务业（35.8%）、租赁和商务服务业（22.7%）、批发和零售业（13.9%）、金融业（6.1%）、科学研究和技术服务业（5.9%）。上述 5 个行业投资存量合计为 3682.4 亿美元，所占比重达 84.4%。其中，信息传输、软件和信息技术服务业仍位居第一，但增长放缓，占比下降 2.5 个百分点。相比之下，科学研究和技术服务业增幅显著，但中国对拉美农业、制造业的投资额相对较低。随着"一带一路"倡议计划的进一步实施、金砖国家投资合作的进一步加强以及中国申请加入 CPTTP 的推进，中国企业对拉丁美洲的投资会得到进一步发展。

拉丁美洲是中国对外承包工程的重要市场。2019 年，中国对拉丁美洲承包工程业务（合同额）有所增长。中国企业在拉丁美洲地区新签约合同额 198.7 亿美元，同比增长 9.0%；完成营业额 116.4 亿美元，同比下降 2.8%；分别占当年在全球市场新签合同额和完成营业额的 7.6% 和 6.7%。按照新签合同额排序，主要国别市场包括：哥伦比亚（51.2 亿美元）、巴西（30.3 亿美元）、墨西哥（18.7 亿美元）、阿根廷（18.0 亿美元）、格林纳达（17.8 亿美元）、秘鲁（16.6 亿美元）、委内瑞拉（14.0 亿美元），新签合同额合计 166.6 亿美元，占当年拉丁美洲市场的 83.8%。按完成营业额排序，主要国别市场包括：巴西（22.5 亿美元）、阿根廷（16.1 亿美元）、玻利维亚（14.3 亿美元）、秘鲁（11.1 亿美元），完成营业额合计 64 亿美元，占当年拉丁美洲市场的 55%。从承包工程类型看，中国企业在拉丁美洲承包工程新签合同额中，交通运输建设项目占 47.0%，一般建筑项目占 14.9%，通信工程建设项目占 12.0%，石油化工项目占 9.8%，电力工程建设项目占 7.7%。承包工程业务完成营业额中，交通运输建设项目占 27.8%，通信工程建设项目占 17.1%，电力工程建设项目占 16.8%，一般建筑项目占 10.5%[①]。

七、中国企业对大洋洲地区 OFDI 的具体情况

大洋洲国家投资环境总体良好，与中国经济互补性较强，澳大利亚、新西兰和中国同为 RCEP 的成员方，因此，大洋洲是中国重要的投资合作区域。中国对大洋洲投资的具体情况表现在以下几方面。

（一）中国对大洋洲国家的直接投资以上升趋势为主，近两年有所下降

截至 2019 年末，中国对大洋洲直接投资存量为 436.1 亿美元，占中国

---

① 中华人民共和国商务部. 中国对外投资合作发展报告（2020）［R］. 北京：中华人民共和国商务部，2020.

对外直接投资存量的 2%，较上年略有下降。如图 7 - 14 所示，2011 ~ 2019 年，中国对大洋洲地区的直接投资额在 2011 ~ 2017 年间虽然有升有降，但以上升为主，2017 年以后中国对大洋洲地区的直接投资额开始下降，2019 年，中国对大洋洲直接投资流量为 20.8 亿美元，达到了近十年来的最低水平，同比下降 6.3%，占当年对外直接投资流量的 1.5%，主要流向澳大利亚、新西兰、马绍尔群岛、瓦努阿图等国家。

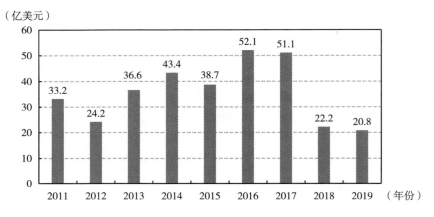

（亿美元）

图 7 - 14　2011 ~ 2019 年中国对大洋洲地区的直接投资额

资料来源：中华人民共和国商务部. 中国对外投资合作发展报告（2020）［R］. 北京：中华人民共和国商务部，2020.

（二）投资的国别（地区）高度集中，主要表现为对澳大利亚的投资

2019 年，中国对大洋洲地区的直接投资主要分布在澳大利亚。当年对澳大利亚直接投资流量为 20.1 亿美元，同比增长 5.1%，占中国对外投资流量总额的 1.5%，占对大洋洲投资流量的 96.6%。截至 2019 年，中国对澳大利亚直接投资存量为 380.7 亿美元，占中国对外直接投资存量的 1.7%，占对大洋洲投资存量的 87.3%。中国累计在澳大利亚设立境外企业近 1000 家，雇用外方员工逾 2 万人。RCEP 的落地实施，会给中国企业对大洋洲的 OFDI 提供更有利的环境条件，但受新冠疫情、中美贸易摩擦、澳大利亚政府收紧外资审批政策，提高了对中资企业投资的监管要求等因素影响，中国企业赴大洋洲投资有机遇也会有一定的障碍，中国企业在合规前提下，对澳大利亚的直接投资有望得到一定的增长。

（三）中国对大洋洲投资的行业以采矿业为主，金融业增速较快

中国对大洋洲地区的投资行业日趋多元，但矿业投资依然是主业，占比接近五成。截至 2019 年末，中国企业在大洋洲投资存量分布最为集中的 5 个行业领域，依次为：采矿业投资 209.3 亿美元，占 48.0%；房地产业 37.4 亿美元，占 8.6%；租赁和商务服务业投资 42.1 亿美元，占 9.6%；金融业投资 46.8 亿美元，占 10.7%；制造业投资 25.0 亿美元，占 5.7%（见图 7 – 15）。其中，金融业增速较快，达到 48.6%，占比由第 4 位上升到第 2 位。房地产业出现负增长，同比下降 14.0%。上述 5 个行业投资存量合计为 360.4 亿美元，所占比重高达 82.6%，集中度较高。

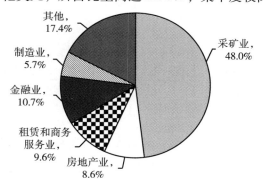

图 7 – 15　2019 年中国对大洋洲直接投资存量的行业分布比例
资料来源：中华人民共和国商务部. 中国对外投资合作发展报告（2020）［R］. 北京：中华人民共和国商务部，2020.

2019 年，中国对澳大利亚投资主要流向采矿业 7.81 亿美元，占 37.4%；租赁和商务服务业 4.19 亿美元，占 20.1%；金融业 3.93 亿美元，占 18.8%；制造业 3.09 亿美元，占 14.8%；从存量的主要行业分布情况看，投向采矿业 193.61 亿美元，占 50.9%；金融业 41.84 亿美元，占 11%；租赁和商务服务业 39.27 亿美元，占 10.3%；房地产业 35.34 亿美元，占 9.3%；制造业 20.86 亿美元，占 5.5%；农/林/牧/渔业 10.56 亿美元，占 2.8%；批发和零售业 9.16 亿美元，占 2.4%[1]。

———————

① 中华人民共和国商务部. 中国对外投资合作发展报告（2020）［R］. 北京：中华人民共和国商务部，2020.

中国与大洋洲国家在基础设施领域的合作已具备一定的基础。2019年，中国对大洋洲承包工程新签合同额82.5亿美元，同比下降3.6%；完成营业额52.1亿美元，同比增长3.0%；分别占当年各国（地区）新签合同总额和完成营业额总额的3.2%和3.0%。澳大利亚和巴布亚新几内亚是中国企业在大洋洲地区的最大国别市场，新签合同额合计54.2亿美元，占大洋洲市场的65.7%；完成营业额合计39.2亿美元，占大洋洲市场的75.2%。从承包工程类型看，中国企业在大洋洲承包工程新签合同额中，交通运输建设项目占49.2%，一般建筑项目占31.8%，水利建设项目占2.7%。承包工程业务完成营业额中，交通运输建设项目占60%，一般建筑项目占24.5%，通信工程建设项目占3.4%[①]。

第四节　中国企业 OFDI 的主要特征

在经济全球化以及中国经济迅猛发展的大背景下，中国企业"走出去"对外投资的步伐也呈日益加快的趋势，对外投资的规模不断扩大。而随着对外投资经验的积累以及为适应世界经济的发展变化，中国对外投资在主体、方式和行业结构等方面也在不断变化，并呈现出以下特征。

一、多元化、宽领域的对外投资格局逐渐形成

据商务部统计，截至2019年末，已有2.75万家中国企业在境外188个国家（地区）设立4.4万家境外分支机构，开展对外投资、承包工程、劳务合作等对外经济合作业务，覆盖全球80%以上的国家和地区，形成了以亚洲为主、覆盖全球的多元化、宽领域的对外投资格局。2019年，中国对外直接投资主要集中在亚洲和欧洲，中国对外投资接近九成流向亚欧两

---

① 中华人民共和国商务部.中国对外投资合作发展报告（2020）［R］.北京：中华人民共和国商务部，2020.

洲，占流量总额的 88.6%。其中，流向亚洲 1108.4 亿美元，同比增长
5.1%，占中国对外直接投资总额的比重为 80.9%；流向欧洲 105.2 亿美
元，同比增长 59.6%，占当年对外直接投资总额的比重为 7.7%。2019
年，中国对美洲、非洲和大洋洲的直接投资流量均呈现下滑，其中对美洲
和非洲的下滑幅度较大。2019 年中国对拉丁美洲直接投资 63.9 亿美元，
同比下降 56.3%；对北美洲直接投资 43.7 亿美元，同比下降 49.9%；对
非洲直接投资 27.1 亿美元，同比下降 49.9%；对大洋洲直接投资 20.8 亿
美元，同比下降 6.3%[1]。

　　2019 年，中国对外承包工程的主要市场依然是亚洲和非洲，中国对外承
包工程实现稳步增长。2019 年，中国对外承包工程完成营业额 1729 亿美元，
同比增长 2.3%；新签合同额 2602.5 亿美元，同比增长 7.6%。在“一带一
路”沿线国家新签对外承包工程合同额 1548.9 亿美元，占同期对外承包工
程合同总额的 59.5%，同比增长 23.1%。截至 2019 年末，对外承包工程
业务累计签订合同额 2.58 万亿美元，完成营业额 1.76 万亿美元[2]。

二、非国有企业对外投资占比提升，逐渐成为主要投资群体

　　非国有企业对外投资逐渐发挥主要作用，成为主力军，在对外直接投
资中占有重要地位。2019 年末，在中国对外直接投资企业（以下简称“境
内投资者”）总数量中，国有企业占 5%，非国有企业占比 95%，其中有
限责任公司仍是主力军，占企业总数的 38.4%。其次是私营企业，占总数
的 27.4%，占比有小幅上升；股份有限公司占幅上升，股份有限公司占
12.1%，较上年增加 1 个百分点；外商投资企业占 5.3%；港、澳、台商
投资企业占 3.8%；个体经营占 2.4%，与上年持平；股份合作企业占
1.3%；集体企业占 0.4%；联营企业占 0.2%；其他企业占 3.7%。从存
量看，截至 2019 年末，国有企业与非国有企业对外投资存量整体占比各占
一半左右。《2019 年度中国对外直接投资统计公报》显示，截至 2019 年

　　①②　中华人民共和国商务部. 中国对外投资合作发展报告（2020）［R］. 北京：中华人民共
和国商务部，2020.

末，中国对外非金融类直接投资 19443.5 亿美元，国有企业占比 50.1%，非国有企业占比 49.9%，逐渐成为中国 OFDI 的主要投资群体①。

三、跨国并购规模继续增长

跨国并购继续成为中国企业对外投资的重要方式。2019 年，中国企业对外投资并购保持活跃，项目数量继续增加，涉及区域进一步扩大。《2019 年度中国对外直接投资统计公报》显示，2019 年中国企业对外投资方式多元，其中实施对外投资并购项目 467 起，并购金额 342.8 亿美元，同比下降 53.8%，涉及 68 个国家和地区。对外并购投资中直接投资 172.2 亿美元，境外融资 170.6 亿美元，分别占并购总额的 50.2% 和 49.8%，其中直接投资占当年中国对外直接投资总额的 12.6%。

四、地方企业对外投资活跃，投资主体更多集中在我国东部地区

近年来，除央企外地方企业对外投资也表现得十分积极。2019 年末，在境外的非金融类企业中，隶属于地方的企业占 86.4%，中央企业和单位占比为 13.6%。广东仍是中国拥有境外企业数量最多的省份，占境外企业总数的 18.6%；浙江和江苏紧随其后，占比分别为 10.8% 和 8.7%。境外企业数量前十位的省份还包括上海、北京、山东、福建、辽宁、天津和四川（见图 7 - 16），累计占全国总数的比重高达 69.8%，较上一年增加 1.6 个百分点。

我国对外直接投资的主体企业更多集中在东部省份，2019 年九成东部省份继续稳居当年地方对外直接投资流量前 10。北京、天津、上海、江苏、浙江、福建、山东、广东和海南 9 大东部地区省份当年对外直接投资流量合计 696.3 亿美元，占当年地方整体流量的 77.6%，较上年提高 2.1

---

① 中华人民共和国商务部、国家统计局和国家外汇管理局. 2019 年度中国对外直接投资统计公报 [R]. 北京：中华人民共和国商务部、国家统计局和国家外汇管理局，2020.

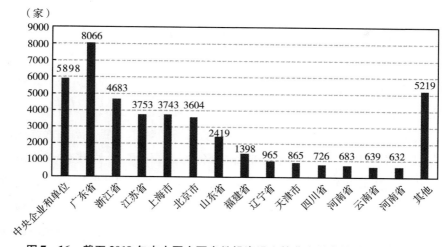

图 7 – 16   截至 2019 年末中国主要省份投资设立的非金融类境外企业的数量

资料来源：中华人民共和国商务部. 中国对外投资合作发展报告（2020）［R］. 北京：中华人民共和国商务部，2020.

个百分点。2019 年，整个东部地区对外直接投资流量 715.6 亿美元，同比下降 5.6%，占地方对外投资流量总额的 79.7%，规模降幅低于当年地方整体 3.1 个百分点。山东、天津、北京、河北和广东 5 个东部省份 2019 年对外直接投资流量实现增长，同比分别增长 53%、30.5%、27.8%、21% 和 4%。中部地区、西部地区和东北三省 2019 年对外直接投资流量分别为 91.1 亿美元、78.1 亿美元和 12.6 亿美元，同比分别下降 10.2%、22.4% 和 43.8%，占地方比重分别为 10.2%、8.7% 和 1.4%（见图 7 – 17）。

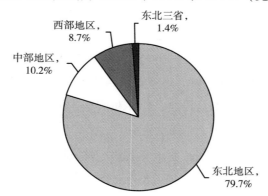

图 7 – 17   2019 年中国大陆各地区企业对外直接投资流量占比

资料来源：中华人民共和国商务部. 中国对外投资合作发展报告（2020）［R］. 北京：中华人民共和国商务部，2020.

五、与"一带一路"沿线投资合作稳步推进

2019 年，中国企业扎实推进与"一带一路"沿线国家的投资合作，不断健全合作机制，直接投资和承包工程合作规模进一步扩大。商务部、国家统计局、国家外汇管理局数据显示，中国当年对"一带一路"沿线国家直接投资 186.9 亿美元，同比提高 4.5%，占当年对外直接投资总额的 13.7%，比重较上年扩大 1.2 个百分点，当年在"一带一路"沿线新签对外承包工程合同额 1548.9 亿美元，占同期对外承包工程新签合同额的 59.5%，同比增长 23.1%。中老铁路、埃及铁路、缅甸皎漂特别经济区深水港项目、中巴"两大"公路、中俄同江、黑河大桥、中尼樟木—柯达里口岸、阿联酋哈利法港等中国企业在"一带一路"沿线的投资合作项目进展顺利。截至 2019 年末，中国企业在"一带一路"沿线建设的经贸合作园区累计投资 350 亿美元，上缴东道方税费超过 30 亿美元，为当地创造就业岗位 32 万个[①]。

六、中国对外直接投资产业分布更趋均衡

经过多年的发展，中国企业对外直接投资的产业分布逐渐向均衡趋势发展。2019 年，中国流向租赁和商务服务业，制造业，金融业，批发和零售业，信息传输、软件和信息技术服务业 5 大领域的对外直接投资分别为 418.8 亿美元、202.4 亿美元、199.5 亿美元、194.7 亿美元和 54.8 亿美元，整体占比分别为 30.6%、14.8%、14.6%、14.2% 和 4.0%，其中制造业，批发和零售业，信息传输、软件和信息技术服务业占全部投资之比较上年有所提高，分别扩大 1.4 个百分点、5.6 个百分点和 0.1 个百分点。当年租赁和商务服务业、制造业、金融业、批发和零售业 4 大行业的投资流量继续保持百亿美元规模，前 5 大行业投资流量合计 1070.2 亿美元，同

---

① 中华人民共和国商务部、国家统计局、国家外汇管理局. 2019 年度中国对外直接投资统计公报［R］. 北京：中华人民共和国商务部、国家统计局、国家外汇管理局，2020.

比下降2.2%，中国对外直接投资流量同比萎缩4.3%，前5大行业降幅低于整体2.1个百分点①。

第五节　中国企业 OFDI 发展存在的问题

由于中国企业的先天不足，政策出台得相对迟滞。因此，中国企业在对外直接投资中走了不少弯路，暴露的问题也是各种各样。这些问题在很大程度上阻碍了企业对外投资的健康发展，具体来说存在以下问题。

一、对外直接投资的宏观规划和管理不够完善

首先，缺乏宏观管理和规划。尽管我国对外投资是伴随着改革开放逐步发展起来的，政府相关部门也制定了对外投资的相关政策，但是仍缺乏对外投资的整体安排，对于海外投资的国内区位企业、投资的产业发展战略、与我国外贸市场相适应的 OFDI 国别政策方面的科学规划还不够，这造成了企业 OFDI 在一定程度上存在着盲目发展。其次，企业缺乏明确的海外发展目标和规划。一些企业盲目地"走出去"，缺乏明确具体的发展目标和规划，缺乏产品的市场定位和市场统筹，在投资项目、环境分析、地点选择、合作伙伴选择、经营策略的制定与执行等方面，往往缺乏论证和长期战略规划，导致企业的境外投资可持续发展能力不强。

二、企业境外合规经营仍面临压力与挑战

合规意识是企业更好参与国际竞争的重要保障。中国贸促会对近千家企业的调查显示，超三成（36.2%）受访企业在东道方投资及生产经营过

<hr>

① 中华人民共和国商务部、国家统计局、国家外汇管理局. 2019 年度中国对外直接投资统计公报〔R〕. 北京：中华人民共和国商务部、国家统计局、国家外汇管理局，2020.

程中遇到过合规问题。近年来，东道方相关监管机构执法力度有所加大，中国企业 OFDI 发展面临的合规挑战和法律风险日趋严峻。在数字服务领域，欧盟新公布的《数字服务法》和《数字市场法》对数字服务税作出规定。欧盟《通用数据保护条例》烦琐的合规要求和较高的违规处罚，将带给外国企业沉重的守法成本和违法成本。在政府补贴领域，欧盟委员会发布了针对外国政府补贴的白皮书，新引入的监管工具将为部分中国资本进入欧盟市场设置障碍。在市场经济导向领域，美国、欧洲、日本三方贸易部长历次会议均聚焦非市场导向政策，试图重塑国际经贸规则，造成中国企业的合规压力。

三、企业对外直接投资经营效益低下

我国境外企业中处于产业链、供应链中低端的仍占较大比例，盈利空间有限，同时由于境外经营的影响因素复杂多变使经营成本随机上升，使得企业境外投资盈利水平不高，相当长时期内中国海外企业盈利的占 55%，盈亏持平的占 28%，亏损的占 17%，而在 55% 的盈利企业中，盈利可观的仍占少数，大多仅为略微盈利。近期尤其是受新冠疫情的影响，企业境外投资盈利更加困难。疫情对铁路、船舶、航空航天等运输设备企业以及信息传输、软件和信息技术服务企业的对外投资意愿产生较大负面影响。据商务部官方统计，中国拥有 2 万多亿美元海外净资产，但投资收益为负，中国海外资产处于被"食利"状态。普华永道会计师事务所发布的《2020 境外投资风险管理白皮书》显示，60% 的被调查企业认为自身面临资产保值增值风险。疫情增加了企业融资难度，放大了企业面对宏观经济政策的不确定性，并且使防疫等计划外支出居高不下。所以，我国境外企业无论是长远利益还是规模效益，都没有达到与投资动机相适应的结果。

四、企业跨境经营与风险管理能力不够，综合管理人才欠缺

一方面，由于大多数境外企业实际上是将境内企业的管理机制直接延

伸到境外，管理水平低下，管理混乱、失控，造成巨大损失。由于跨境经营的复杂性，一些中小企业能力弱、经验不足，往往很难对当地市场做出比较透彻的分析，在全球性的商业环境和由大型跨国公司主导的环球经济中，无论是技术还是管理方面均不占优势。另一方面，在我国对外投资逐步扩大的过程中，企业缺乏训练有素、熟悉市场、精通国际化经营的人才，企业对于境外企业的人才使用方面，在招聘人才和派出人才两个方面都存在问题。一些企业外派的境外企业的管理人员虽在境内管理岗位做得很优秀，但是其并不能适应境外工作环境，不能完全满足境外市场管理运作的需求。中国有很多境外留学人员和华人华侨等优秀人才，但许多并没能为企业所用，人才严重短缺仍是目前中国地方企业 OFDI 发展面临的重要问题。虽然境外企业发展中的最大问题是管理问题包括人事上选人不科学，财务管理不规范、不严格，经营上无风险控制、违规操作，投资融资活动失控等。而其关键问题在于找不到合适的国际经营管理人才，也就势必造成其余的管理失误。所以人才已经成为我国企业对外投资进程中面临的一大问题，它影响着公司的发展和对外投资战略的实施。

第六节　中国企业 OFDI 的发展趋势分析

综观国内外经济发展全局，从需求和供给角度判断，中国对外投资仍处于重要的战略机遇期。然而，国际投资环境复杂多变，机遇和挑战并存，对此我们必须要有清醒的认识。我们只有不断加大改革开放的力度，提升自身的软实力，才能有效地把握机遇，应对挑战。总之，在经济全球化、国家"一带一路"倡议的背景下，中国企业"走出去"积极开展对外投资合作大有可为，前景广阔。全球经济继续呈现多轨复苏态势，美国、欧洲等发达经济体和新兴经济体为振兴经济，都在调整经济政策和外资政策，中国企业境外直接投资的外部环境总体向好。随着国内产业结构调整步伐加快，境外投资便利化逐步推进，企业境外直接投资促进和保障体系进一步完善，中国企业将不断提升跨境经营能力和水平，继续保持对外投资合作的稳定发展。

一、对外投资新战略加快推进，OFDI 效能进一步提升

展望未来，对外投资合作规模将进一步扩大，对外投资仍将保持较快增长。产业结构、企业结构明显改善，初步形成一批具有产业链、上下游整合能力和国际竞争力的跨国企业，在全球范围内深耕市场、配置资源的能力明显增强；地方实施"走出去"步伐加快，占对外投资比重进一步提高，民营企业占对外投资的比重继续上升。

二、对欧美及东南亚等区域投资将继续较快增长

2020 年，中国对外直接投资的东道方仍然集中在亚洲和拉丁美洲地区，"一带一路"沿线国家吸引外资份额将会增加。随着 RCEP 的落地实施，RCEP 成员方之间经济结构高度互补，域内资本要素、技术要素、劳动力要素齐全。RCEP 使成员方间货物、服务、投资等领域市场准入进一步放宽，原产地规则、海关程序、检验检疫、技术标准等逐步统一，将促进域内经济要素自由流动，强化成员方间生产分工合作，拉动区域内消费市场扩容升级，推动区域内产业链、供应链和价值链进一步发展。中欧 CAI 的谈判结束及将来的签订运行实施，在一定程度上对中国企业投资欧洲市场会产生一定的积极意义，可以促进中国企业对欧洲市场投资的增加。

三、"一带一路"倡议计划继续成为 OFDI 发展的主要引擎

"一带一路"倡议促进了国家及区域间的战略对接，同时也是中国新一轮高水平对外开放、推行互利共赢原则的重要平台。中国积极与相关国家（地区）推进市场化、全方位的产能合作，促进沿线国家（地区）实现产业结构升级、产业发展层次提升。共建"一带一路"合作仍展现出韧性和活力，各方面工作取得积极进展。"一带一路"建设借助严格的质量标准、精心的环保设计、可持续的经营模式在新加坡、克罗地亚、波黑、匈

牙利等地扎实推进。截至 2019 年 12 月，中国已与 167 个国家和国际组织签署了 199 份共建"一带一路"合作文件，还与 44 个国家建立了双边投资合作工作组①。中白工业园、泰中罗勇工业园、巴基斯坦海尔鲁巴工业园、匈牙利宝思德经贸合作区等建设成效明显，中阿（联酋）产能合作园区、中埃苏伊士经贸合作区等稳步推进。境外经贸合作区的蓬勃发展助力中小企业"走出去"集群式、链条式发展，建立起龙头企业、中小企业密切合作的产业链。截至 2020 年，中国已与 138 个国家、31 个国际组织签署了 201 份共建"一带一路"合作文件。中国已同很多国家特别是"一带一路"伙伴国家建立便利人员往来的"快捷通道"，同有需要的国家建立畅通货物流动的"绿色通道"。中欧班列开行超过 1 万多列②。中白工业园、中阿（联酋）产能合作园区、中埃苏伊士经贸合作区等稳步推进，雅万高铁、匈塞铁路等重大项目进展顺利，一批新项目顺利启动。未来中国围绕"一带一路"沿线国家（地区）的投资合作还将不断深化。

四、优势产能加快全球布局

未来几年，中国企业将以市场为导向建成一批境外加工制造基地。一些具有较强比较优势的加工制造业，将更加贴近市场，到市场需求规模较大的发展中国家建立生产基地；境外加工贸易和贴牌生产运行模式进一步成熟；一批更加贴近能源资源产地的境外重化工业园区将加快建成，钢铁、建材等优势产业在境外呈现规模化势态；一批综合运用境外并购、权益投资、战略联盟的资源合作项目稳步推进，多元化的能源资源进口战略格局将进一步完善。

五、部分优势和特色产业价值链延伸

未来几年，装备制造、电信等一些优势领域的对外投资合作将进一步

---

① 资料来源：澎湃新闻网。
② 资料来源：中国"一带一路"网。

有序展开；境内高端服务业开拓境外业务的热情还将继续保持；大型金融机构还将稳妥有序地拓展境外业务，提升全球金融运作和服务能力；境内会计师事务所、律师事务所等专业服务机构"跟随式"服务于"走出去"企业将更加紧密；部分文化艺术、中医药、中餐领域等特色服务贸易企业对外直接投资还将继续保持快速增长；企业利用全球资源促进自主创新已成趋势，各种通过自建、并购、合资、合作等多种方式设立研发中心，尤其是在欧美设立的研发中心将产生良好效果，新的竞争优势初步形成；新能源汽车、生物育种等行业高端合作渐成趋势；通过投资并购来建设国际化营销网络已成常态，并继续成为推动对外贸易转型升级和实施"走出去"战略的重要载体；一批大型流通企业、生产企业并购全球性或区域性流通企业，还将持续在中东欧、西亚、非洲等重点区域展开，并打造和整合中国流通产业链。

六、境外集群式发展效应进一步显现

未来几年，在轻纺、机械制造、冶金、化工和信息产业领域，将继续形成一批国际竞争力强、市场影响力大、品牌知名度高、具备全产业链整合能力的跨境公司和若干全球一体化供应链体系，这些主体将成为中国参与经济全球化的骨干力量和重要依托；各类企业集群式境外投资的脚步依然不减，产业间的协同能力和整体抗风险能力明显增强，类似于五矿资源、国新国际和中信金属联合收购秘鲁某铜矿项目的超大规模的收购还将不断出现；境外经贸合作区建设进一步推进，综合服务能力进一步提高，境外生产经营基地平台效应凸显；基于境外社区、园区而形成的中国企业境外聚集区域将不断增加，基于"侨缘""亲缘""学缘""地方缘"等境外直接投资的运行模式还将进一步成熟。

七、企业 OFDI 模式创新增强

随着企业跨境经营水平的提高，企业跨境经营的模式愈加成熟，基于发展战略导向、国际化成长路径、产业价值链选择、跨境财务统筹、权益保护等方面的经营经验更加丰富。未来，中国企业将创新 OFDI 发展模式，更为系统地设计企业 OFDI 的融资工具和税收工具，实现境外投资方式创新；基于 OFDI 主体间的合作模式创新和完善，企业对外投资合作风险防范能力将大幅提高。

八、境外可持续发展得到广泛关注

《2014 年世界投资报告》明确将"投资可持续发展目标（SDGs）"作为主题，由国际社会制定的可持续发展目标将继续对全球投资需求产生重要影响。同时，近年来在政府的倡议和引导下，中国企业"走出去"的可持续发展意识和社会责任意识普遍增强。一些企业主动将可持续发展理念和社会责任融入企业发展战略，设立企业社会责任的管理部门，确定明确的突破方案，安排相应的资金，组织有关培训，并发布履行社会责任的年度报告。可以预见，中国"走出去"企业境外可持续发展和境外社会责任目标将更加清晰，中国企业将更加关注与利益攸关方及东道方发展利益的互利共赢，更加重视经济、社会和环境的综合价值最大化。

第八章

中国企业OFDI的风险
与挑战分析

第一节　中国企业 OFDI 发展面临的境外风险与管理

一、中国企业 OFDI 面临的境外风险和挑战

（一）美国等发达国家对我国 OFDI 的干扰与影响

美国、日本等发达国家出于维护全球霸权、巩固已有利益的地缘政治格局以及维护自身经济利益等方面的考虑，综合运用外交、宣传、经济等多种手段，对我国对外直接投资采取多方面的干扰，显著加大了我国对外直接投资的风险。具体表现在以下几方面。

第一，美国、日本等发达国家以维护"国家安全"为由，对来自我国的投资项目进行严格审查并做出不利于我国的裁决。近年来，几乎全部发达国家，出于国家安全考虑，加强了对战略性产业外国投资的审查。2019 年，至少有 11 宗大型跨境并购交易因监管或政治原因被撤销或阻止①。2020 年以来，由美国财政部主导的政府间协调机构——美国外国投资委员会（CFIUS）继续在《2018 年外国投资风险审查现代化法案》框架下强化对外商投资的审查，有关规定更加细化，并对有关审查收取费用。CFIUS 在实际审查过程中对于以往已经完成的交易同样进行审查，使不少中国在美投资项目面临被要求撤资的风险。对于中国高科技企业，在美国投资是比较困难的。CFIUS 对任何来自中国的投资都将从国家安全方面进行审视，每过一个月，CFIUS 都会变得越来越严格。美国对《外国投资风险审查现代化法案》进行的修订于 2020 年 2 月 13 日生效，其主要内容体现在以下几方面。

（1）颁布实施《美国联邦法规》第 31 篇第 800 部分、802 部分最终规则。2020 年 1 月 13 日，美国财政部公布了两项与 CFIUS 职权和流程相关的《外国投资风险审查现代化法案》最终监管规则，即外国人在美国进行某些投资的规定（《美国联邦法规》第 31 篇第 800 部分）、关于外国人在美国从事房地产的某些交易的规定（《美国联邦法规》第 31 篇第 802 部分）。条例扩大了 CFIUS 对外国投资的审查范围。尤其在关键技术方面，为了适应不断变化和出现的技术，CFIUS 条例的正式版本没有列明关键技术的完整清单，而是根据商务部的出口管制技术清单来定义关键技术的范围。被包含的关键技术包括美国军需品清单（USML），商业管制清单（CCL）上的某些项目以及出口管制改革法案（ECRA）识别和管制的新兴与基础技术等。同时，条例将 2018 年关键技术试点计划中提到的 27 个敏感行业作为附录列出，具体清单可见"美国财政部：27 类关键技术限制中国投资"。如果一项交易导致一家从事敏感行业，且生产、设计、测试、加工、制造或开发关键技术的美国企业受外国投资者的控制，或外国投资者以非被动、非控股少数股权形式投资于此类美国企业，交易方必须向 CFIUS 提交申报文件。

新的修订对以前就关注的领域提供了额外的指引，涵盖关键技术、关键基础设施、敏感军事和政府设施等。美方还更加聚焦于与美国公民敏感个人信息相关的投资，对于在此前已经完成的投资同样进行回溯性审查，

———————
① 联合国贸易与发展会议：《2020 年世界投资报告》。

最为引人注目的是针对抖音海外版 Tiktok 对妈妈咪呀（Musical. ly）收购的审查。

（2）发布 CFIUS 申报费用暂行规则。2020 年 4 月 22 日，美国财政部发布了一项暂行规则。该规则将为根据 CFIUS 从事受辖交易的当事方设立一项申报费用，适用于外国企业、企业在美国进行某些投资申报、外国企业和个人涉及投资美国房地产进行的申报，并在《美国联邦法规》第 31 篇第 800 部分和第 802 部分分别新增了申报费用的规定。这一规则从 2020 年 5 月 1 日开始生效。美国财政部用于计算申报费用的方式直接而简单，该费用由交易额决定。将申报费用定为不超过总交易价值的 0.15%。对于金额小于 50 万美元的交易，将不收取申报费；对于金额等于或超过 50 万美元的交易，申请费用为分层交纳。根据新规定，各方必须以电子方式向美国财政部支付申请费，CFIUS 在支付适用的申请费之前不会开始为期 45 天的审查。

（3）CFIUS 公布关键技术企业强制性申报要求的最终规则。2020 年 9 月 15 日，CFIUS 发布了关键技术企业强制性申报要求的最终规则，于 10 月 15 日生效，适用于完成日期在 10 月 15 日之后并在 CFIUS 管辖范围内的交易。该最终规则在两个方面做出重大修改：一是修改了强制申报条款的范围。为实现这一修改，引入"美国监管授权"和"关键技术表决权"两项内容。二是修改了对"重大权益"的定义。如果企业经营活动由一般合伙人、管理人来控制，那么在这些一般合伙人、管理人或等同方之上持有49% 或更高权益的外国政府将被认定为持有"重大权益"。这一定义是对拟定交易进行强制申报的基本条件。最终规则生效之后，对于将美国企业的关键技术出口、再出口或再转移给外国投资者或对外国投资者拥有重大所有权或控制权的外国人，将被要求得到美国监管授权。

第二，通过在第三国国内的"代理人"或亲美、亲日势力，干扰我国和第三国实施重大投资合作项目。

第三，在媒体上大肆宣传我国企业未能有效履行环保、文化保护、扶贫等社会责任，质疑我国在巴西、厄瓜多尔、苏里南等南美国家的资源开发投资。

第四，在经济上采取多种直接或间接手段支持本国企业和我国开展激烈竞争。如我国和日本在东南亚各国高铁基础设施建设进程中，中国的竞争已经超出了市场竞争范畴，日方依托日本国际协力机构（JICA）等官方机构，不断降低贷款利率，对我国和印度尼西亚、泰国等东南亚经济体开展国际产能合作产生了明显的消极影响。

（二）部分东道方整体投资环境较为恶劣，严重影响我国投资收益

我国对外直接投资中相当一部分投向发展中国家，这些国家往往经济发展水平较低、市场经济体系不完善、国内政局频繁动荡，政策朝令夕改，部分国家甚至处于地缘政治冲突的热点地区，投资环境极为恶劣，严重加大了我国对外直接投资的难度。一是东道方局势剧烈动荡和地缘政治冲突加剧可能让我国企业 OFDI 遭受重大损失。近年来，利比亚、埃及等国国内局势均一度剧烈动荡，甚至爆发冲突。这种政治局势的严重动荡导致绝大部分中资企业被迫关闭，前期投资基本血本无归。二是部分国家（地区）政策朝令夕改严重损害我国投资者利益。如津巴布韦曾出台"外资本土化"和"钻石矿国有化"两项政策，对包括部分中资企业在内的外资企业采取了强制国有化措施，严重损害了中资企业利益，引起了国内强烈反响。三是相当一部分发展中国家国内腐败严重，政府办事效率低下，严重干扰了中资企业正常生产经营活动的开展。

（三）中国企业 OFDI 仍然面临较大的融资困难

我国企业到境外投资，不仅需要境内业务运行良好，有良好的投资回报，更需要的是有足够的外汇资金到境外投资运营。目前，虽然我国企业的 OFDI 总额已达到了一定规模，但要满足进一步发展的需要，企业境外投资运营的融资问题仍是企业面临的一项难题。主要原因在于以下几方面。

第一，企业难以达到境外金融机构的融资条件。我国对外直接投资的主体位于境外，存在大量的境外融资需求。受企业自身发展水平、东道方金融体系发展状况、信用体系国际化水平偏低等因素制约，大部分企业很难在国际金融市场进行融资。而我国金融机构开展国际化经营尚处起步阶段，很难对企业在海外融资提供充分支持。第二，人民币国际化水平偏低

严重制约我国企业融资。中国企业进行 OFDI，运用本币人民币对外直接投资既便利又可防止外汇风险。但是目前人民币的国际化程度不高，美元仍在国际货币体系中处于主导地位，仍是全球的主要结算货币。我国企业在境外投资，在当地开展业务也多数运用美元或欧元等其他可自由兑换货币结算。而我国企业拥有的人民币需要在金融机构兑换成可自由兑换货币才能进行境外投资，且在资本项目下兑换额度也需审批，这在一定程度上制约了中国企业境外融资的规模和水平。第三，现行融资模式有待进一步创新。当前境内银行贷款仍然是我国企业对外直接投资的主要渠道。受制于银行风险控制等客观约束，我国企业对外直接投资多采取"内保外贷"模式，即以企业境内的资产进行担保，所贷资金用于境外。多数企业反映，如投资规模大，或开展区域性多点布局，往往会因缺乏境内担保资源而不能获得资金支持，从而丧失发展机遇。第四，是政策性资金支持难以形成合力。目前，在中央层面、省级层面均有大量的支持企业"走出去"进行境外直接投资的资金。但这些资金彼此不相统属，不能够统筹规划，合理使用，导致政策效果大打折扣。如有些省份拥有外经贸发展基金、省级商务发展资金、省级战略性新兴产业发展专项资金、省级工业和信息产业专项资金等，但每个基金的支持额度都很小，对外直接投资的支持作用有限。

（四）企业自身的国际化经营能力较弱

中国企业跨境经营虽然取得了一定的成效，但依然存在着驾驭国际市场能力不足，国际化经营能力较弱，不能科学应对和管理境外经营中的种种风险问题。具体表现在以下几方面。

1. 对外直接投资缺乏科学的规划与论证

一些企业进行境外直接投资，是出于盲目业务扩展和地方目标任务的完成，缺乏明确具体的发展目标和规划，缺乏产品的市场定位和市场统筹，在投资项目、环境分析、地点选择、合作伙伴选择、经营策略的制定与执行等方面，缺乏论证和长期战略规划目标，这往往会导致境外投资项目进入后期运营阶段后，在境外市场就会出现种种问题、危机与风险，结果必然带来一定的损失与支出，甚至部分企业采取灰色方式推进项目，这种行为短期内虽有助于项目落地，但既恶化了当地营商环境，也损毁了中国投资形象，从长远来看弊大于利。

2. 对东道方法律体系、文化风俗、社会习惯的适应性较差

受制于语言差异、人才缺乏等因素，大多数我国企业对于东道方，特别是发展中国家的国情了解程度不够，在对外直接投资中往往出现违反当地社会通行规则的行为。例如，一些国家虽然人均 GDP 很低，但劳工保护、环境保护、文化保护的要求要高于我国。如果我国企业"想当然"地认为可以随意砍伐森林、要求工人加班，则可能会引发诸多社会矛盾。如我国当年在赞比亚煤矿发生的劳资纠纷事件就是典型案例。该事件固然是孤立事件，但反映出少数中资企业参考境内煤矿的劳工工资标准和生产率制定当地劳工的工资收入，也未提供足够的防护器具，严重违反了当地劳工保护相关法律政策，最终既导致企业被迫关停，也损害了国家形象。

3. 缺乏合规管理意识

部分企业合规意识淡薄，合规管理缺失，出现恶性竞争、利益输送等问题，有的企业甚至不惜牺牲利润，把大部分精力放在了如何成功拿下项目上。有的企业还受到境内外调查，近年来包括国有企业、民营企业和外资企业在内的中国企业面临的合规风险进一步放大，既损害企业利益也损害了国家形象。

二、中国企业 OFDI 面临的境外风险的管理

（一）建立健全投资风险防范机制

要建立健全投资风险防范机制，就需要从以下几方面着手。第一，要加强风险的预判预研。应高度重视、认真研究、科学评估境外投资所面临的各种风险，深化对主要投资国家（地区）利用外资政策研究，建立包括外交部门、商务部门、民间组织、行业协会、企业在内的多层次、多渠道投资信息收集机制，尤其是在高科技、敏感行业领域，境外各国家（地区）的投资限制和审查制度，要作为重点信息，为国内企业提供准确的投资建议和指南。第二，积极稳妥地应对各方干扰。对于东道方政府在合作中出现违背国际通行规则的行为，我国政府应积极出面应对，倡导和坚守公平合理透明的双边合作准则，在道义上占据制高点。对于双方合作中产

生的一些争议和误解，应在加强沟通的同时，欢迎和接受国际组织参与调解和监督。对于域内外国家遵循市场规则的正当商业竞争，应减少政府干预，切忌反应过度。对于地缘政治、霸权主义等干扰，应予以坚决反对并向国际社会披露，争取更多友方力量支持。第三，采用国际仲裁等通行手段维护我国权益。我国应努力掌握并应用这一制度体系保护我国企业的海外权益，并在亚投行等新型多边开发机构框架下，建立更符合我国与广大新兴经济体实际情况和利益诉求的国际仲裁新机制。第四，加大对境外企业的监管力度。有必要建立健全境外企业的监管审查制度，与东道方共同约束我国企业遵守国际通行规则和东道方、我国的相关法律法规。比如，境外出资管理制度、离岸公司管理制度、全面预算管理制度、重大事项管理制度和报告制度、境外企业考核指标制度等。

（二）积极推动合作模式创新

1. 在宏观层面针对不同类型项目提供不同的政府支持策略

我国对外直接投资并不完全是商业性项目，很多投资项目实际上服务于重大的地缘战略。因此，应在中央政府层面，制定一个清晰的项目清单，其内容主要涵盖类似中巴陆海联运通道等确实对我国具有重大战略利益的大型或超大型项目。首先，这类项目数量不能太多，每个项目均需要经过严格的科学评估审查，确保其真正具有战略意义。对于该清单中的项目，中央政府应合理确定实施先后顺序、统筹各方力量全力推进，不必要求企业按照商业模式进行运作。其次，对于不在清单中但具有一定准公共品性质的项目，可由实体经济企业与具有开发性和政策性的金融机构共同推进。这类项目并不具有较大的战略意义，中央政府不需强力推动，具体运作模式由境内企业和东道方协商。最后，对于大多数的商业性项目，由企业自行基于具体市场环境决定合作模式，政府负责创造环境，提供便利。

2. 鼓励企业采取新型投资模式

在明确各类主体职责、划分不同项目种类的前提下，需要发挥和调动各方主动性、积极性，摆脱传统的绿地、并购等投资模式的约束，不断创新合作模式加以推进。我国企业已经创建了多种新型合作模式，如泰达集团在埃及苏伊士开发区的"商业地产园区模式"、我国和马来西亚的"两国双园"模式等，都可以在具体项目中推广。此外，还可以积极推广重大战略性项目跨国合作推进模式，从合作各方的战略利益出发，由两国或多国政府共同组成领导小组，统筹各国力量共同推进重大项目、重大工程建设，企业更多作为具体项目的承接方，较少参与最高层面决策。

3. 充分发挥对外援助对我国企业 OFDI 的支持作用

建议提高援助主动性，在对受援国国情深入了解基础上，主动设计、实施一批目标明确、特色鲜明、预期成效显著的项目。同时，尝试实施援助型与"走出去"结合模式，由企业进行境外直接投资，政府实施一些援助型项目，用于环保、基建、民生等领域，通过二者有机结合实现综合效益。

（三）加强融资机制建设

为了更有效地解决中国企业 OFDI 发展境外融资困难的问题，目前应该从以下三方面着手推进工作。第一，更多发挥人民币作用。建议积极推进人民币国际化，包括扩大人民币在跨境贸易和投资中的使用，扩大与沿线国家本币互换规模，加快人民币跨境支付系统建设，支持人民币离岸市场发展。支持沿线国家政府或中央银行在境内发行人民币主权债券，支持沿线国家金融机构或实体企业在境内银行间市场发行人民币债券。充分利用中国香港、新加坡等地的人民币存量和金融市场优势，支持境内企业发展境外人民币债券用于"一带一路"建设；在亚投行设立人民币形式的"中国特别基金"，实施人民币"黑字还流"计划等。第二，整合政策性支持资金。建议在国家层面推动各种政策性资金整合，统筹发挥效力。发挥好政策性金融作用，扩大进出口银行"两优"贷款规模，通过完善制度、编制规划等方法优化"两优"贷款投向。充分发挥好中国—东盟海上合作基金、亚洲区域合作专项资金、上海合作组织发展基金、中阿共同投资基金作用，吸引沿线国家（地区）的社会资本参与"一带一路"建设。第三，充分引导各类商业资本和境外资本参与。鼓励开发性金融机构加强融资模式和金融产品创新，完善审批、监管、信贷制度。加大与国际开发性金融机构的合作力度，研究重大项目在国际市场融资的机制安排。在加大出口信用保险、境外投资和再保险的支持力度基础上，鼓励保险机构设立"一带一路"建设相关险种，探索更为有效的境外直接投资担保机制。

（四）强化合规，促进对外投资健康发展

我国越来越多的企业正在走向世界，强化对外投资企业的社会环境责任，特别是强化企业合规经营是促进我国企业对外投资健康发展的关键所在。为此，我们需要总结和推广强化责任合规经营的成功经验，需要建立和健全公司内部的合规体系，还需要加强合规风险预警和控制机制。但是经济全球化潮流推动下，国际组织以及各个国家都按照全球最高标准要求进行境外投资者合规经营。

要强化合规，促进对外投资健康发展，就要建立和健全公司合规管理体系。为此，要求企业按照以下六个步骤建立和健全合规管理体系。第一，调查研究，识别与评估企业合规风险。对企业经营的重点业务地区，特别是地缘政治冲突地区和腐败高发区作为调查研究的重点地区；对企业经营的重点业务领域，特别是与政府审批监管密切的业务领域作为调查研究的重点领域；对企业经营的重点业务部门，如财务、销售、采购等部门作为调查研究的重点部门；对企业经营中的重点业务环节，如礼品、招待、慈善捐助等作为调查研究的重点环节。总之，把企业经营中合规风险大的地区、领域、部门和环节作为调研的重点。在调研基础上进行识别与评估，发现企业存在的合规问题以及涉及的合规风险。第二，风险导向，建立合规制度体系。针对合规反腐重点业务地区、重点业务领域、重点业务部门发现的风险制定专门制度，如销售和采购等部门、高冲突国家等腐败风险高发区的合规规定。针对合规反腐重点业务环节制定具体制度纳入公司员工行为守则，如加速费、促销费、慈善捐助等方面的规定。针对利益输送的风险制定避免利益冲突的制度。对企业原有制度进行完善，对还没有的制度进行补充。第三，管理协调，强化合规职责。强化合规管理需要强化合规职责。企业需要有专职合规管理岗位和合规管理人才。合规职责与公司内原有的一些部门往往存在职责相关与交叉，因此在建立合规管理体系过程中需要与原有机构和职责协调，争取做到分工合作。例如，与法律、风控、纪检、监察、内审、财务、安全等相关部门分工协作。第四，保障运行，健全合规运行机制。不少企业已经拥有各项合规制度，然而没有真正实施，其原因在于合规运行机制缺乏。对于推进合规体系而

言，有四个方面的运行机制不可或缺，即全面的培训机制、严格的考核机制、通畅的举报机制和有效的查处机制。培训、考核、举报和查处这四种机制能够顺利运行在很大程度上还取决于企业最高负责人是否以身作则积极推进合规。因此保证合规机制运行的核心问题是，企业领导者能否以身作则推进合规。第五，评价效果，推进合规持续。评估合规管理体系有效性，从而推进合规持续深入。这一工作包括对合规管理体系进行监控，以确保实现合规评价。也包括合规审计，特别是管理层合规审计，从而发现问题，持续改进合规工作。第六，持续实施，形成企业合规文化。传统文化和行事习惯中的消极因素与权力运行中的人治因素结合必定导致潜规则，而潜规则是合规的天敌。潜规则存在给中国企业强化合规带来挑战。只有持续实施，一个企业才有可能构建合规文化。

全球公司打造全球价值链，从而改变了企业全球竞争的方式；全球公司强化企业合规文化，从而改变了企业全球竞争的规则。我国企业，特别是地方企业在走向世界之时，面对的是已经改变了的全球竞争新方式和全球竞争新规则。显然，我国企业面临着严峻的挑战。与此同时，如果能够理解和把握全球竞争的新方式和新规则，我国企业则有可能实现跨越式发展，创造发展中国家企业成长的新经验。全球正在兴起和发展的强化公司责任特别是强化合规反腐的潮流，对我国企业是严峻的挑战。公司责任不仅涉及愿景、使命等企业内部问题，而且也越来越成为企业参与全球竞争所必须面对的外部问题，越来越成为全球企业间一种刚性的制度约束。强化公司责任和合规反腐实际上关系到提升公司软竞争力的重大问题。我们应当下硬功夫强化软竞争力，强化合规实现中国企业跨越式发展，从而使我国企业 OFDI 健康发展。

第二节　中国 OFDI 高增长的国内潜在经济风险与管理

近年来，我国对外直接投资大幅度增长，从 2008 年的 521.5 亿美元增长到 2019 年的 1369.1 亿美元（不含金融类投资），稳居世界第二对外投资国，仅落后于日本，超越美国。据联合国贸易与发展会议发布的《2020 年世界投资报告》统计，2019 年，全球对外直接投资流量增长至 13137.7 亿美元，尽管同比增加 33.2%，但规模依然低于 2014～2017 年各年水平。2019 年，中国对外直接投资流量 1369.1 亿美元，继续保持全球第二位，连续 8 年居全球前三①，从全球资本利用中国市场和资源转变为中国资本大举利用全球市场、全球资源，凸显出中国作为经济大国向经济强国转变的强劲势头之际，我们必须意识到其背后潜在的宏观经济风险，并加以防范。

一、我国 OFDI 高增长的经济原因分析

根据邓宁 1981 年提出的投资发展周期理论（theory of investment development），一国的对外直接投资与其发展水平有密切的关系，在人均 GNP 达到一定水平后，该国的直接投资流出量和流入量将与 GNP 同步增长，其净投资流出量曲线是"U"字形。我国近年来对外直接投资高速增长，也符合邓宁的投资发展周期理论，其似乎是 GDP 增长的产物，具有必然性。但必须看到，我国对外直接投资高速增长是在特定的经济背景下实现的。这种背景与发达国家对外投资扩张既有相似性，也存在特殊性。

（一）经济下行压力增大

在市场经济运行中，生产无限扩大的趋势与有支付能力的需求相对不足的矛盾加剧，必然导致社会总供给相对过剩，国内投资的平均利润率下降。为了获得更高的利润率，一方面，企业在激烈的市场竞争中不断谋求技术创新，以降低成本提高利润率；另一方面，又会在全球寻找更有利的投资场所，通过资本输出获得更高的利润率。因此，资本输出或对外投资具有更重要的意义。邓宁的投资发展周期理论也验证了一国在人均 GNP 达到一定规模后，所有权优势、内部化优势和区位优势积累起来，对外投资规模扩大，将由资本净输入国转化为资本净输出国。随着我国经济持续高速增长，人均收入水平提高，生产要素价格全面上涨，过剩经济时代到来，国内市场竞争日益激烈，社会平均利润率水平也趋于下降。尤其是金

---

① 联合国贸易与发展会议：《世界投资报告》（2015～2020 年）。

融危机后国内外经济环境剧烈变动，我国经济运行中多重经济矛盾交织，相互作用，经济下行压力明显增大，GDP 增长率从 2009 年的 9.2% 下降到 2020 年的 2.3%，GDP 增长率持续下降①。在国内经济下行、许多制造业行业产能严重过剩的背景下，为了寻求更高的利润率，大批企业纷纷转移生产能力，出现 OFDI 高速增长。

（二）传统制造业大而不强

与英国、美国、日本不同的是，我国是在未成为制造业强国和贸易强国的条件下，出现了出口订单和产业外移，对外直接投资高速增长。英国、美国、日本等发达国家海外直接投资高速扩张，皆是在成为世界制造业强国的条件下出现的。英国在经历第一次工业革命后，成为全球第一工业强国，其利用全球制造业强国的优势地位，大举在海外投资设厂，成为日不落帝国；美国在第二次工业革命后取代英国成为世界头号工业强国，企业利用技术领先、资本雄厚的优势，在全球投资扩张，形成美国大批跨国公司主导的全球价值链体系；日本则在经历了第二次世界大战后 20 年的高速增长后，成长为继英国、美国等国后的另一个世界工业强国，20 世纪 70 年代中后期开始把价值链低端的生产环节和产能大举外移，走上海外投资扩张之路。

而我国在工业化加速发展中，制造业产能规模不断扩大，截至 2021 年 6 月，我国已有 220 多种产品产值规模居全球第一位，与此同时，我国制造业的国际化程度不断提高，许多产品不仅满足国内市场需求，而且为世界市场提供供给，满足着世界需求，中国产品行销世界 230 多个国家和地区，成为名副其实的货物贸易第一大国②。但是，我国制造业大而不强，掌握关键技术、知识产权、销售渠道和著名品牌的出口商品比重低；低端的劳动密集型出口产品比重高，产品质量不稳定，外部可替代性强，当成本和价格上升则出现出口订单转移，被其他国家替代；大多数产品被锁定在价值链低端，产品附加值低，能够整合全球资源、主导全球价值链的全球公司凤毛麟角；出口企业无法掌握国际定价权。

---

① 资料来源：国家统计局官网。
② 资料来源：中华人民共和国商务部网站。

（三）工业化进程远未结束

我国对外直接投资的高速增长，是在全国总体上，尤其是广大内地并未完成工业化的条件下出现的。英国、美国、日本等发达国家的海外投资高速扩张，都是在完成了国内的工业化进程之后发生的。日本在20世纪70年代完成工业化，制造业开始大举向亚洲四个发展迅速的经济体、中国等地转移，海外投资高速扩张。我国在改革开放后抓住全球制造业产业大转移的契机，大量承接来自日本等东亚国家和地区以及美国、欧洲等地转移出来的制造业产能，发展加工贸易，加速了工业化进程，以制造业为主的第二产业在国民经济中的占比不断上升，并壮大为国民经济主体。2008年金融危机后第二产业的比重持续下降，到2020年，第二产业的比重下降到26.18%（见图8－1），第三产业比重上升。从表面上来看，产业结构的变化似乎预示着我国已经完成工业化，但事实上国民经济离完成工业化还有相当大的距离。我国存在着典型的区域二元经济结构，沿海发达地区与广大内地的发展差距巨大，工业化的区域进程并不平衡，全国总体的产业结构数据并不能反映出不同地区的工业化差距，当沿海地区已经从工业化加速发展时期进入到后工业化时期，或者沿海一些发达地区已经完成工业化，但中西部地区正处于工业化加速发展时期或工业化起步时期。

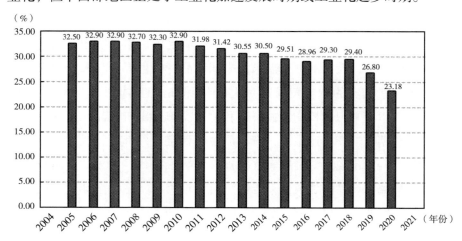

图 8－1　2005～2020 年我国制造业在国民经济中的占比

资料来源：国家统计局官网。

（四）面临中等收入陷阱

我国 OFDI 的高速增长，是在面临中等收入陷阱和谋求跨越中等收入陷阱的过程中出现的。20 世纪 70 年代，拉丁美洲等地区的一些发展中国家在经历快速增长后进入中等收入国家行列，但此后经济停滞，并引发社会不满、国家政治失序，落入中等收入陷阱。2015 年，我国人均 GDP 超过 8000 美元，2019 年、2020 年我国人均 GDP 连续两年超 1 万美元，属于中上等收入国家，即将迈入高收入国家行列，但也面临许多矛盾和困难①。我国经济的困难说到底是进入中上等收入国家行列后所出现的问题，即在劳工等要素成本上升、消费结构升级要求供给结构变迁的条件下，原来具有国际比较优势的产业国际竞争力下降，对外贸易增速下滑，供给结构调整和转型升级中人力资本和物质资本的积累能力不足，经济下行压力增大。如何跨越中等收入陷阱，成为我国面临的突出问题。

（五）全球价值链面临重构

我国对外直接投资高速增长是在全球价值链重构过程中发生的。当今国际分工形成了以产品内分工为主的国际分工体系。产品内分工、产品内贸易的发展形成了全球价值链分工体系。2008 年国际金融危机爆发以来，全球价值链正在加速重构。金融危机后世界经济复苏乏力，跨国公司在全球需求紧缩中面临更加激烈竞争，为降低生产成本，诱发其在全球范围内重新寻找价值洼地，重构全球价值链；世界各国调整产业政策，欧美等发达国家提出重振制造业战略，修正制造业过度外包而引起的实体经济空心化等问题，重组产业链的全球空间布局，新兴经济体则大力推动产业转型升级，谋求向价值链上游攀升，推动着全球价值链重构；各个国家都在通过缔结优惠性的贸易投资协定来获得产业链、价值链的延伸。区域性国际经贸合作协议《区域全面经济伙伴关系》（RCEP）、《全面与进步跨太平洋伙伴关系协定》（CPTTP）、《国际服务贸易协定》（TISA）、中欧投资协定等都致力于建立高水平的贸易、投资自由化规则体系，为跨国公司重构全

---

① 资料来源：国家统计局官网。

球价值链开辟道路。在全球价值链重构过程中，跨国公司一方面将劳动密集型价值环节向其他中低收入国家转移，另一方面又将高端制造业或制造业的高端生产环节回流到发达国家。

二、中国 OFDI 高增长的潜在宏观经济风险

考虑到我国 OFDI 高速增长的特殊原因与背景，对外直接投资的高速增长可能引致进一步加大经济下行压力、冲击工业化进程、制约人民币国际化、诱发产业空心化等宏观经济风险。

（一）加大经济下行压力

我国境外投资高速扩张是在经济下行压力增大条件下发生的。因其伴生境内投资、出口放缓，反过来又会进一步加剧经济下行。虽然 OFDI 与境内投资不是简单的替代关系，OFDI 甚至可能促进境内投资，但 OFDI 对境内投资的替代效应与促进效应的大小主要取决于境内投资环境和内外企业的关联性。在境内经济下行、产能过剩的环境下，境外企业扩张诱发的出口需求主要在于消化库存，而非激发境内投资和产能扩大。因此，对外投资产生的境内投资促进效应偏低，在我国 OFDI 高速增长的同时，制造业投资外移，企业在境内的投资欲望和投资能力下降，反倒加剧了境内固定资产投资增速放缓，在财政扩张政策力度减弱时，全社会固定资产投资增长率从 2009 年的 30.1% 下降到 2020 年的 2.9%，境内投资增速不断放慢，进一步降低了经济增长数据①。同样，OFDI 与出口之间也不是简单的替代关系，OFDI 既可能促进出口，也可能替代出口，这取决于对外投资的条件和发展阶段。我国在经济下行过程中对外直接投资高速增长，产能外移，加剧企业进出口增速放慢，2012 年后进出口增速降到个位数，2020 年进出口额同比增长 1.9%，其中，出口增长 4%，进口下降 0.7%，出口增速放慢，对经济增长的贡献率下降，加大了经济下行压力②。

---

①②　中华人民共和国商务部. 中国对外投资合作发展报告（2020）［R］. 北京：中华人民共和国商务部，2020.

技术进步是经济增长的内在动力，在要素投入增速放缓的同时，如果技术进步、全要素生产率提高，仍然可以实现较快的增长。在 OFDI 高速增长中，虽然可能产生技术逆向溢出，拉动国内的经济技术进步，但由于我国尚未成为制造业强国，OFDI 的逆向技术溢出只在少数企业中发生，多数的 OFDI 难以有效产生技术逆向溢出效应，反而由于境内领先企业对外转移投资、高端制造业外商投资回流发达国家，会制约境内的技术进步速度，从而延缓经济增长脚步。

（二）工业化进程经受考验

对外直接投资尤其是制造业对外投资高速扩张，境内承接全球制造业转移的能力下降，外商投资撤离与回流，加工贸易向周边国家转移，离岸外包业务收缩，产业和贸易订单外移，嵌入全球制造业分工体系的路径遇到挑战，存在脱离全球生产分工体系、被边缘化的风险，中国作为世界工厂的地位在一定程度上被削弱，冲击我国工业化的进程。在对外直接投资高速增长中，虽然许多跨境公司仍然看好中国高端制造业的发展机会，增加在中国高端制造业领域的投资，但内资企业部分高端制造业和高端制造业生产环节外流，跨境公司在价值链重构中部分高端生产环节撤离或回流，也会弱化内外资企业间的技术传递，对我国的技术溢出效应缩小，不利于境内企业在与跨境公司合作、竞争中提升技术研发水平，培育国际品牌，向价值链高端攀升，不利于从贸易大国向贸易强国、从制造业大国向制造业强国转化，延缓工业化水平提高。

（三）人民币国际化承压增大

随着对外直接投资高速增长，我国金融和资本项目顺差转化为逆差，自 1994 年以来的经常项目与金融资本项目的"双顺差"终结，使人民币国际化进程遇到挑战。大量研究本币国际化与对外投资增长关系的文献莫衷一是，有的认为是本币的国际化推动了对外投资的增长，也有的认为对外投资扩张促进了本币的国际化。但可以肯定的一点是本国经济发展和经济实力增强才是货币国际化的基础，英镑成为世界货币，是以英国最早完成工业化并发展为世界经济第一强国为基础的，美元替代英镑成为世界货币，是以美国在第二次工业革命中取得成功，成为世界经济霸主为基础的，日元、欧元在世界货币中占有一席之地，也不例外，同样是以其雄厚的经济实力为基础的。而英镑被美元打败，世界货币的地位削弱，与英国世界经济地位的衰落高度相关。如果对外投资扩张是以本币投资，则会扩大本币在国际上的使用范围，推动本币国际化；如果是以现存的世界货币如美元进行投资，则对推动本币国际化关系不大。

我国对外直接投资高速增长，不仅存在加剧经济下行的风险，冲击人民币国际化的基础，而且主要是以美元作为投资工具的，对外直接投资对于人民币国际化的贡献较小。在对外投资高速增长中，"双顺差"终结，大规模的对外直接投资动用大量外汇，使外汇储备规模迅速下降，意味着人民币升值预期将发生改变，各国持有人民币资产、用人民币进行贸易结算的意愿减退，人民币替代美元充当世界货币的进程变得更加艰难，与中国总体的长期战略和利益相左。

（四）产业空心化

产业空心化是一国在经济国际化发展过程中，企业根据生产成本的比较优势，在全球范围内寻求生产资源最佳配置的过程中，在全球范围内寻求最佳生产基地，加快产业特别是制造业向海外转移，造成国内制造业衰退、就业减少、产业衰退、税源转移，进而影响经济的增长与发展的现象。一般而言，OFDI 主要通过四条途径影响境内生产和就业：第一，境外企业的发展增加对境内生产设备、零部件的需求，产生出口诱发效应，促进境内相关产业的发展。第二，境外企业生产的产品替代境内生产的出口商品，减少境内出口，从而产生出口替代效应，在一定程度上抑制了境内同类产品出口加工业的发展。第三，境外企业生产的产品返销投资国，产生再进口效应，增加了境内市场产品的供应，也在一定程度上抑制了境内同类产品出口加工业的发展。第四，由于生产向海外转移，在境内生产时需要进口的原材料及其结构将发生变化，从而产生进口转换效应。对外直接投资是否引发产业空心化，关键在于上述四种效果作用的综合结果。如果对外直接投资的出口诱发效应大于其他三种效应，并不会引起境内产业空心化，反而会增加境内出口生产，创造就业机会；反之，则会造成对境内出口产业的部分替代，产生境内相关产业出现空心化现象。

一般而言，产业空心化的产生与企业国际化发展的阶段密切相关。在国际化发展的早期，OFDI 主要是建立当地法人以及出口产品的当地销售网络，对境内出口生产有促进作用。待企业国际化发展进入当地生产阶段，特别是生产经营、开发全面国际化阶段时，其境外生产的外部性就会逐渐显现，容易产生产业空心化现象。从世界经济发展史上来看，英国、美国、日本等发达国家在对外投资高速扩张中都不同程度地出现了产业空心化现象，德国由于一直以来坚持工业强国，坚持打造在国民经济中居于主导地位优势和国际市场的产品竞争优势，所以德国企业的 OFDI 没有明显遇到之前其他国家国内同类和相关产业空心化的问题。在经历了产业空心化，以及由此带来的种种经济困局后，目前，许多发达国家都开始高度重视国内制造业的发展，谋求重振国内重要制造业。中国企业的 OFDI 的高速增长能否避免其他国家国内同类和相关产业空心化的问题，是个值得重视的问题。

三、OFDI 高增长下潜在宏观经济风险的防范与管理

针对我国 OFDI 高增长的特定原因和背景，要防范对外投资高速增长中的潜在宏观经济风险，需要从以下几方面采取策略。

第一，实行"制造产业质量立国"战略，缓解制造业外移和经济下行压力。通过提升制造业产品质量品质，增加产品附加值，增强国际竞争力，实现从工业大国向现代工业强国的转变。在实施"制造产业质量立国"战略中，劳动者素质提升和人力资本积累是"制造产业质量立国"的基础，通过加大教育体制改革力度，增加职业教育投入，鼓励社会、企业、外资建立职业教育机构，完善全社会的职业教育和技术培训体系，建立技术工人职称晋升机制，提升人力资本积累速度，树立"工匠精神"，以人力资本积累推动制造业在本国内部不断升级。如果产品品质有效提升，则国内制造的产品的可替代性就会降低，进而减少其他国家所制造产品对我国制造业产品出口的替代和贸易订单转移，缓解投资和产业外移压

力，巩固世界制造中心的地位，保持我国制造业产品的国际竞争优势地位，保持经济稳定运行。

第二，培育出口竞争新优势，从世界制造中心发展为世界创造中心。产品出口属于流通活动，但产品出口的品类与质量是由生产决定的。要培育出口竞争新优势，核心是培育生产竞争新优势，通过生产企业和生产性服务的技术进步、生产要素质量改进和效率提升，生产创造出高品质的新产品，增强出口产品的竞争力，扩大出口规模，增加出口效率。因此，与传统的出口竞争优势不同，竞争新优势要以全方位提升生产要素效率为核心，以技术创新为依托，以提升产品质量为基础，以体制改革和政策优化为动力，以主动参与国际经贸规则制定为保障，形成系统性优势，在巩固世界制造中心和贸易大国地位的基础上，着力于提高外贸效益，实现由"贸易大国"向"贸易强国"的转变，从世界制造中心升级为世界创造中心，跨越"中等收入陷阱"。

第三，引导传统优势制造业进行梯度性转移。在我国产业的创新与升级改造中，传统优势制造业仍然要保持，不能淘汰。传统优势制造业的保留应通过梯度性转移的方式向产业相对不发达的地区逐级转移，转出传统优势制造业的地区腾出空间进行产业的研发创新与升级，承接转入产业的地区，通过逐步提升产业发展水平，既保持我国原有的产业基础和生产能力，又促进当地经济的发展，增加就业。就我国的产业发展水平看，东部、南部地区产业发展水平相对较高，西部地区发展水平较低，中部地区因产业的不同其发展水平也不同。因此，在传统优势制造业进行梯度性转移的过程中，东部、南部地区与中部地区要根据各地产业发展的不同水平、不同情况进行选择性的转移，西部地区可以根据本地基础条件承接东部、南部地区的产业转移。因此，为了防范我国 OFDI 的高增长可能会产生的国内同类和相关产业空心化的问题，我们应制定产业创新与发展和梯度性转移的产业战略，推动沿海传统产业内移的社会合力和社会氛围，鼓励内地产业发展相对低下地区承接发达地区产业转移；继续改善内地的交通、物流、电信、电力等基础设施，控制内地的房地产等要素成本过快上涨；促进内地中心经济区的产业集群，降低企业转移成本。

第四，提升企业在全球价值链中的地位，建立我国企业主导的全球价值链。基于全球价值链发展和重构的现实，我国经济结构转型升级的重点已经不再局限于实现工业化，以及从制造业大国向服务业大国转化，而在于向价值链的高端攀升，提升我国制造业在全球价值链中的竞争力，在巩固中国制造大国地位的同时，谋求中国设计、中国创造、中国营销和服务在全球价值链中的地位。在海外投资扩张的同时，充分利用全球资源，推动生产性服务业发展，在设计、研发、制造、营销、服务等全球价值链的各环节与国际先进企业合作竞争，在开放中合作创新，建立中国企业主导的全球价值链。只有我国经济平稳运行并不断提升主导全球价值链的能力，才能稳步推进并实现人民币国际化。

第五，调整 OFDI 发展战略，处理好政府与市场的关系。企业在全球投资布局、在全球市场配置资源进行 OFDI，是在企业具备所有权优势、内部化优势和区位优势的情况下进行的业务扩展，是产业经济发展到一定阶段的产物，而非政府的任务安排所致。所以，在我国企业 OFDI 的发展过程中，应充分发挥市场在全球资源配置的决定性作用，各地政府减少不必要的行政干预，简化行政审批手续，并为具备境外投资条件、在境外投资的企业提供配套服务，完善对外投资的政策性金融保险支持体系，与更多国家签订高水平的投资协定，保护境外投资企业的利益。调整 OFDI 发展战略，细化我国企业 OFDI 发展的产业政策，大力支持能源资源类领域和具备制造业优势产能的企业进行境外投资，应给予税收优惠、财政和金融支持。我国人均资源占有量很低，石油、矿产品等能源资源类产品境外依存度高，鼓励境外投资开发国际资源，可以改善进口环境；我国工业产品附加值较低，缺乏对高端装备制造业核心技术的掌控能力，鼓励具备产能优势的企业并购境外高端装备制造企业，利用技术外溢效应，可以倒逼境内制造业产品升级。对于一般制造业以及加工贸易类企业，应鼓励其继续改善境内的一般制造业和加工贸易产业生存环境，稳定其在境内的投资，鼓励向产业发展水平相对低下的地区转移，取消各种类型的财税、金融支持政策，避免所有产业同时进行境外投资而造成产业空心化的问题出现。

第三节 中国对"一带一路"沿线国家 OFDI 的风险与管理

一、中国对"一带一路"沿线国家 OFDI 的总体特征

（一）投资的区域分布

中国对"一带一路"沿线国家直接投资的区域分布差异较大。东盟与中国经贸关系密切，是"一带一路"沿线中吸引中国直接投资最多的地区。从投资流量看，2019 年我国企业在"一带一路"沿线对 56 个国家非金融类直接投资 150.4 亿美元，投资流量主要流向新加坡、印度尼西亚、越南、泰国、阿拉伯联合酋长国、老挝、马来西亚、伊拉克、哈萨克斯坦、柬埔寨等国家。2013～2019 年中国对沿线国家累计直接投资 1173.1 亿美元。从投资存量看，截至 2019 年末，位列前十的国家是新加坡、印度尼西亚、俄罗斯联邦、老挝、马来西亚、阿拉伯联合酋长国、哈萨克斯坦、泰国、越南、柬埔寨（见图 8-2）。其中，中国对新加坡投资流量和存量均位居"一带一路"沿线国家首位，分别达到 48.3 亿美元和 526.4 亿美元，分别占中国对"一带一路"沿线国家的 25.8% 和 29.3%。

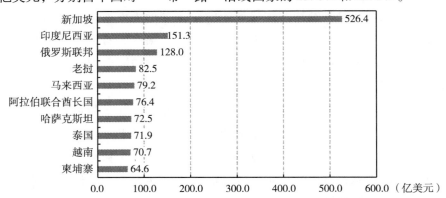

图 8-2 截至 2019 年末中国对"一带一路"沿线国家 OFDI 存量前十位的国家分布

资料来源：中华人民共和国商务部. 中国对外投资合作发展报告（2020）[R]. 北京：中华人民共和国商务部，2020.

（二）投资的行业结构

从行业结构看，中国对"一带一路"沿线国家的投资领域更加多元化，投资分布在多个行业领域，包括制造业、租赁和商务服务业、批发和零售业、建筑业、采矿业、金融业、电力生产和热力供应业、农林牧渔等。从行业构成看，2019 年中国对"一带一路"沿线国家的投资流向制造业的投资为 67.9 亿美元，同比增长 15.5%，占 36.3%；批发和零售业 25.1 亿美元，占 13.4%；建筑业 22.4 亿美元，占 12%；金融业 15.9 亿美元，占 8.5%；科学研究和技术服务业 13.5 亿美元，占 7.2%；电力生产和供应业 13.4 亿美元，占 7.2%。能源占绝对主导地位，金属矿石居次席，不动产、交通分列第三位、第四位，农业、高科技和化学等行业的投资规模相对较小。中国与"一带一路"沿线国家在基础设施领域的合作日益加强。OFDI 资金主要流向租赁和商务服务、批发零售、科学研究和专业技术服务、电力生产和供应等领域的投资增长较快（见图 8 - 3）。

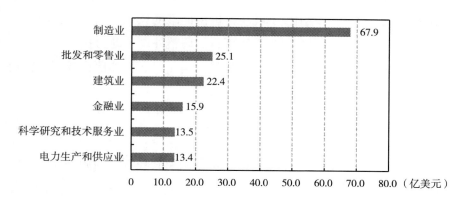

图 8 - 3 截至 2019 年末中国对"一带一路"沿线国家
OFDI 流量的行业分布

资料来源：中华人民共和国商务部. 中国对外投资合作发展报告（2020）［R］. 北京：中华人民共和国商务部，2020.

2020 年，中国对"一带一路"沿线国家的直接投资 177.9 亿美元，资金主要流向租赁和商务服务业的投资 417.9 亿美元，同比增长 17.5%；流向批发和零售业 160.7 亿美元，同比增长 27.8%；对电力生产和供应、科学研究和专业技术服务的投资分别增长 10.3% 和 18.1%①。

二、中国在"一带一路"沿线国家投资风险分析

"一带一路"倡议计划的推进必将为我国企业 OFDI 的发展提供广阔的合作共赢空间,但"一带一路"沿线国家中不少国家是发展中国家,经济体量偏小,经济稳定性较差,经济开放度不够,经济潜力尚待挖掘,加之各国在政治、社会发展等方面存在诸多特殊国情,当中国企业大踏步迈出国门之时,既面临难得的发展机遇,也面临巨大的市场风险。

(一) 宏观经济风险

"一带一路"沿线国家都属于发展中国家,不少国家经济基础薄弱,经济结构单一,经济增长内生动力不足,其资源性经济对国际市场的依赖性很强,容易受到域外经济波动的影响。如俄乌战争的爆发对两国的宏观经济产生严重影响,尤其是西方各国对俄罗斯的制裁,更是严重制约了俄罗斯的宏观经济发展,外国投资者在其国内面临的风险在加大。各国为减轻经济受到的冲击,可能会削减投资项目,调整外国劳动力在本国的就业政策,收紧外籍劳工配额,寻求本地替代,这无疑会增加项目成本、影响工程进度。

(二) 财政税收风险

在债务问题上,由于"一带一路"沿线国家其经济结构调整和经济转型存在很大不确定性,部分国家内部面临政治稳定及经济转型压力,外部面临经济再平衡和资本外逃风险,信用水平表现相对较弱,政府财政赤字较高,债务繁重,偿债能力令人担忧。据中诚信国际的评级结果,部分国家主权信用均在 BBB 级以下,部分国家存在主权信用级别下调风险,有的国家财政赤字高出国际3%的警戒线,外债持续高于外汇储备。在税收缴

---

① 中华人民共和国商务部. 中国对外投资合作发展报告(2020)[R]. 北京:中华人民共和国商务部,2020.

纳上，一些国家在个别领域仍存在税收歧视或不同程度的与其法律法规相矛盾的垄断现象。有些国家虽然与中国签订了避免双重征税的协议和对应的优惠政策，但在实际操作过程中其税务部门为了增加本国税收收入，会在执行中设置重重障碍，如要求中国股东或贷款人提供各种证明文件，且都要进行翻译和公证，往往到了付息日，税务部门以项目公司提供的支持文件不符合要求为由，不给予优惠利息税。

（三）金融市场风险

"一带一路"沿线国家大多金融发展水平偏低，金融市场化程度不均衡，金融市场开放度有限，金融市场动荡的风险较高。受乌克兰与俄罗斯战争的影响，中亚国家货币也出现不同程度的贬值。投资东道方通货膨胀将引发物价和工资上涨，会直接增加项目成本，降低境外投资企业利润；大幅度的汇率变动会使资金汇入前看涨、资金收回时看跌，导致企业遭受损失；且有的国家支付手段单一，贸易结算方式落后，货款拖欠现象普遍，外汇换汇程序复杂，效率低，投资者合法收益常常不能如期如数返还转出，严重影响交易资金周转及经济效益，影响企业正常经营。

（四）政策法规风险

从"一带一路"沿线国家的政策法律及政治稳定来看，不少国家存在着法律不够健全，政治不够稳定，因政党变更而中断境外投资项目的情况时有发生，具体表现在以下几方面。第一，个别国家有关税收、产业等政策法律相对薄弱，法律法规朝令夕改，随意性较强，政策的连续性受未来国内局势的变化存在一定变数，频繁的政策调整或法律法规缺失给双边合作稳定打上问号。第二，有的国家司法机关不相对独立，权力部门腐败现象较为严重，在贸易立法、管理体制、投资环境、金融服务、法律保障、政府管理等方面还存在不透明等诸多不符合市场经济要求和国际惯例的障碍和问题。第三，区域内低水平市场经济使得很多市场行为被政府行为所替代，行政命令式经济给企业投资经营带来不小风险。随着"一带一路"建设步伐推进，不排除当地政府迫于执政压力，在劳工标准、安全环保、招标程序、并购法律、安全审查、投资流程等方面调整政策和司法程序，设置障碍，进行利益盘剥、企业征收或违约叫停建设项目。第四，有的国家经济相对弱势，在投资准入规则和制度选择方面较为保守。一些国家从自身利益出发，通过实行进口产品差别税率，通过"海关审计"高估通关货物价值，通过检验检疫手段提高技术标准和安全检测要求，对服务贸易实行严格的许可证制度等，也会对我国企业和产品设置贸易壁垒，提高投资经营活动准入门槛，我国企业可能面临检测费用上升、关税成本增加、投资所持股份受限等问题和障碍。第五，各国还未对"一带一路"构想完全达成共识，缺少共同认可和普遍遵循的多边经贸合作制度和行动准则，企业可能面临适应不同国家法律及母国与东道方之间双边协定所导致的无所适从，以及遭遇东道方战乱、国有化或法律政策不利影响时，无法得到法律救济和援助的境况。

（五）基础设施风险

受环境制约，有的国家基础设施建设条件复杂、难度大、回本过程长、盈利前景不明朗，而且其收益可能在很长时间内难以弥补运营赤字。中国企业一方面面临投入大、风险大、周期长、收益少的局面；另一方面可能会引起当地民粹势力的警惕与反弹，导致其中一部分工程项目有可能成为"坏账"。各国运输技术标准不统一，跨境运输协调机制不完善，存在铁路过境运输换轨，车辆载重量标准不统一，交通网络衔接度低，国际联运潜力受限等问题。一些国家口岸建设滞后、设施破旧且布局存在缺陷，软件服务水平低，边界管理机关效率低下，加上签证制度严格，过境手续复杂，甚至存在不作为、索贿受贿的现象，通关不畅问题严重，对跨境物流影响消极。

（六）区域协调风险

"一带一路"沿线各国有不同的经济发展状况，各国制度和法律差异很大，发展和开放程度不同，各方利益和诉求千差万别，区域经济一体化发展滞后。各经济体之间缺乏合作的内在动力和有效的协调机制制约了各国间的优势互补，构成区域经济壁垒，为管线建设等跨境合作项目顺利实施带来不确定风险。

三、中国在"一带一路"沿线国家承接大型工程项目的基本情况

（一）承包大型工程项目的规模及行业结构

从总体上来看，中国在"一带一路"国家承担的大型工程项目呈现出稳步扩散的态势。2019年，中国企业在"一带一路"沿线的62个国家新签对外承包工程项目合同6944份，新签合同额1548.9亿美元，同比增长23.1%，占同期中国对外承包工程新签合同额的59.5%；完成营业额979.8亿美元，同比增长9.7%，占同期总额的56.7%。2020年，中国企业在"一带一路"沿线国家新签承包工程合同额1414.6亿美元，完成营业额911.2亿美元，分别占同期总额的55.4%和58.4%[①]。中国在"一带一路"沿线国家承接的大型工程承包项目，主要分布于东盟、西亚和南亚三个地区，中亚、独联体和中东欧的规模相对较低。

中国在"一带一路"沿线国家承担的大型工程承包项目主要集中于交通、能源等基础设施领域。2020年，我国对外承包工程新签项目的八成集中在基础设施领域。我国企业承揽的境外基础设施类工程项目5500多个，累计新签合同额超过2000亿美元，占当年合同总额的80%。其中一般建筑、水利建设类项目新签合同额增长较快，同比分别增长37.9%和17.9%[②]。

（二）承接大型工程项目的国内企业类型

根据商务部发布的2019年对外承包工程新签合同额和完成营业额两个百强企业名单，排名前100位的企业合计新签合同额2296.4亿美元，完成营业额1250.1亿美元，分别占当年全部对外承包工程新签合同额和完成营业额的88.2%和72.3%，充分体现了领军企业的重要地位和作用。商务部统计数据显示，按照截至2019年末对外承包工程业务完成营业额排序，中国建筑集团有限公司、华为技术有限公司和中国港湾工程有限责任公司依

---

①② 中华人民共和国商务部.中国对外投资合作发展报告（2020）［R］.北京：中华人民共和国商务部，2020.

次排在前三位。排位其后的依次是中国水电建设集团国际工程有限公司、中国铁建股份有限公司、中国交通建设股份有限公司、中国路桥工程有限公司、中国葛洲坝集团股份有限公司、中国机械设备股份有限公司和中国土木工程集团有限公司。可见，我国对外承接大型工程项目的国内企业中，大型企业还是国有企业占主体，民营企业只有华为技术有限公司，民营企业在境外承包大型工程项目的能力还有待提升①。

（三）中国在"一带一路"沿线国家大型项目投资遭受的风险损失

中国在"一带一路"沿线国家大型项目投资失败的大型项目数量达30项以上，占中国投资失败的大型项目总数的近1/4②。中国在"一带一路"沿线国家投资失败的大型项目主要分布于西亚和东盟地区，其他地区投资失败项目的规模较小。中国企业在东盟投资失败的项目数量最多，但投资失败的项目金额相对较小。中国企业经历投资失败的东盟国家包括菲律宾、缅甸、越南、新加坡、柬埔寨、泰国、印度尼西亚等国，其中在菲律宾投资失败的次数最多、金额最大。"一带一路"倡议提出以来，受美国重返亚洲、东盟国家内部政局变动和中国南海争端等因素的影响，中国企业在东盟地区的投资受到干扰。

四、中国在"一带一路"沿线国家投资的风险管理

综合前面的分析可以发现，中国在"一带一路"沿线国家的 OFDI 和大型工程承包业务存在较大的地区和行业差异，在"一带一路"沿线国家投资失败的大型项目主要分布于西亚和东盟地区，其他地区投资失败项目的规模较小。中国在"一带一路"沿线国家投资失败的行业主要是能源和金属矿石。"一带一路"国家的投资风险明显高于平均水平。中国在"一带一路"沿线国家投资失败项目的数量份额、价值份额的比例均显著超过其他地区平均的投资份额。对于中国企业而言，"一带一路"沿线地区的

---

①② 中华人民共和国商务部. 中国对外投资合作发展报告（2020）［R］. 北京：中华人民共和国商务部，2020.

投资风险也存在差异性。西亚地区的投资风险最高，南亚地区的投资风险较高，中亚地区的投资风险较低，而中东欧、独联体和东盟等地区的投资风险处于中等水平。为降低中国对"一带一路"国家的投资风险，提高对外投资的回报和效率，提升对外投资的可持续发展水平，建议从以下几方面防范其投资风险。

第一，中国政府应积极与"一带一路"沿线国家修改和签订双边或多边投资协定，在协定条款中，规定东道方政府对境外企业的投资项目不能随意收归国有、随意干预或终止其投资项目。以减少支持中国企业在东道方投资的政治风险。我国刚参与签订并实施的 RCEP 协定的投资条款便做了这样的规定，减少了成员方企业 OFDI 的政治风险。我国政府可进一步与"一带一路"沿线其他国家谈判签订双边或多边投资协定，以保护中国企业到对方国家投资大型项目遭受包括政治风险在内的系统外风险带来的损失。

第二，企业要做好充分的投资风险尤其是政治风险的评估工作。进行大型 OFDI 项目的企业应对投资目标国的政治背景进行充分调研，全面了解东道方政治、经济、法律、文化、民族宗教特点等因素，对局势变化做出及时准确判断。根据每个国家的具体国情，制定资本项目选择、投资配置、资本管理市场化策略，合作实施方案和项目推进规划，预期风险收益，进行权衡比较，筛选出风险相对低的国家进行投资，避免开工后的烂尾工程。

第三，企业要进行投资项目的过程管理，对存在风险较大的业务环节办理投保业务，以减少投资风险发生所产生的损失。到"一带一路"沿线国家进行项目投资的企业要把握对方认同程度及自身能力限度，先易后难，由近及远，逐步推进；目标设定避免过高过急，以免盲目铺摊设点、战线过长、失速脱轨。以创新思维和实际行动，通过深化各领域合作，扩大支持基础，积聚合作正能量。大力推动互联互通建设。发挥政府引导作用，整合创新融资渠道。加快建立跨国油气管道安全稳定运行协调机制，确保油气运输安全。加强与相关国家交通建设规划、技术标准体系对接，促进国际通关、换装、多式联运有机衔接。对于地质条件复杂的山区道路，可通过工程保险转移给保险公司，在项目补充协议中清晰定义不可抗力，做实关键节点，对于可能发生的政治风险，一方面在协议中明确补偿或补救措施，另一方面可办理与政治风险相关的保险，深化产业合作，充分利用东道方的市场条件，投资建设自身具有优势和对方国家急需的产业项目和民生惠生项目，契合各国实现工业化的诉求，进一步实现经济融合，建立利益共同体。

第四，构建中国对外投资目标国家风险评级、预警和管理体系，为境内企业 OFDI 发展降低风险、提高境外投资成功率提供参考。从国家层面来看，应统筹整合全国的信息力量和情报资源，建立统一的科学论证机构，加大对投资国风险研究的力度，对可能面临的市场风险和安全保障需求进行全面评估，对具备一定基础和可行性的重点合作项目搞好前期论证，对重大规划、重大项目进行认真审议。从企业角度来看，应规范企业行为，熟悉国际运作模式，精妙运用国际市场游戏规则。加强对沿线国家法律制度的理解研究，探索并建立针对境外市场的财务税收管理筹划模式。充分考虑货币时间价值和通货膨胀，统筹考虑各种限制因素，围绕每个项目合作提出具体方案，围绕风险管控和环境塑造拿出可行办法。

第五，加强对"一带一路"沿线国家的国别调研和情报信息收集力度，深化境内社会各界对"一带一路"国家的国情认识，加大对"一带一路"沿线国家相关语种人才的培养力度，加强对地方官员和企业人员政策法规综合培训，为企业 OFDI 提供情报、信息、人才支持，鼓励行业协会商会在"一带一路"沿线国家设立分支机构，加强对其投资信息的调研收集工作，为企业 OFDI 风险勘探给予协调保障，为企业提高投资成功率提供指导参考。可考虑在国家有关部门协调下，通过组织民间商会、境外投资者协会等社会组织，抱团取暖，提升与当地政府沟通、与当地社会的谈判能力，综合运用法律、外交、谈判等手段维护捍卫企业利益。

第九章

中国企业OFDI影响因素的实证研究

第一节 模型的设定和变量说明

一、模型的建立

根据邓宁等学者的研究可知，影响一国 OFDI 发展的因素主要涉及包括经济、政策和文化等方面，各种解释变量对企业 OFDI 规模这一被解释变量的影响也各不相同，但在做量化分析时，考虑到数据的可量化计量性、可获取性、时效性等因素，这里仅选择 7 个最具代表性的解释变量，建立如下的计量模型：

$$\ln OFDI = \beta_0 + \beta_1 \ln GDP + \beta_2 \ln EXPORT + \beta_3 \ln IMPORT$$
$$+ \beta_4 \ln (ANTI\text{-}DUMPING) + \beta_5 \ln TRCTURE$$
$$+ \beta_6 \ln (EXCHANGE\text{-}RATE) + \beta_7 \ln GOVERNMENT + u$$

其中，OFDI 为对外直接投资规模，GDP 为年经济规模，EXPORT 为年出口规模，IMPORT 为年进口规模，ANTI-DUMPING 为出口产品平均度遭遇反倾销数量，STRCTURE 为民营经济占国民经济的比重，EXCHANGE-RATE 为美元对人民币的汇率，GOVERNMENT 为政府对对外直接投资的支持力度，β_i（$i=1$，2，…，7）回归系数测量 OFDI 对各相关变量的弹性，u 为随机误差项。

二、数据的选择

考虑到数据的时效性、完整性和可获取性，本书选取 2009～2019 年影响我国企业 OFDI 规模因素的主要指标（见表 9-1）。其中：

Y 因变量：我国 OFDI 总额（亿美元），数据来源：商务部统计数据；

自变量：X_1：我国的 GDP 总量（亿元），数据来源：《中国统计年鉴》；

X_2：我国出口总额（亿美元），数据来源：商务部统计数据；

X_3：我国进口总额（亿美元），数据来源：商务部统计数据；

X_4：中国出口遭遇反倾销调查立案数量（件），数据来源：贸易救济信息网、商务部统计数据；

X_5：我国民营企业固定资产投资占全社会固定资产投资比重（%），数据来源：《中国统计年鉴》；

X_6：人民币对美元汇率，数据来源：外汇管理局统计数据；

X_7：政策对对外直接投资的支持力度，数据来源：相关文献资料。

表 9-1　　　　　　　　影响我国对外直接投资的因素指标

年份	Y	X_1	X_2	X_3	X_4	X_5	X_6	X_7
2009	478.00	348517.70	12016.10	10059.20	78	62.07	683.10	1.30
2010	601.80	412119.30	15777.50	13962.40	44	63.86	676.95	1.40
2011	600.70	487940.20	18983.80	17434.80	49	67.51	645.88	1.40
2012	772.20	538580.00	20487.10	18184.10	62	68.76	631.25	1.60
2013	901.70	592963.20	22090.00	19499.90	74	70.42	619.32	1.60
2014	1028.90	641280.60	23422.90	19592.30	62	71.10	614.28	1.60
2015	1180.20	685992.90	22734.70	16795.60	72	71.11	622.84	1.60
2016	1701.10	740060.80	20976.31	15879.26	95	74.42	664.23	1.60
2017	1200.80	820754.30	22635.22	18409.82	56	74.43	675.18	1.60
2018	1430.40	900309.00	14420.00	14090.00	57	61.99	661.74	1.60
2019	1369.10	990865.00	17230.00	14310.00	57	56.42	689.85	1.60

第二节　实证结果与分析

一、模型估计结果的分析

本书使用 Stata 统计软件对模型进行数据分析，为消除异方差的影响，首先对各指标取对数，再进行多元回归分析，分析结果如表 9 – 2、表 9 – 3 所示。

表 9 – 2　　　　　　　　　　　　回归统计

项目	数值
线性回归系数	0.990431
R^2	0.959166
Adjusted	0.863887
标准误差	0.151427
P（F-statistic）	0.042140
观测值	11

表 9 – 3　　　　　　　　　　回归系数显著性检验

变量	Coefficient	标准误差	t Stat	P-value
C	– 5.769076	17.64962	– 0.326867	0.7650
$\ln X_1$	0.990430	0.420989	2.352629	0.1001
$\ln X_2$	0.152789	0.793486	0.192554	0.8596
$\ln X_3$	– 0.829207	1.082338	– 0.766126	0.4994
$\ln X_4$	– 0.120172	0.391087	– 0.307277	0.7787
$\ln X_5$	1.248042	1.149214	1.085996	0.3569
$\ln X_6$	0.076701	2.311800	– 0.033178	0.9756
$\ln X_7$	1.602415	2.138698	0.749248	0.5081

从回归的统计结果看，调整后的 $R^2 = 0.959166$，拟合优度较高，说明

回归方程拟合得很好。此外，回归方程的 F 统计量的概率 Prob（F-statistic）＝0.042140＜0.05，故在95%的置信水平下认为模型总体是显著的，这些变量可用来解释我国企业 OFDI 各个自变量影响而产生的变动情况。

第一，我国的 GDP 总量 OFDI 的影响方向为正。如表 9－3 所示，我国 GDP 总量每增长 1%，我国企业对外直接投资额平均增长约 1%。这说明近些年来我国经济发展总量保持持续增长的态势，大大促进了我国企业 OFDI 的发展规模。这也说明了一个国家经济发展程度越高，其企业跨国发展的规模和数量越高。

第二，我国的年出口规模对 OFDI 影响方向为正。如表 9－3 所示，我国出口总额每增长 1%，我国企业的 OFDI 总额平均增长约 0.15%。这说明我国作为世界位居第一的商品贸易大国，也进一步推动了我国企业 OFDI 的发展。从理论上讲，一国的对外贸易出口与对外投资也是相互影响、相互促进的。

第三，我国的年进口规模对 OFDI 影响方向为负。如表 9－3 所示，我国进口总额每增长 1%，我国企业 OFDI 总额平均下降 0.829%。这说明进口贸易会对一国企业的 OFDI 产生一定的限制作用，但影响程度在 1% 以下，可见进口贸易对企业境外投资影响较小。因此，当前我国通过进口博览会、跨境电商平台等渠道适度进口一些境外商品对我国企业 OFDI 的发展不会带来大的冲击。

第四，我国出口遭遇反倾销调查立案的数量对 OFDI 影响方向为负，如表 9－3 所示，出口产品年度遭遇反倾销数量每增长 1%，我国对外直接投资额平均下降 0.12%，这说明美国、印度等一些国家对我国的反倾销措施在一定程度上会对企业 OFDI 的发展产生不利影响。随着我国加入一些多边贸易组织，企业和政府也在 WTO 等多边协议的法律框架下积极应对一些国家的反倾销措施，将会进一步为我国企业 OFDI 的发展创造更有利的条件。

第五，我国的民营经济占整个国民经济的比重对 OFDI 影响为正，弹性系数很大。如表 9－3 所示，民营企业固定资产投资占全社会固定资产投资比重每增长 1%，我国企业 OFDI 总额平均增长 1.248%。这说明我国民营经济的发展对我国企业 OFDI 规模的扩大做出了很大的贡献，民营企业正逐渐成为我国对外投资的主力军。由于民营企业的投资及其运营决策受到的行政约束相对较小，对市场的反应更灵敏，因此在一些非庞大的投资项目上，民营企业具有相对优势。因此，下一步我国应进一步扶持和支持民营企业"走出去"。

第六，近几年人民币汇率对 OFDI 影响不大。如表 9 - 3 所示，人民币兑美元汇率每增长 1%，我国 OFDI 总额略微下降 0.07%，这说明近几年人民币在一定范围内的浮动对我国对外投资规模的影响不大。而政府的支持以及境外市场的有利生产要素对中国企业的吸引力更大。当然，若人民币汇率升值并且人民币国际化程度进一步提高也是有利于中国企业 OFDI 发展的。

第七，我国政府的支持力度对 OFDI 影响为正，弹性较大。如表 9 - 3 所示，我国政府对企业 OFDI 的支持力度每增长 1%，我国企业 OFDI 总额平均增长 1.6%。这说明我国政府的政策支持对于企业 OFDI 的发展具有一定的促进作用，因为如果政府为投资主体创造良好的投资环境，给予企业 OFDI 提供信息服务、业务指导帮扶等各方面的支持，甚至提供投资外汇资金的额度及信贷支持，如成立亚投行、丝路基金等，无疑会大大促进企业 OFDI 的发展。

二、结论与对策建议

本书运用最小二乘法，选取了我国 2009～2019 年的相关经济指标，对影响我国企业 OFDI 的因素进行了实证分析，并通过假设检验证明了经济规模、贸易进出口额、经济结构、政府政策、本币汇率水平以及所遭受的反倾销调查均会对我国企业 OFDI 的规模产生直接影响，且从总体来看影响是显著的，其中经济规模和经济结构的影响最大，其次是出口规模、政策支持力度和人民币汇率，反倾销数量对我国企业 OFDI 的影响最小。随着 RCEP 的签订实施、中欧投资协定的谈判结束，我国企业 OFDI 的外部环境会进一步改善，但也具有一定的风险与挑战。为了更好地促进我国企业 OFDI 的发展，现在实证研究的基础上提出以下政策建议。

第一，当前坚持双循环战略，推动两种资源、两个生产、两个链条、两个市场的新战略布局。因为 2008 年全球金融危机爆发，国际大循环模式的弊端暴露出来，美国出现了过度消费、过度负债的问题，制造业空心化加剧了美国国内的阶级矛盾，加剧了 99% 与 1% 的对立。2008 年以来全球化发生了重大的转折，由全球化扩张阶段，进入了逆全球化的全球化收缩阶段。同时，欧美国家试图对全球分工做出调整，以重构制造业的全球价值链，美国提出了"再工业化"推动制造业"两个转移"——高端制造业回流美国，中低端制造业向东南亚转移。同时，随着中国科技实力增强，产业向中高端迈进，与美国为首的西方世界产生了深刻的竞争关系。美欧近年发布的报告，都将中国作为 5G、人工智能等关键技术的主要竞争对手，这也是美国挑起与中国经贸摩擦的重要背景。

同时，新冠疫情造成了全球环境更大的不确定性，疫情加速了百年未有之大变局，新旧世界秩序裂变时期已经到来。在国际秩序新平衡达到之前，外部世界不确定性会非常强，美国对中国的打压进一步升级。疫情期间全球的经济运行都不正常，造成外需的进一步萎缩，全球供应链也不稳定。在此背景下，推出双循环制，积极保障我国经济安全，主动谋划新增长空间，培育新的国内经济增长点。上述实证结果表明，我国 GDP 总量每增长 1%，我国对外直接投资额平均增长 9.99%，这表明对外直接投资的发展依赖本国经济体量的扩大。我国应不断扩大市场规模，提升经济发展质量，支持企业竞争水平的提高，培育新的技术优势、规模优势、成本优势，打造新的对外投资增长点。同时通过 RCEP 的优化政策，实施"一带一路"建设等，继续鼓励中国企业走出去，布局国内国际两个生产、两个市场。

第二，继续支持民营企业的发展，支撑民营企业适时"走出去"。上述实证结果表明，民营企业固定资产投资占全社会固定资产投资的比重每增长 1%，我国企业 OFDI 总额平均增长 1.248%，这表明在经济利益的推动下，民营企业是我国企业 OFDI 的主力军。改革开放以来，民营企业外贸出口份额占 48%，对外投资份额占 49%，贡献越来越大。因此继续支持有实力、有信誉的民营企业"走出去"，为民营企业在全球范围内配置要素资源创造有利条件。为民营企业 OFDI 搭建平台，鼓励民营企业联手开拓国际市场。健全完善对外投资合作机制，帮助民营企业防控风险，坚定维护民营企业境外合法权益。

　　第三，继续坚持以外贸促投资，以投资促外贸的发展理念。上述实证结果表明，我国出口总额每增长1%，我国企业OFDI总额平均增长0.15%，这表明通过出口贸易可以积累外汇资金、了解境外市场的投资信息、寻找境外的合作者等，能够为企业对外直接投资奠定良好的基础。因此，对于一些没有境外投资经验的中国企业来讲，可以先发展对外贸易，为接下来的国际投资打下资金、市场和信息基础。

　　第四，加强政府引导和支持，建立完善对外直接投资政策体系。实证结果表明，政府对企业OFDI的支持力度每增长1%，我国对外直接投资额平均增长1.6%，这表明政府的引导对我国企业OFDI起着重要作用。因此，在对外直接投资过程中，政府要进一步正确引导企业，完善融资税收等咨询服务，完善审批制度，降低行政成本，并逐渐完善境外投资保障体系。

　　第五，进一步扩大人民币国际影响力，推进人民币国际化进程。虽然实证结果表明，近几年人民币对美元的汇率波动对我国OFDI的流量规模没有产生很大影响，这可能与我国OFDI的企业拥有一定的外汇资金、境外市场有对企业生产经营有利的生产要素、企业在境外投资可以获得较好的投资回报，以及政府的政策有关。因此，从长远来讲，要想为企业创造更好的境外投资条件，利用人民币作为强势货币的优势加快投资，扩大人民币结算试点单位，加快实现人民币国际化进程是必然的举措。金融危机后，世界经济格局发生变化，新兴经济体的政治经济地位快速上升，这是形成新的世界货币格局的有力保证。亚洲地区一直以来缺少核心的区域货币，金融危机的爆发促进亚洲区域货币的产生，随着RCEP的实施，这是人民币国际化的战略时间窗口，借此应加快推进人民币国际化进程。

第十章

中国企业OFDI的发展策略与路径

第一节　中国企业 OFDI 面临的新机遇

一、"一带一路"倡议为提升我国的全球价值链地位创造重大机遇

全球价值链是全球最为重要的产业分工合作方式，参与方的利益分配取决于各自的参与程度和所处环节。我国虽然是全球第一制造业和货物贸易大国，但由于产业技术和出口附加值水平偏低等因素影响，在全球价值链中尚处于中低端位置，获取的增加值相对有限。全面提升全球价值链参与水平是中国经济转型升级的一项长期任务。

我国经济正在进入增速换挡、结构优化和动力转换的关键时期。在全球价值链上的新目标，就是要从原来附加价值和技术含量低的位置向高附加价值和技术含量高的位置移动，以形成新的增长动力、促进经济结构优化升级，来实现由要素投入型增长驱动向创新驱动型增长的转变。全面提升我国全球价值链参与水平，是实现上述目标的迫切需要。国际经验表明，提升全球价值链参与水平需要"双管齐下"。一是通过学习和技术创新，在生产工艺、功能、产品等方面向更高附加价值的环节提升，如从低端加工制造环节向核心零部件制造和研发环节转移，或通过产业升级实现从低端的价值链条向高端价值链条跃升。二是通过面向后发经济体的跨境产业延伸和布局调整，在更大空间范围内配置资源，运用自身掌握的品牌、关键技术、销售渠道等核心资源，构建新的全球价值链，为国内结构调整腾出空间的同时，占据区域价值链运营管理的主导权，依托区域生产网络提升自身在全球价值链中的地位。20 世纪 70 年代，日本在加强国内技术创新和产业升级的同时，推动大规模海外投资，强化了与东亚发展中经济体之间的贸易投资关系，利用所谓"雁行模式"的东亚价值链实现了自身全球地位的提升。自 20 世纪 90 年代以来，韩国借助面向发展中国家投资形成的全球生产网络，也在提升其全球价值链参与水平方面取得了积极进展。

随着我国加快经济发展方式转变，创新驱动将成为新常态的主要特征之一。在此基础上，如何实现产业布局调整、构建新的区域生产网络，事关提升全球价值链参与水平的战略大局，"一带一路"区域合作将为其提供重大机遇。

首先，我国在"一带一路"沿线具有相对较强的价值链领先优势。我国目前处于工业化后期阶段，与仍处于工业化初期、中期阶段的沿线多数国家相比，具有较为成熟的产业体系和较强价值链获益能力。如根据贸易增加值核算结果，我国对东盟、印度单位出口的国内增加值含量分别达到 661 美元和 695 美元，高于平均水平。通过加强区域合作和面向沿线地区的投资布局，可占据区域生产网络的高端环节，并利用市场、技术、资金等优势，构建由我国掌握核心环节的价值链，依托区域生产网络提升我国全球价值链参与水平。

其次，"一带一路"区域合作将促进国内生产制造向价值链高端环节移动。通过对沿线投资，转移部分国内已经或即将失去比较优势的产业环节，在土地、资源和人才等要素稀缺及成本上升的背景下可为发展高端产业腾出空间。企业集中于高端制造和服务环节的投资、研发，将有效促进国内产业结构升级。另外，海外投资和基础设施建设将有效带动国内设备、零部件需求增长，尤其是拉动金融、电信、物流、研发等生产性服务国内需求和出口持续扩张，提升国内商品附加值水平。

再次，"一带一路"区域合作有助于推动人民币国际化和金融业开放创新。金融服务是全球价值链上的高端环节，"一带一路"建设将扩大人民币的使用范围，加快人民币国际化进程。同时，亚投行（AIIB）、丝路基金，以及其他金融机构将为"一带一路"建设提供各类政策性和商业性金融服务，我国金融国际化服务能力和竞争力将因此得到提高。

最后，"一带一路"区域合作将为我国贸易投资提供持续增长动力。"一带一路"沿线区域是我国重要的贸易和投资伙伴，近 10 年来相互贸易增长对我国全部贸易增长的贡献率保持在 25% 以上，区域合作的持续扩大和加强，将为我国对外贸易、投资和工程承包带来新的增长动力，对继续提高我国的国际市场份额产生积极影响。

二、RCEP 为中国企业 OFDI 创造机遇

在国际投资领域，RCEP 也为中国企业进入 RCEP 协定其他 14 个成员方市场投资提供了便利条件。虽然重在贸易，重在减免成员方商品贸易的关税，但是 RCEP 也有关于成员方投资的相关条款。成员方对部分投资领域采取了负面清单的方式，提高了政策的透明度，减少了投资壁垒，这将有利于我国企业在该区域内进行产业链布局和投资，促进我国企业对亚太地区的投资。

RCEP 区域有大量的发展中国家，企业竞争力存在明显差异，无论是国际化能力、管理水平还是融资能力，与大型企业相比都有所不足。在 RCEP 协定的保障下，大量的中小企业可以在协定的支持下获得国际化的能力提升，在受到贸易损害时得以寻求更好的保护。第一，中国的劳动密集型企业可在越南等劳动力成本较低的国家办厂，把相关基础产品出口到其他国家，或在当地进行成品生产，将中企的技术优势和当地特色进行结合，充分利用 RCEP 内其他成员方的资源、劳动力、技术优势，在服装、纺织产业链上实现合作共赢。第二，中国的技术密集型、知识密集型企业可以与日

本、韩国、澳大利亚、新加坡等发达国家合作，获取技术与知识生产资源。我国在信息和通信产业上的核心产品如芯片、半导体、核心元器件等则相对薄弱，比较依赖于进口。近年来，在中美贸易摩擦和美国对中国的技术和高科技产品的出口限制背景下，中国相关行业的企业发展压力加大。而中国作为全球最大的半导体芯片消费市场，半导体芯片消费量占全球总消费量的33.1%①。相关企业可以充分利用RECP机制从日本、韩国等国家获取存储芯片、核心被动元件等元器件，通过加强中日韩之间合作，缓解我国芯片在供应链和研发上的压力。另外中国也可以与澳大利亚在农业、环保领域合作，与新加坡在金融领域合作，取得技术知识等优势的生产要素。

三、中欧 CAI 将为中国企业 OFDI 创造机遇

在国际投资领域，中欧投资协定的签署为中国企业进入欧洲市场提供了更便利的条件。欧盟方面在《服务贸易总协定》（GATS）中，对开发服务行业（敏感领域如能源、农业、渔业、视听、公共服务等领域除外）作出承诺的基础上，对华进一步开放制造业、再生能源等投资，意味着我国企业对欧洲具备长期优势的高端制造业领域进行直接投资的难度将有所下降。中欧作为两个庞大的经济体，两个市场的产业发展都较为齐全，但也存在着一定的互补性，双方在生产要素方面各自都有一定的优势。因此，中欧投资协定的签署和生效可以进一步促进中国企业进入欧洲地区进行投资活动。在此背景下，能够深入研究中欧投资协定的内容和运行机制，能够研究签约协定的欧洲26国产业发展的中方企业就可以抓住机遇，获得欧洲国家的优势资源和市场机会。

近年来中国对欧盟投资规模相对并不大。2019 年，中国对欧盟 OFDI 投资总额为 106.99 亿美元，占中国对外投资总规模的 7.8%，尽管近年来总体呈现向好态势，但仍不及对中国香港地区（占对外投资总规模66.1%）、东盟（占对外投资总规模9.5%）投资势头迅猛。从中国对欧盟投资的存量行业结构来看，制造业（32.8%）占比接近 1/3，已经是对欧

---

① 张海粟. RECP 助力中企在区域内更好布局. 中国贸易报［N］. 2020 - 12 - 17（3）.

投资占比最大的领域，但实际上相对于我国企业对欧洲先进制造企业突出的投资意愿而言，这一比例仍有很大的提升空间；紧随其后的是采矿业（18.5%）、金融业（15.1%）、租赁和商务服务业（10.2%），以及批发和零售业（5.1%）等①。基于现有公开信息来看，在欧洲具有传统长期优势的上述三大高端制造业领域，我们可以期待中国企业通过 OFDI 对欧盟投资的方式，与欧洲企业形成更好的技术进步方面的协同效应。同时，欧盟也承诺开放批发零售业领域和能源产业领域，这也将进一步提升我国批发零售业企业，包括我国较具优势的电子商务批发零售企业在欧洲的投资额。

中欧 CAI 将创造中欧投资合作新空间。中欧 CAI 是全球最大发展中经济体和全球最主要发达经济体之间达成的一项全面、平衡、高水平的投资协定，对于深化中欧双方的经贸合作深化都具有重要影响。当前中国是欧盟第一大贸易伙伴，欧盟是仅次于东盟的我国第二大贸易伙伴，欧盟是中国第三大投资来源地和第三大投资目的地。中欧投资协定不仅给全球深化投资合作注入信心，而且有助于推动中欧贸易投资规模扩张，促进消费投资增长，拉动国内及国际双循环，有助于拓展中欧合作共赢新格局。中欧 CAI 也将为中欧产业链、供应链的稳定发展拓展新空间。疫情全球性扩散充分暴露了当前经济全球化中的产品内分工体系的脆弱，也引发了一些国家的产业整合兼并重组。主要包括产业链优势企业向上下游延伸，化学品、汽车等行业龙头企业整合下游产业链资源，集成电路、军工、能源等行业的突破性创新，以及财务良好、经营稳健、战略清晰的企业集群化、智能化转型升级。中欧产业具有很强的互补性，中欧投资协定有助于应对产业链、供应链的外部冲击。欧盟属于发达经济体，拥有世界先进的技术水平，处于产业链的高端，中国处于产业链中低端，中欧投资协定有助于提供中欧间相互投资公平、透明、可预见的营商环境，强化中欧双向投资合作，双方都将从协定提供的更好投资保障、更多投资机会中收获实实在在的利益。

---

① 中华人民共和国商务部. 中国对外投资合作发展报告（2020）［R］. 北京：中华人民共和国商务部，2020.

虽然中欧投资协定的签署为中国企业进入欧洲市场提供了更便利的条件，但是欧洲市场对技术标准要求更高，中方企业进入欧洲地区投资，在员工管理、环保技术标准等企业管理方面，会面临更多的矛盾、斗争与压力。欧盟中国商会联合罗兰贝格咨询公司于 2021 年 10 月在布鲁塞尔发布《深化互利合作、共塑中欧未来——2021 年中国企业在欧盟发展报告》指出，截至 2020 年末，中国在欧盟共设立直接投资企业近 2800 家，覆盖欧盟 27 个成员方，雇用外方员工近 25 万人。2021 年，中国企业对欧盟营商环境总体评分为 68 分，呈持续下降趋势。导致下降的主要原因是欧盟政治和商务环境显著恶化，但欧盟在科研环境、经济和产业环境、配套基础设施和人才储备等方面对中企仍有较高吸引力。因此，总体上中国企业依然对在欧发展前景抱有信心，约 44% 的受访企业有意扩大对欧投资[①]。总之，中欧 CAI 的谈判结束及将来的签订运行实施，在一定程度上对中国企业投资欧洲市场会产生一定的积极意义，促进中国企业对欧洲市场投资的增加，但并非意味着欧洲市场对所有的中国企业敞开大门，中方企业进入欧洲地区投资，还需要面临具体行业、标准的审查等问题，还需要加深对欧洲投资政策条件的研究。

第二节　中国企业 OFDI 的价值链延伸与攀升策略

当前全球价值链格局正在重塑，发达国家为了继续控制全球价值链，接连制定了种种贸易和投资的限制性门槛和规则，在多种不利因素的冲击下，我国企业继续保持原有的价值链地位的发展模式，将很难进一步提高我国产业的国际竞争力和在全球治理体系中的主动权。因此，我国应探寻新的应对国际规则和价值链布局的方法，实现中国企业 OFDI 的价值链延伸与攀升，打造我国企业主导的全球价值链网络体系，取得全球治理体系中的主动权。

---

① 资料来源：《深化互利合作、共塑中欧未来——2021 年中国企业在欧盟发展报告》。

一、中国企业 OFDI 的价值链延伸与攀升的意义

（一）中国企业 OFDI 的价值链延伸与攀升是中国产业发展的必然选择

改革开放以来，中国的制造业已经有了很大进步，尤其是在制造业的终端生产环节获得了充分的发展，有向上游发展的内在动力。由于中国已经广泛地参与到跨国生产网络当中，中国不具有优势的上游生产活动往往在国外，为了寻求供应方的稳定，避免外部冲击对供应链和整个生产活动的影响，也为了在整个生产链中获得更大的增加值，中国企业具有向国外零部件、能源、资源甚至研发等上游价值增值活动进行投资的战略需求。这类投资也是目前中国对外直接投资中最主要的组成部分。其次，中国的制造业和出口企业在很大程度上是依靠贴牌生产、依靠香港等地贸易中间商的订单而发展起来的，并没有自己掌握外部市场的销售渠道和营销服务网络。这种对外部市场高度依赖却又不能掌握对外销售的模式，不仅不利于企业在对外销售中获得更大的利益，而且还增加了进一步投资和扩大生产的风险。也就是说，这种模式增加了出口企业在国内投资的风险，降低了投资收益。随着出口企业的发展壮大和投资规模的扩大，这些企业对进一步投资的风险控制和收益要求越来越高，因而也逐渐有了通过 OFDI 建立自己掌握的销售渠道和营销服务网络的需求。这类投资也是目前中国 OFDI 的主要组成部分之一。

另外，国内生产成本上升也使企业逐步有了对外转移生产能力和寻求技术升级的需求。中国经济长期高速增长，使人民生活水平得到大幅度提高，农村剩余劳动力逐渐减少，"刘易斯转折"时期加速到来，因而中国的劳动工资开始大幅度上升，很多劳动密集型生产活动在中国已经不具有成本优势，这些企业也已经开始具有向外转移生产能力和寻求技术升级的需求。通过 OFDI 的价值链延伸与攀升可以使中国借机获得长期增长的动力，改变目前这种低附加值的发展模式，促进国内产业结构的升级。资源、技术和人力资本对中国未来的长期增长是至关重要的，而且是制约中国经济未来发展和产业结构升级的最重要的要素。通过 OFDI 的价值链延

伸也可以使中国利用较为有利的条件获得国外的自然资源、技术以及人力资本，反过来进一步促进中国产业的发展。

（二）中国企业 OFDI 的价值链延伸与攀升是中国参与国际分工和全球治理的需要

在全球价值链重构中，我国企业面对全球型公司的激烈竞争，只有建立自己的全球型公司，并顺应全球型公司发展要求变革经营理念，调整公司治理结构，充分利用全球的技术、资本、市场、人才、信息、营销渠道、先进管理经验等优质资源，才能赢得国际竞争。改革开放以来，我国主要依靠低成本优势参与国际分工，逐步嵌入全球制造业价值链的加工环节，推动了工业化进程，并成长为世界制造中心。但由于出口产品科技含量和附加值较低，我国企业大多处于全球价值链低端。如今，我国总体经济实力增强，一批大型企业集团进入世界 500 强行列，具备了所有权优势、内部化优势和区位优势，一些行业具备国际优势产能。同时，中国企业过去的快速发展已经积累起了大量的资本。外汇储备比较充分，国家外汇储备规模庞大，有能力扩大对外投资。同时一些发展中国家为了刺激经济复苏，均在加大基础设施投资力度，因而国外的基础设施投资机会也迅速增加，中国在基础设施投资和建设领域是具有较强的国际竞争力的。在对外投资中，创新能力和在全球价值链分工中的升级能够为中国企业提升国际影响力、赢得国际话语权提供有力支撑。中国企业近年在全球分工中价值链的攀升和国际话语权的提升，很大程度上依赖于我国企业对技术创新力的重视和良好的政策环境。

二、中国企业 OFDI 的价值链延伸与攀升策略

（一）中国企业在全球价值链中的地位

近年来我国制造业快速发展，生产能力快速扩张、产业规模不断扩大，制造业的产量、增加值、产品进出口总值等多项指标陆续赶超发达国家，全球制造业竞争力指数排名多年稳居世界第一。但是，我国制造业与发达国家相比还存在着不小的差距。从产业链看，我国制造业的规模虽已

跃居世界第一，拥有世界上最为完整的工业体系，成为全球产业链、价值链的重要参与者，部分产业走向了全球产业链攀升的阶段，如我国的阿里巴巴、京东等互联网企业也逐步达到数字贸易的交易平台，实现了向全球价值链高位攀升的目标，在高铁等轨道交通装备的设计和建造领域我国也拥有中国自主知识产权，能够在全球产业链、价值链中参与高端设计建造的分工环节。然而，总体来看，中国制造业大而不强的特征明显，自主创新能力相对较弱，资源消耗大，低端产能过剩，高端供给明显不足，部分产业仍处于全球制造业链条的中低端。我国部分制造企业自主品牌少，自主品牌的技术含量不高，即便在高技术领域，也有不少企业主要以低技术产品的加工制造方式参与全球产业链分工，自身的研发设计能力有限，营销渠道和品牌建设都较为滞后。

从全球价值链的布局情况看，我国制造业整体产出效率也与发达国家存在差距。当前，我国制造业增加值率为 21% 左右，而发达国家为 35%～40%；我国人均制造业增加值只有 3000 多美元，居全球第 54 位，仅为发达国家水平的 1/3。从投入产出看，2021 年我国制造业固定资产投资占 GDP 比重为 30.7%，与制造业增加值占 GDP 的比重（39%）相当，而美国制造业投资占 GDP 的比重仅 2.9%，创造的增加值占 GDP 的比重达到 12%。我国的制造业固定资产的产出投入比仅达到美国的 30.7% 左右，制造业所处的价值链水平并不算高①。

从原因上分析，分析决定一项产业所处的价值链地位的标准在于三个方面：第一，要看产业内的代表性企业是否掌握自主知识产权和关键核心技术；第二，要看产业内的代表性企业是否占据中高附加值环节；第三，要看产业内的代表性企业是否拥有高质量和自主品牌产品。从这三个方面衡量，我国制造业迈向中高端仍然面临诸多不足和短板。第一，产业创新能力不够强。产业迈向价值链中高端的关键是创新能力。近年来，我国的产业技术有了一定的进步，2018 年，我国专利申请企业较上年新增 6 万家，对国内发明专利申请增长的贡献率达到 73.2%。企业在国内发明专利

---

① 资料来源：国家发展和改革委员会中国宏观经济研究院。

申请中所占比重为 64.3%，较上年提高 1.1 个百分点①，但是，有部分发明专利并未在产业中投入使用，科研成果转化率不够高，导致我国产品的创新性不强。第二，缺乏关键核心技术。在一些高新技术领域，我国制造企业的核心部件和高端精密设备严重依赖进口，尽管近年来我国非常重视关键核心技术的研发，但与美国等发达国家相比，我国企业研发并掌握所有权的关键核心技术并不多。第三，高技能人才短缺比较严重。产业迈向中高端的核心是人才，如在集成电路领域，尽管我国工程专业大学毕业生每年近 50 万人，但国内芯片设计企业仍不得不从海外大量聘用专业技术人才。所以，产业技术的资源条件以及产业技术的转化程度在一定程度上限制着我国企业在全球产业链、价值链中的地位。

（二）中国企业 OFDI 的价值链延伸与攀升策略

1. 中国企业实施 OFDI 的价值链延伸与攀升策略建议

我国区域发展不平衡，劳动力素质参差不齐，推动我国产业迈向中高端，促进我国 OFDI 企业在全球价值链中的地位，既要立足国情，与我国科技水平和劳动力素质相匹配，也要借鉴国际经验，遵循产业演变的一般规律，具体来说，中国企业 OFDI 的价值链延伸与攀升可以采取以下策略。

第一，推动我国制造业向价值链微笑曲线两端延伸，进入研发设计、供应链管理、营销服务等高附加值环节（见图 10-1）。按照建设创新型国家的要求，鼓励我国企业抢抓新一轮人工智能、大数据、云计算等科技革命和产业变革带来的机遇，以科技资源密集的城市为核心，以国家自主创新示范区和高新技术开发区为主平台，深化体制机制改革，最大限度激发各方创新积极性，实现从"中国制造"向"中国创造"跨越。同时，依托广交会、义乌商品交易会等国际性展会品牌，以及阿里巴巴国际站、速卖通、京东等知名电商平台，构建以我国为主的全球商品供应链分工格局，实现从销售"中国产品"向"中国品牌"转换，促进生产性服务业的数字化发展，提高中国生产性服务业在我国 OFDI 中的规模和数量。

---

① 资料来源：国家知识产权局官网。

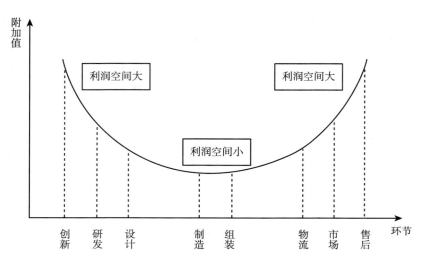

图 10 - 1   价值链微笑曲线

资料来源：Durand，C. and Milberg，w.，Intellectual monopoly in global value chain ［J］. Review of International Political Economy，2020，27（2）：404 - 429.

第二，大力推动我国制造业向智能制造、精细制造和绿色制造方向发展，加快掌握核心设备和关键零部件制造技术。抓住新工业革命带来的战略机遇，以智能制造为突破口，引领中国制造向全球价值链高端攀升。智能制造是中国制造 2025 的主攻方向，要充分利用新一代人工智能、大数据、云计算等技术带来的发展机遇，加快推动工业化与智能化相融合，大力发展智能制造，培育制造业竞争新优势。

首先，要推进智能制造关键装备与核心技术软件的自主研发与产业化，提高我国企业对产业链、价值链核心环节的掌控力。政府应加大对智能制造的软、硬件基础研究的政策等方面的支持力度，突破制约智能制造发展的关键核心技术；推动官、产、学、研、用，合作和组建产业创新联盟，加快推进工业软件特别是智能制造操作系统的开发以及推广应用；推进中国智能制造标准的制定，研发具有自主知识产权的工业机器人、智能传感与控制装备等关键技术装备，全面提升智能制造的产业化水平。

其次，要鼓励创新商业模式，打通数字化价值网络。智能制造所带来的以消费者为中心、"需求定制 + 大数据营销 + 参与制造"的"产品 + 服务"新生产模式和商业模式，要求企业从封闭的价值链转向开放的价值网络。鼓励我国企业尤其是对于从事 OFDI 投资的企业，打造从内到外的数字化管理体系。完善企业内部价值链管理，增强企业智能化管理能力，提高数据附加价值。针对智能制造高度柔性的生产模式对管理复杂度的新要求，引导企业从产品概念设计、原型开发、资源管理、订单管理、生产计划获取和执行，到物流管理、能源管理再到营销售后，按照产品附加值的新型创造方式进行整合，建立高效的智能化运营系统。要鼓励企业建立平台生态圈，通过服务生态化、系统化和产品智能化，实现新的价值增值机会。

再次，要围绕提高资源利用效率和提升清洁生产水平，构建高效、清洁、低碳、循环的绿色制造体系，推动绿色产品、绿色工厂、绿色园区和绿色供应链全面发展，大幅降低能耗、物耗和水耗，大幅减少污染物排放。构建发展绿色制造体系，既是推进生态文明建设、实现我国制造业高质量发展的主要内容之一，也是实现碳达峰、碳中和目标的重要支撑和推动力。实现碳达峰、碳中和目标为产业设定了清晰明确的方向，即必须有效降低碳排放强度、减少化石能源使用、提高能源效率。"双碳"目标要求钢铁、水泥、石化、有色等高碳排放产业改造装备、提升技术水平，推动电池、风电、光电、氢能、电网传输、智能电网、储能等能源技术的开发与应用，形成绿色经济增长新引擎，推动产业低碳化、绿色化发展。同时，能源结构、产业结构、交通结构等将面临深刻的低碳转型。只有建立低碳化的绿色制造体系，才能使我国企业在境外进行直接投资时免受东道方环境安全要求的限制，进一步实施绿色制造体系的技术研发型投资，向绿色产业链、全球价值链高端攀升，取得长期的投资效益。

最后，培育智能制造的自主品牌和骨干企业，拓展全球市场。以智能制造试点示范专项行动为契机，集中资源重点培育一批自主创新能力强、主业突出、产品市场前景好、对产业带动作用大的大型骨干企业。鼓励企业充分利用"一带一路"倡议计划、RCEP 协定及中欧 CAI 创造的有利条件，抓住机遇，积极"走出去"进行 OFDI。一方面，通过开放式创新，主动利用全球的创新资源；另一方面，把智能制造的中国标准、中国平台推广出去，打造强大的智能制造生态系统。其他方面，要建立满足智能制造需求的多层次人力资源开发体系。大力发展职业教育、继续教育、职业技能培训等，培养和造就具有较高素养的应用型人才。鼓励骨干企业与有条件的高等院校开展协同育人，建设产业人才培训基地，培育具有"工匠精神"的应用型人才，夯实智能制造的人才基础。

第三，要推进制造业"质量革命"和品牌建设，实现从产品制造向精品制造转变。要围绕提高品质，强化质量标准管理，建立政府主导制定的标准与市场自主制定的标准协同发展、协调配套的新型标准体系，支持企业参与制造业国际标准、国家标准、行业标准制定（修订）。更好发挥标准在产业转型升级、迈向中高端的引领作用。加强质量文化建设，推广普及先进质量管理方法和先进工艺设备，提升产品质量管控能力，积极实施"需求定制＋大数据营销＋参与制造"的"产品＋服务"新生产模式和商业模式，挖掘需求盲点，开发个性化、时尚化、功能化产品，研发增加新产品品种，优化产品供给，丰富产品类型和档次，满足消费者多层次、定制化需求。要紧扣创建品牌培育知名产品和企业，实施品牌战略，培育一批有特色、有价值、有底蕴的中国品牌和中国名牌，塑造中国特色产品的品牌形象，以品牌建设引领产业迈向中高端，提升"中国制造"的附加值和竞争力。

第四，价值链延伸与攀升的模式要进一步多元化、均衡化。目前企业OFDI发展的进程与模式主要可分为以下两种：一种是渐进式的发展模式，即企业在 OFDI 发展的进程中，在市场范围和经营方式选择方面会呈现显著的逐级渐进的特征；另一种是跨越式的发展模式，即部分具有国际化发展战略规划的中、小企业从创立起初就致力于国际化的发展目标，他们试图通过充分利用各国生产要素的禀赋优势来获取稀缺性的资源，并将产品在全球各主要市场进行销售以提高企业实力，阶段跨越的特征较为明显。这两种不同模式的差别主要在于企业的发展战略规划与企业的资源禀赋、国际经营能力。与其他国家企业的国际化发展进程相比，中国企业境外直接投资具有不同的发展特点和环境条件，中国作为发展中国家，中国企业属于后发展型跨国公司，在竞争优势、外国市场的进入方式和所有权方式等方面与先发展型跨国公司有明显不同。现阶段中国企业境外直接投资的目的主要集中于对资源的获取及海外市场的竞争。全球企业并购研究与咨询成果的研究显示，提升行业地位与规模效应、竞争能力互补、产业链协同整合、竞争资源共享、消灭竞争对手和快速参与竞争是企业并购实现价值创造的六种主要模式。现阶段中国企业境外直接投资在实施境外并购时，主要是通过对市场、原材料等竞争性资源的获取和共享实现价值创造，而对提升行业地位与规模效应、快速消灭竞争对手、产业链协同整合等价值创造手段的关注程度不高。未来中资企业在境外并购时，应该考虑采取更为丰富的价值链延伸与攀升的模式，提升中国企业在全球市场的竞争优势。具体来说，短期内中国企业拓展国际化的主要价值在于充分体现国内市场的规模优势，以获得更高的收入，从而降低单位成本。但是从中期来看，随着国内劳动力成本的逐渐上升，目前较低的劳动力成本很难成为下一个发展阶段中企业的竞争优势。在提高研发效率、降低产品研发成本，以及通过全球化布局来优化供应链成本等方面，中国企业可以通过成功的境外并购整合等手段，实现跨越式发展，快速提升中国 OFDI 企业在全球价值链中的地位，尽快形成新的竞争优势。

2. 中国企业 OFDI 的价值链延伸与攀升策略的原因分析

全球对外直接投资是以发达经济体为主的，发达经济体的对外直接投资活动主要分为两大类：水平投资和垂直投资。水平投资的动机主要在于规避出口的高成本，并用较高的生产效率或某种垄断利益来获得更高的利润。垂直投资的动机主要在于利用各国的资源禀赋差异和要素价格差异，将同一产品的不同生产阶段按其要素使用状况分散到相应的国家，以降低生产成本并获得更大的利润。水平投资和垂直投资均不能完全反映出中国当前对外直接投资的主要特征。中国的对外直接投资主要集中在境外资源能源、市场服务和先进制造企业这三个领域，既不是规避出口高成本的水平投资，也不是分散生产的垂直投资，而是具有明显地通过对外直接投资和境外并购活动来扩展生产与价值链的特点。中国的对外投资也不是日本在发展过程中产业转移式的投资。日本的对外投资模式被总结为边际产业转移论，即随着一国比较优势的变化，逐渐将过去具有比较优势，而现在已经不具有比较优势的产业通过对外投资转移到国外。中国 ODFI 的特点与中国在特定的国际分工背景下的发展模式密切相关，中国主要是通过加工制造业嵌入国际生产网络而参与国际分工并获得产业发展的。中国在这个过程中更快地参与到了世界新兴制造业的国际生产中，只不过中国仅参与了新兴制造业的部分生产环节，即其中的低附加值生产环节，而没有在整个行业上获得优势。当然，境内生产成本上升也使企业逐步有了对外转移生产能力和寻求技术升级的需求。中国的 OFDI 不以生产能力转移为主，主要是两个方面的原因：一是因为大量获得迅速发展的企业虽然受到成本上升的压力，但是仍然可以通过价值链延伸来获得进一步发展；二是中国国内有产业转移的梯度。中西部地区的要素成本要低于东部地区，同时中西部地区的交通运输等基础设施投资迅速增加，投资环境大幅度改善，有利于吸引投资从东部地区向中西部地区转移。

因此，中国未来的 OFDI 将以向上游和向市场延伸价值链为主，随着这类投资的增加和中国企业自身的成长，中国企业也将逐渐从全球价值链的参与者向价值链的主导者转变。转移生产能力为目的的投资（可用水平投资和垂直投资来概括的，或者可用边际产业转移论来概括的投资）也将缓慢增长，但短期内还不会成为中国 OFDI 的主要形式。随着中西部地区生产成本的上升，中国企业向内地转移产业的余地缩小，以及随着中国企业逐渐开始主导生产链，从而开始追求在全球配置生产过程，转移生产能力为主的对外投资将逐渐成为主要的对外直接投资形式。

这种对外投资模式对中国的长期经济增长是非常重要的。中国可从对外直接投资中获得长期增长动力，改变目前低附加值的发展模式，促进国内产业结构的升级。资源、技术和人力资本对中国未来的长期增长是至关重要的，而且是制约中国经济未来发展和产业结构升级的最重要的要素。改革开放到今天，中国企业已经难以从直接观察外国企业的经营活动来获得效率改善和生产技术突破，购买外国的技术和管理团队就成了当前提升经营效率和生产技术的最重要的渠道。另外，向上游和市场营销活动扩展价值链，有助于提升中国企业在全球价值链中的地位，促进国内产业结构升级，促使中国快速从全球产业链的被动参与者转为主导者，从而使中国能够在全球生产与分工中获得更大的利益。

中国获取高附加值的对外投资模式也有助于优化跨期资源配置，提高经济发展的动态效率。中国有高额的经常账户顺差，经常账户顺差意味着对外投资净额在增加。但在中国，经常账户顺差没有完全体现为企业和居民对外投资的增加，而主要转化为了国家外汇储备的增加。外汇储备增长也是对外投资的一种形式,只不过是国家主导的资本流出和对外投资,体现为国家持有的国外资产增加。这种国家替代企业对外投资的模式通过外汇储备过快增长和人民币升值预期引起了较大的宏观稳定问题,同时也由于外汇储备资产的低收益率而产生了较大的跨期资源配置效率损失。中国企业的对外投资可以逐渐打破现在这种以外汇储备为主的对外投资体系,避免投资主体和投资对象集中化所蕴含的风险,提高未来的投资收益率和中国经济的跨期资源配置效率。"价值链延伸与攀升型"的对外投资既符合中国企业的内在需求,又有利于中国的长期增长、宏观稳定与产业升级,在政策上应该采取鼓励而不是限制的态度。

第三节 基于中欧 CAI 的中国企业对欧洲地区的 OFDI 策略

2013 年 11 月,第 16 届中欧峰会宣布启动中欧全面投资协定(CAI)的谈判。CAI 生效后,将取代除爱尔兰以外的所有欧盟成员方与中国缔结的双边投资条约(BIT),成为中国对外签订的第一份包括市场准入的双边投资协定。CAI 谈判核心内容主要包括投资保护、市场准入、投资监管、可持续运营发展四个方面。与传统的投资协定相比,CAI 谈判的主要差异是引入了准入前国民待遇和负面清单的管理体制,关注国有企业的"竞争中立",推动高端服务业更高层次的开放。

多年来,中欧关系不断向纵深发展。如果中欧投资协定谈判达成并实施,对中欧双方而言,不仅具有经济意义,也具有战略意义。欧盟已经连续 16 年成为中国第一大贸易伙伴,中国也多年成为欧盟第二大贸易伙伴。2021 年,欧盟对华贸易额达 5.35 万亿元,仍然是仅次于东盟的第二大贸易伙伴,同比增长 19.1%[①]。根据安永发布的《2020 年一季度中国海外投资概览》统计,欧洲依然是最受中国投资者欢迎的海外并购目的地。

---

① 资料来源:中华人民共和国商务部网站。

一、中欧 CAI 的主要内容分析

（一）中欧 CAI 的主要内容框架

根据欧盟发布的文件及商务部新闻发布会内容，中欧 CAI 协定的主要内容涉及市场准入、公平竞争规制、可持续发展和争议解决四部分，具体内容如下。

1. 市场准入承诺

第一，中欧 CAI 中，欧盟对华进一步开放制造业、再生能源等投资。从欧盟方面公开披露的 CAI 中欧盟对华进一步开放的具体领域来看，主要包括四个方面：（1）欧盟承诺了增量的市场准入，特别是在制造业领域；（2）可再生能源领域；（3）批发零售业领域；（4）能源产业领域。

在主要发达经济体中，欧盟的经济结构较为偏重先进制造业。而在欧盟具有长期领先优势的高端机械设备制造、医药制造等领域，此前我国对欧投资受到的审查强度较大。与美国、英国、日本不同，欧洲经济尽管在过去 20 年中整体表现并不算突出，但其制造业整体表现是明显优于其他主要发达国家的，这一特点也意味着中欧之间的全面投资协定对于这两大以制造业高级化为导向的经济体而言，具有很强的双向吸引力。从结构上来看，中欧之间的制造业互补程度高，直接竞争强度相对较为缓和，也意味着高规格的双向开放，对于中国企业而言也意味着对欧洲高端制造业投资具有很大的增长空间。从数据上来看，欧洲的制造业投资有两大鲜明特点，其一是高科技制造业一枝独秀，其产值增速远远领先于其他制造业，并且近年来高科技制造业的领先优势是进一步扩大的；其二是目前欧洲已经形成生物制药、机械设备和计算机电子设备制造业三大具有长期优势的先进制造业领域，而且这些领域恰恰属于我国企业此前对欧洲进行 OFDI 时遭遇国别审查强度最大的领域。本次 CAI 的签署，意味着我国企业对欧洲具备长期优势的高端制造业领域进行直接投资的难度将有所下降，法律框架将更加公平互惠。

第二，中国在制造业、服务业诸领域对欧盟的开放度全面提升。在中欧 CAI 中，我国也首次承诺在各行业实施负面清单开放制度，在制造业、服务业诸领域对欧盟 FDI 的开放度全面大幅提升，国内各行业领域均将面临更为激烈的供给端全球竞争，反映出极强的以开放促提效的改革决心。在市场准入方面，商务部相关负责人介绍"协定采取的是准入前国民待遇加负面清单模式"。中方首次在包括服务业和非服务业在内的所有行业以负面清单形式作出承诺，实现与《中华人民共和国外商投资法》确立的外资负面清单管理体制全面对接。

具体行业领域方面，据欧盟方面披露，我国承诺的进一步开放措施包括：（1）制造业领域除非常有限的例外（特别是过剩产能部门）之外，我国承诺综合性的开放措施，开放程度超出对其他投资伙伴国的既有承诺。其中在汽车领域，我国统一逐步取消合资要求，对新能源汽车领域也将承诺市场准入。（2）服务业方面的市场准入和开放措施也非常广泛且详细，包括：重申金融服务领域已经进行的大幅开放的承诺，允许在一线城市开设私人医疗机构，未来可能优先对欧盟开放生物资源研发投资，首先对欧盟投资者有条件开放云服务市场准入，同意提供计算机服务的市场准入，允许欧洲企业提供全范围的多式全程运输以拓宽其国际海运经营范围，在房地产服务、租赁服务、广告、市场研究、管理咨询、翻译服务等商务服务领域逐步取消合资要求等。

2. 公平竞争规则

第一，关于国有企业（SOE）的规定。《中欧全面投资协定》试图规范国有企业的行为，包括要求国有企业依据商业规则考虑采取行动，在购买和销售商品或服务时不得歧视。另外，中国还承担基于请求提供特定信息的义务，以评估企业的行为是否符合根据《中欧全面投资协定》应承担的义务。如果问题仍未解决，可以基于《中欧全面投资协定》寻求争端解决。

第二，关于补贴的透明度问题。《中欧全面投资协定》通过对服务行业的补贴规定透明度义务，填补了世贸组织规则中的重要空白。此外，《中欧全面投资协定》要求中国进行磋商，以提供可能对欧盟投资利益产生负面影响的额外补贴信息。中国也有义务进行磋商以寻求解决这些负面影响。

第三，强制技术转让问题。《中欧全面投资协定》制定了非常明确的规则反对强制技术转让。这些规定包括禁止几类迫使转让技术的投资要求，如要求向合资伙伴转让技术的要求以及禁止干涉技术许可方面的合同自由。这些规则还包括商业秘密保护，防止行政机关未经授权就披露其收集的商业秘密（如在货物或服务审批过程中）。

第四，关于标准设定、审批、透明度问题。该协定还涵盖了欧盟其他存在已久的行业要求。中国将为欧盟企业提供平等进入标准制定机构的机会。中国还将在审批方面提高透明度、可预见性和公平性。《中欧全面投资协定》将涵盖监管和行政措施的透明度规则，以提高法律确定性和可预见性，以及程序公平和获得司法审查的权利，包括在竞争案件中。

3. 可持续发展原则

在劳工和环境领域，中国承诺不降低保护标准以吸引投资，不将劳工和环境标准用于保护主义目的，尊重其在有关条约中的国际义务。中国将支持企业承担社会责任。《中欧全面投资协定》还包括环境和气候方面的承诺，包括有效实施《巴黎气候协定》。中国还承诺致力于批准未获批的国际劳工组织的基本公约，并就劳工组织尚未批准的两项关于强迫劳动的基本公约作出具体承诺。

4. 争议解决

在《中欧全面投资协定》中，中国同意执行机制（国家间争端解决机制），就像欧盟的贸易协定一样。

（二）中欧 CAI 内容对于中国企业 OFDI 的意义分析

1. 中欧 CAI 为中国企业 OFDI 提供了市场准入的制度保障

中欧投资协定确立了准入前国民待遇加负面清单模式作为市场准入方面的重要规则。欧盟也在协定中对中国承诺其较高的市场准入水平。此外，双方还承诺在大多数经济领域不对企业数量、产量、营业额、董事高管、当地研发、出口实绩、总部设置等实施限制，并允许与投资有关的外汇转移及人员入境和停居留。这些将为企业打造公平竞争的环境，惠及中欧双方企业乃至全球企业。

2. 中欧 CAI 为中国企业 OFDI 提供了公平竞争的法治化营商环境

中欧双方立足于营造法治化营商环境，就国有企业、补贴透明度、技术转让、标准制定等与企业运营密切相关的议题达成共识。在国有企业方面，中欧投资协定将着眼于推动国有企业围绕竞争中性进行相关改革。在补贴的透明度方面，中欧投资协定要求双方对服务部门的补贴施加透明度义务，要求提供有关补贴的更多信息，以寻求消除这种负面影响。在强制技术转让方面，中欧投资协定针对禁止技术转让制定了非常明确的规则。这些规定包括禁止几种迫使技术转让的投资要求，例如，将技术转让给合资伙伴的要求，以及禁止在技术许可中干扰合同自由的要求。这些规则还包括保护行政机构收集的机密商业信息免遭未经授权披露的规定。

3. 中欧 CAI 为中国企业 OFDI 提供了争端解决机制，也促进企业的可持续发展

中欧投资协定对与投资有关的环境、劳工问题作出专门规定，双方将促进有利于实现可持续发展目标的投资，承诺在劳工和环境领域不降低保护标准以吸引投资，不为保护主义目的使用劳工和环境标准，处理好吸引投资与保护环境和劳动者权益的关系，并遵守相关国际承诺。中欧投资协定还对尚未批准的两项国际劳工组织关于强迫劳动的基本公约作出具体承诺。针对相关法律的监督执行及争端解决，双方同意与诉讼前阶段的监督机制相结合，就行政执法、金融监管等相关议题达成共识。

二、中国企业投资欧洲市场的主要策略

（一）中国企业投资欧洲市场的运行策略

1. 要深入研究欧盟各国的外资审查条例及相关的安全例外条款，避免因政治法律风险而造成投资中断

2019 年 3 月 5 日，欧盟理事会通过了一项条例，以安全与公共秩序为基础，建立对进入欧盟的 FDI 的审查框架，即《建立进入联盟的外国直接投资审查框架条例》（以下简称《欧盟外资审查条例》），该条例于 2019 年 4 月 1 日起生效。此后，欧盟成员方和委员会将有 18 个月的缓冲期（至 2020 年 10 月 1 日）为保障新机制的实施而做出必要安排。这意味着进入欧盟的重大 FDI 将受到严格的审查和批准流程的限制。欧盟委员会与成员方审查考量的因素主要有：（1）关键基础设施，包括能源、运输、水资

源、卫生、通信、媒体、数据处理或存储、航空航天、国防、选举或金融基础设施和敏感设施，以及对使用这种基础设施至关重要的土地和房地产；（2）关键技术和军民两用技术，包括人工智能、机器人、半导体、网络安全、航空航天、国防、能源储存、量子和核技术以及纳米技术和生物技术；（3）关键投入品，包括能源或原材料以及粮食的供应安全；（4）访问敏感信息，包括个人数据或控制此类信息的能力；（5）媒体自由和多元化。此外，欧盟成员方和委员会也可以考虑：第一，外国投资者是否由第三国政府直接或间接控制，包括通过所有权结构或重大投资进行控制；第二，外国投资者是否已参与影响欧盟成员方安全或公共秩序的活动；第三，外国投资者是否存在从事非法或犯罪活动的严重风险。疫情暴发以来，欧盟迅速采取了应对行动，提出新医药战略。这项在 2020 年内实施的战略不仅强调减少欧盟对第三国基础药（相当一部分来自中国）进口的依赖，并将加强对个人防护用品等医药医疗产品企业并购的审查。这表明欧盟在严格外资审查的同时，也开始尝试封闭特定的产业链。

2019 年 12 月 31 日，法国颁布《外国投资的第 2019 - 1590 号新法令》，不但反映了《欧盟外资审查条例》规定，而且还通过以下方式包含并超越《欧盟外资审查条例》的一些审核条件。主要有：（1）扩大"管制部门"的范围，增加印刷和数字媒体、食品安全和关键技术（例如，网络安全、人工智能、机器人技术、增材制造（additive manufacturing，俗称 3D 打印）、半导体、量子技术和能源存储）；（2）当非欧盟投资者参与投资时，触发经济部强制性事先授权的门槛从 33.33% 降至 25%；（3）重点考虑与确定非欧盟投资者是否与外国政府或外国公共机构有联系；（4）除其他禁令外，财政部可以对投资者处以 50000 欧元的罚款①。

2020 年 1 月 30 日，德国经济部对外资审查条例提出了以下改革措施：（1）投资审查将不仅包括"实际威胁"（现行制度要求），而且还包括对公共政策或安全的"潜在威胁"；（2）投资审查将包括对另一成员方的公共政策、安全、与欧盟利益相关的项目或计划的任何威胁。当前的审查仅

---

① 韩冰：《中欧全面投资协定》市场准入谈判与应对建议 ［J］. 中国发展观察，2020，（Z6）：35 - 39.

涉及德国的公共秩序或安全；（3）在审查期间，任何需要通知的外国投资都将被暂停。到目前为止，这仅适用于国防和IT安全部门的外国投资（所谓的部门专门审查）；（4）国防部还将很快确定需要在德国进行更严格投资审查的"关键技术"的类型，最有可能包括人工智能、机器人技术、半导体、生物技术和量子技术等。2020年4月以来《对外经济条例》就进行了三次修订，旨在加强对外资安全审查的行动在疫情中显得格外有效率。第一次修订是将疫苗和抗生素制造商、医疗防护设备制造商以及用于治疗高传染性疾病的医疗产品制造商都纳入与安全相关的公司并购审查范围。未来，欧盟以外的企业收购这些公司必须向德国联邦经济部报告，并适用超过10%的股权收购需要进行安全审查的规定。这标志着德国对外资并购的安全审核标准已经从"实际威胁"变为"可预见的影响"。2020年10月，德国《对外经济条例》又修订了两次，旨在落实《欧盟外商直接投资审查条例》，设立了与欧委员及各成员方的信息交流机制（防止一国FDI项目对其他欧盟成员方造成安全隐患），并将需要着重审查的并购企业范围扩大到高技术和未来技术行业领域。

2020年3月10日，欧盟委员会在"欧洲新工业战略"中表示，将通过加强审查外国直接投资的框架来进一步加强其工业和战略自主权。换言之，欧委会表达了其有意在处理与外国投资有关的风险方面更具战略性，超越《欧盟外资审查条例》的现有文本。欧盟FDI审查框架会对中国企业投资欧盟将产生以下影响。

（1）外资安全审查制度为境外投资者进入欧盟市场设置了较为苛刻的准入条件，中国大企业进入欧洲市场受限。中国产业信息网的报道显示，《欧盟外资审查条例》需要审查的项目涵盖了中国对欧并购交易的很大份额，2018年，中资在欧投资案例样本中83%的交易数量符合《欧盟外资审查条例》规定的审查触发条件。因此，按此审查条例，中国大企业对欧投资在某些领域的准入将受限较为严重，尤其是我国的国有企业，欧盟委员会在审查中国国有企业的并购交易中，往往将同行业的中国国有企业视为"单一经济体"，违背实际地夸大中国国有企业在欧洲当地投资的业务量和商业影响，进而对中国的国有企业投资欧洲的业务进行反垄断调查，并以此决定是否准予在欧洲继续开展投资业务，这会严重影响我国的国有企业在欧洲的投资发展。

（2）外资安全审查制度为境外投资者进入欧盟市场设置了较为苛刻的准入条件，限制了中国企业进入欧洲市场的某些领域进行投资。对于《欧盟外资审查条例》中列出的领域，如能源、运输、水资源、卫生、通信、媒体、数据处理或存储、航空航天、国防、选举或金融基础设施和敏感设施、人工智能、机器人、半导体、网络安全、航空航天、国防、能源储存、量子和核技术以及纳米技术和生物技术，境外投资者将受到准入限制，甚至被简单地排除在外，而这些领域中，有不少是我国制造业中较具投资优势的产业，这无疑在一定程度上为我国制造业企业进入欧洲投资设置了一定的障碍。

截至 2020 年 10 月 11 日，《欧盟外商直接投资审查条例》过渡期结束，已经有 16 个成员方建立了相应的审查机制，另有爱尔兰等 7 个成员方正在采取措施中。只有保加利亚、克罗地亚、塞浦路斯、希腊和卢森堡没有实施外国直接投资审查制度。一些成员方的投资审查也在收紧。意大利政府于 2020 年 4 月通过法令，扩大了政府有权审查的领域范围，以及对关键性收购进行监督的权力；法国也宣布，如果欧盟以外投资者收购一家法国公司，收购股份达 10% 即须受政府审查和批准，以保护受疫情重创的本国企业。同时在数字服务领域，欧盟新公布的《数字服务法》和《数字市场法》对数字服务税作出规定。欧盟《通用数据保护条例》（GDPR）中烦琐的合规要求和较高的违规处罚，将带给外国企业沉重守法成本和违法成本。在政府补贴领域，欧盟委员会发布了针对外国政府补贴的白皮书，新引入的监管工具将为部分中国资本进入欧盟市场设置障碍。

因此，在企业层面，对欧洲地区进行投资的企业要深入研究欧盟各国的外资审查条例及相关的安全例外条款，即使中欧 CAI 协定规定了欧盟市场的制造业对中国开放，中国投资者也不要持过于乐观态度，要深入研究欧盟各国的外资审查条例，应对战略领域的 FDI 审查问题有足够的认识，且当在市场分析阶段，就着手进行全面的风险评估，避免因政治法律风险而造成投资中断。《通用数据保护条例》对违规企业的处罚金额提高到 2000 万欧元或企业全球年营业额的 4%，二者取较高值；同时《通用数据保护条例》的合规要求也很高，企业需要投入大量人力财力，才能确保执行。对于中国欲投资欧洲的企业来说，必须做好充分准备，加强对数据安全和用户隐私的保护工作。在数据保护方面，中国企业可以选择一个欧盟成员方作为主沟通国，以研究合规主沟通国的数据安全和用户隐私的保护工作为抓手，加强人员培训与机制的建立，使数据保护成为欧洲投资企业的核心管理理念。

同时在政府层面，市级以上政府机构应完善对外投资政策和服务体系进一步健全促进和保障境外投资的法律、政策和服务体系，帮助企业提高跨国经营能力。继续完善联络服务平台和境外中资企业商会联席会议机制，聚焦对外投资重点国别和领域，通过政府购买服务等方式，在国家安全审查、经济制裁、出口管制等方面为企业"走出去"提供调查、咨询和指导服务，使企业避免因对各国诸多的安全审查条件不了解而使投资陷入盲目性，导致投资中途失败。

2. 要注意不同国家的商业文化和管理思维上与中国的差异，求同存异，才能更好地融入当地社会

中国企业在欧洲进行投资时要注意不同国家的商业文化和管理思维上与中国的差异，求同存异，才能更好地融入当地社会。此外，中国企业在海外发展的过程中难免碰到各种法律风险。因此，中国企业在欧洲投资，要进一步学习了解欧洲各东道方的相关法律，不仅遵守当地的法律法规，也要善于运用法律武器。也充分利用各国政府的各项优惠措施，尊重文化，实施属地化管理都为投资提供了有力的帮助。跨国企业所面临的跨文化冲突也是企业 OFDI 经营者所要面对和解决的重要问题之一，在某种程度上它决定着跨国企业的成败问题。因此，中国企业在欧洲进行投资时首先要了解东道方的企业文化和员工特点，加强与东道方员工的沟通交流，尊重东道方员工的文化理念。同时建立多元文化的管理体系，聘用来自不同文化群体的员工，以形成多元文化共融的企业文化氛围，避免来自欧洲本土文化群体的员工规模过大对中方的管理形成一种抗衡的力量，使中方企业在当地管理措施的实施在某种程度上受阻。总之，中国企业在欧洲进行投资就必须不断提升企业的跨文化管理水平，做好 OFDI 所带来的商业文化的挑战。

（二）中国企业投资欧洲市场的产业策略

从中国对欧盟投资的存量行业结构来看，制造业（32.8%）占比接近 1/3，已经是对欧投资占比最大的领域，但实际上相对于我国企业对欧洲先进制造企业突出的投资意愿而言，这一比例仍有很大的提升空间；紧随其后的是采矿业（18.5%）、金融业（15.1%）、租赁和商务服务业（10.2%）以及批发和零售业（5.1%）等①。基于现有公开信息来看，在欧洲具有传统长期优势的上述三大高端制造业领域，我们应可以期待中国企业通过 OFDI 对欧盟投资的方式，与欧洲企业形成更好的技术进步方面的协同效应。同时，欧盟也承诺开放批发零售业领域和能源产业领域，这也将进一步提升我国批发零售业企业，包括我国较具优势的电子商务批发零售企业在欧洲的投资额。

欧洲的经济发达、产业技术较为先进的国家，如北欧的瑞典、西欧的德国、法国和英国，产业技术先进，汽车制造业、机械工业、化学工业、航空航天业和现代服务业发达，我国企业可以通过合资或在当地建立研发中心投资这些国家具有先进技术的产业，以引进提升我国的产业技术水平，进一步产生技术溢出效应。当然对于一些中等规模具有一定管理和技术优势的机械工具制造企业，中国企业也可以收购这些企业，但继续聘用企业园原有的工作技术人员，保持企业原有的管理架构，以借鉴学习欧洲企业的管理模式。南欧的希腊、罗马尼亚、斯洛伐克等以及中东欧国家经济发展相对滞后，基础设施需求量较大，我国企业则可以在这些区域投资基础设施、批发零售等产业。与此同时，中国目前在数字化和互联网发展方面取得了较高水平，具有整体上的优势。欧洲也十分看好中国的技术水平、商业模式，我国互联网、IT 产业也可通过不同的投资形式投资欧洲市场。

（三）中国企业投资欧洲市场的区位策略

截至 2019 年底，中国对欧投资主要分布在荷兰、英国、德国、卢森

---

① 中华人民共和国商务部. 中国对外投资合作发展报告（2020）［R］. 北京：中华人民共和国商务部，2020.

堡、俄罗斯联邦、瑞典、法国、瑞士、意大利、挪威、西班牙、爱尔兰等国家。中国对欧盟直接投资存量上百亿美元的国家依然是荷兰、英国、德国、卢森堡。从存量行业分布看，中国对欧盟投资的主要行业领域依次为：制造业 308.3 亿美元，占 32.8%，主要分布在瑞典、德国、荷兰、英国、卢森堡、法国、意大利等；金融业 164.8 亿美元，占 17.5%，主要分布在英国、卢森堡、德国、法国等；采矿业 148.1 亿美元，占 15.8%，主要分布在荷兰、卢森堡、英国、塞浦路斯等；租赁和商务服务业 112.9 亿美元，占 12.0%，主要分布在英国、卢森堡、德国、塞浦路斯、荷兰、法国等；批发和零售业 53.0 亿美元，占 5.6%，主要分布在法国、英国、卢森堡、德国、荷兰、意大利、比利时等①。

　　若未来中欧 CAI 能够签订实施，从欧盟国家来看，各个国家拥有不同的投资优势。德国和英国具有良好的投资硬环境，如发达的基础设施、先进而完善的产业体系，以及成熟的金融融资市场等软环境，德国和英国仍然是欧洲市场主要的投资对象国。对于意大利来讲，航空航天、制造业、数字技术、生命科学、物流、旅游以及地产领域都有不少投资机会。以都灵为中心的意大利汽车产业链非常完整，适合企业布局拓展欧洲汽车市场。此外，意大利是欧盟区工业机械第二大生产国，食品、纺织、珠宝、游艇、家具、皮具、制药行业等方面也存在领先优势。因此，中国的数字技术、生命科学、物流、旅游等行业具有一定的发展优势，可以在意大利进行不同模式的投资。比利时的支柱产业包括可再生能源、物流、电商、生物制药，以及机械设备、手机、化学、IT，且拥有通往西安的中欧班列，便宜的房租价格也有利于中国企业落户。因此，中国企业可以在比利时进行物流、电商、手机等产业的投资。瑞典的税率与营商环境十分具有吸引力，工资水平和电价相对较低。瑞典在能源、房地产、可再生能源等方面潜力很大，且瑞典政府希望继续与中国加强在汽车行业、医疗器械乃至金融服务上的合作。因此，中国企业可以进一步考虑在瑞典投资汽车行业、医疗器械乃至金融服务领域。但从现代服务业的角度来说，东欧的波兰，

---

①　中华人民共和国商务部. 中国对外投资合作发展报告（2020）［R］. 北京：中华人民共和国商务部，2020.

甚至是乌克兰以及南欧的希腊等从长远的市场发展空间来看，中国企业可以考虑这些区域的长期 OFDI 的战略规划。南欧的另一些国家如阿尔巴尼亚、黑山、塞尔维亚等国家是欧洲一个尚未发掘的市场，这些国家可以成为中国企业 OFDI 布局的新阵线。

第四节　中国企业对 RCEP 成员方的 OFDI 策略

一、RCEP 关于成员方投资的主要条款分析

RCEP 协定由序言、20 个章节、4 个部分的承诺表共 56 个附件组成，共计超过 1.4 万页，内容十分庞大，议题覆盖广泛。其中，涉及成员方相互投资的协议条款主要体现在第十章投资、第十一章知识产权和第十四章中小企业，但集中体现在第十章投资。在第十章投资中共包含十八条，具体的协定条款主要有：对成员方境外投资活动的定义界定；规定了境外投资的范围；规定了给予境外投资者的国民待遇；规定了给予境外投资者的最惠国待遇；规定了给予境外投资者的投资待遇；规定了对境外投资者经营活动的禁制规定业绩方面的要求；对境外投资企业的高级管理人员和董事会的人员任命作出规定；规定了本协定关于国民待遇和最惠国待遇、禁制业绩要求以及高级管理人员和董事会的条款的保留与其他规定不相符的处理措施；对投资资本、利润及剩余资产转移出东道方做出了相关规定；对于一些特殊手续及信息披露做出了相关规定；对于因东道方武装冲突、内乱等原因使境外投资者遭受的损失或采取维持措施的支持，东道方应给予的损失的补偿做出了相关规定；规定了东道方对境外投资者所获得的与投资有关的担保、保险等补偿的代位权的承认问题；规定了缔约方不得随意对境外投资企业直接征收或收归国有；规定了缔约方拒绝授予境外投资优惠待遇的条件；为了维护缔约方的国家安全，规定了相关的安全例外条款；规定了投资促进条款，以促进缔约方之间的相互投资；对给予缔约方的境外投资者提供投资便利化条件方面做出了相关规定；最后一条对相关

的工作计划做出了相关规定。

在以上的十八条关于促进缔约方相互投资的条款中，能够对促进缔约方相互投资起关键性作用的条款主要表现在以下几个方面。

第一，第三条国民待遇原则。对于境外投资者到东道方进行投资设立公司，取得投资股权，扩大投资规模，对投资企业进行经营、管理、运营、出售等活动，东道方给予其与本国投资者同等的国民待遇原则，即境外投资者在东道方的一切投资活动享有和其本国投资者同等待遇，这对于中国企业而言，就等于把中国国内的投资市场延展到涵盖东亚、东南亚、大洋洲在内的 RCEP 十五个成员方的大市场。

第二，第四条最惠国待遇原则。缔约一方现在和将来给予任何第三方的在投资方面一切特权、优惠和豁免，也同样给予缔约对方。其基本要求是使缔约一方在缔约另一方享有不低于任何第三方享有或可能享有的待遇。按照此条内容，像日本、澳大利亚等成员方给予任何第三方享有或可能享有的待遇，也同样应该给予中国的投资者以相应的待遇。

第三，第四条禁制业绩要求。协定规定了禁制东道方对境外投资者在投资中的出资比例、出口水平、生产技术转让等方面提出一定的条件限制和要求，东道方不再要求投资企业达到一定水平或比例的当地含量，或购买、使用其领土内生产的货物，或给予其领土内生产的货物优惠，或向其领土内的人购买货物，使投资者能够更好地根据自身发展需求选择企业结构，无须为满足当地需求而增加不必要的负担，减少为境外投资者合规而付出的成本。

第四，第十一条损失的补偿条款。协定规定了当境外投资者在东道方遭受因武力冲突、内乱受到的损失时，东道方将为境外投资者提供与本国投资者及投资同样的国民待遇或最惠国待遇，为最终获得补偿提供了可能。降低了境外投资者在东道方投资的政治风险。

第五，第十三条征收条款。协定规定缔约方不得对境外投资者的投资企业直接征收或收归国有，或通过与之等效的措施进行征收或国有化。这也大大降低了境外投资者在东道方投资的政治风险。

第六，第十六条投资促进条款。协定规定了缔约方将通过鼓励成员方投资、促进商业配对活动，举办与投资机会及法律法规和政策相关的各种介绍会、研讨会等来促进成员方之间的相互投资。这将会加快促进和推动成员方之间的相互投资。

第七，第十七条协定规定了每一缔约方应当努力便利缔约方之间的投资，措施包括：为各种形式的投资创造必要的环境；简化其投资申请及批准程序；促进投资信息的传播，包括投资规则、法律法规、政策和程序，以及设立或维持联络点、一站式投资中心、联络中心或其他实体；向投资者提供帮助和咨询服务，包括提供经营执照和许可方面的便利。这将进一步为缔约方企业从事境外直接投资提供了便利条件。因为设立企业的难易程度是衡量一个国家或地区营商环境的重要指标，根据世界银行《全球营商环境报告2020》，在RCEP的缔约方中，印度尼西亚、菲律宾、老挝等国家排名不高，设立企业程序较为烦琐。RCEP签订之后，有助于提升中国投资者对上述国家投资的便利化程度。

以上这些条款，很大程度上降低了RCEP缔约方企业进行OFDI的政治风险和障碍，为RCEP缔约方企业进行OFDI创造了相对良好的投资环境。但也并不意味着RCEP缔约方企业进行OFDI不存在风险，RCEP缔约方企业进行OFDI同样也会面临不同的经营风险、财务风险、金融风险等。投资企业仍需要在投资前和投资后做好各种风险管理。

二、中国企业投资 RCEP 成员方的主要策略

（一）中国企业对 RCEP 成员方 OFDI 的具体情况

中国企业对RCEP成员方OFDI的情况，从流量数据看，根据商务部发布的《2019年度中国对外直接投资统计公报》，2019年，中国对外直接投资净额（流量）为1369.08亿美元，同比下降4.3%。其中中国对RCEP其他14个国家的投资达到163.57亿美元，占当年中国对外直接投资流量的11.95%。从存量数据看，2019年，中国对外直接投资存量为21988.8亿美元，较上年增加2166.1亿美元。其中中国对RCEP其他14个国家的直接投资存量达到1611.9亿美元，占当年中国对外直接投资存量的7.33%，中国对其他14个成员方OFDI流量为158亿美元，占中国

OFDI 的 11.6%[①]。

从 OFDI 的国别地区看，中国对新加坡直接投资排在第一位，达到 526.4 亿美元，占对东盟投资存量的 47.9%。其次为澳大利亚，中国对澳大利亚的直接投资流量规模呈波动态势，到 2019 年，中国对澳大利亚直接投资流量为 20.87 亿美元。中国对澳大利亚的直接投资存量达 383.79 亿美元。中国对印度尼西亚直接投资存量 151.3 亿美元，占比为 13.8%，位居 RCEP 成员方第三位。对老挝直接投资额为 82.5 亿美元，占比 7.5%。2019 年，中国对日本直接投资流量达到 6.74 亿美元，对日本直接投资存量达到 40.98 亿美元。中国对韩国直接投资流量为 5.62 亿美元，对韩国直接投资存量达到 66.73 亿美元。中国对新西兰直接投资流量为 0.11 亿美元，对新西兰直接投资存量达到 24.60 亿美元[②]。

从中国对 RCEP 成员方 OFDI 的行业来看，近几年中国对 RCEP 成员方的制造业的投资相对较高。2019 年，中资共有 15 笔投向 RCEP 国家制造业的交易[③]，制造业中又以电子制造业为甚，日本、韩国则成为中国电子制造业买家的首选目的地。从前几年中国对 RCEP 成员方的 OFDI 的行业来看，投资行业相对集中，行业分布尚不够科学。在 RCEP 协定落地实施后，我国企业尚需充分利用 RCEP 协定为缔约方企业所提供的良好的投资准入条款、投资保护条款、投资促进与投资便利化条款，科学制定中国企业投资 RCEP 成员方的产业策略，合理布局中国企业对 RCEP 成员方的投资产业格局。

（二）中国企业投资 RCEP 成员方的产业策略

依据 OFDI 产业选择的相关理论可知，不同发展阶段、产业发展水平不同的国家，其企业 OFDI 的产业选择也表现为不同的选择方向。发达国家企业进行 OFDI 一般选择高新技术产业进行境外投资，发展中国家、低收入国家的企业进行 OFDI 一般选择低工资的劳动密集型产业进行投资。当然，从 OFDI 的目的和动机而言，企业进行 OFDI 为了获得境外市场的自

---

①②　中华人民共和国商务部、国家统计局和国家外汇管理局.2019 年度中国对外直接投资统计公报［R］，北京：中华人民共和国商务部、国家统计局和国家外汇管理局，2020.

③　资料来源：中科投资研究院。

然资源就会选择矿产、林业等产业进行投资；企业进行 OFDI 为了获得境外市场的销售份额就会选择具有技术优势的产业进行投资；企业进行 OFDI 为了获得境外市场的技术或管理资源，就会选择自己在技术或管理上与东道方比具有相对优势的产业进行投资。所以，中国企业对 RCEP 成员方 OFDI 的产业选择应该综合分析 RCEP 成员方的产业优劣势和我国各产业所拥有的优劣势以及 OFDI 的具体目的，在此综合分析的基础上制定中国企业投资 RCEP 成员方的产业策略。

与 RCEP 成员方相比，中国作为最大的纺织品生产国及出口国，纺织制衣产业链在全球纺织出口国中最为完善，上游纤维、中游面料辅料和下游服装产业均有集群布局。质优价廉是中国纺织服装的优势产业之一，同时，其他产业如箱包、玩具、家具等劳动密集型产业，我国在该区域均具有较强的产业发展优势。中国家电、消费电子品牌，也是在该区域具有较强竞争力的产业，在未来 3~5 年内在该区域具有重要的投资机会。另外，中国的一些新兴产业，包括数字经济、电子商务、物流、金融科技等，这些方面中国本身在全世界就是领先的，那么在区域内更加领先。我国这方面的技术输出到东南亚，甚至在日本、澳大利亚都有很大的市场。另外，中国的特色产业如中医药产业、民族文化产业等在 RCEP 成员方也有一定的发展优势。

对于 RCEP 成员方来讲，日本和韩国是全球半导体产业链当中的两个强国，其中日本的半导体材料是全球最强产业，半导体设备领域的发展水平仅次于美国，非常强势，而韩国则在显示面板和存储领域处于领先地位。新加坡在金融、现代服务业等领域较为发达，老挝、柬埔寨、印度尼西亚劳动力价格具有优势，且农业较为发达。文莱、马来西亚、印度尼西亚和澳大利亚的矿产资源较为丰富，泰国、马来西亚的农业、旅游业较为发达。

因此，从依据 OFDI 的优势产业选择理论，我国可向缅甸、柬埔寨和老挝投放纺织制衣、箱包、玩具、家具等初级加工制造业的劳动力密集型产业，从而降低我国国内的生产成本，同时为发展本国的资本密集型和技术密集型产业腾出空间，向菲律宾、老挝和缅甸进行家电、消费电子等制造业、批发和零售业的投资。依据 OFDI 的目的和动机理论，我国可向文莱、马来西亚、印度尼西亚、澳大利亚投资资源开发型企业，已取得东道方具有优势的自然资源，向新加坡投资现代金融业、服务业、电子科技产业，以学习引进新加坡在现代金融业、服务业的先进管理理念和方法，同时可以以合资、参股的方式投资日本、韩国的半导体产业，以获取对方先进的产业技术，同时也能应对美国在半导体芯片方面对中国进行封锁所带来的危机，中国通过 RCEP 与日本、韩国进行深入合作，让中国半导体产业迎来产业升级的机会。与此同时，也可考虑合资、参股的方式投资泰国、马来西亚的农业、旅游业，取得一定的市场份额。

（三）中国企业投资 RCEP 成员方的运行策略

虽然 RCEP 关于投资的协定内容很大程度上降低了 RCEP 缔约方企业进行 OFDI 的政治风险和障碍，但也并不意味着 RCEP 缔约方企业进行 OF-DI 不存在风险，RCEP 缔约方企业进行 OFDI 同样也会面临不同的经营风险、财务风险、金融风险等。投资企业仍需要在投资前和投资后做好各种风险管理。

首先，在投资经营风险方面，境外企业进入东道方投资也会面临不同的经营风险。在有的领域，东盟成员方的市场份额近乎已被本地所瓜分，如东盟的医药零售市场，其原有的市场份额近乎已被本地企业所瓜分，境外投资者在投资前应该先进行充分的市场调研，若要在现有市场份额被占有的情况下进入该市场，境外投资企业就需要采取产品创新策略、产品差异化策略和创新服务策略，才有可能取得一定的市场机会。又如日本的各个产业领域的发展和市场都很成熟，且日本的民族性有排外的特点，境外投资者进入日本市场投资的难度就相对较大。因此，境外投资者在投资前应该先对日本的整个国情、社会需求、产业发展做详细分析，找出其短板产业和领域，从中寻找市场机会。如日本人口老龄化程度高，劳动人口下降，那么投资海外健康养老服务领域就会有一定的市场机会。同时，企业在境外投资时，也会发生一些资金借贷业务，若对境外一些债务人的偿债能力评估不够，尤其是像老挝、缅甸、柬埔寨等一些发展较为落后的国家，一些债务人因各种原因付不起账款而产生的财务风险也会发生，且RCEP 成员方各国的法律也各不相同，对债务的处理方法各个国家并不完全相同。因此，境外投资者在各缔约国进行 OFDI 经营时，应当聘请熟知当地法律的律师作为企业的法律顾问，以解决在东道方经营时面临的各种财务、经营问题的法律依据和途径，以减少这些风险所产生的损失。

其次，RCEP 缔约方企业进行 OFDI 时也应该考虑因东道方安全原因而采取的影响企业境外投资活动的行为。因为在 RCEP 协定第十七章一般条款与例外中规定了缔约方可以采取其认为保护其基本安全利益所必需的行动或措施。允许缔约方在面临严重的收支平衡失衡，外部财政困难或受到威胁的情况下采取某些措施。同时在第十章关于投资的规定、第十五条安全与例外条款中，也规定了缔约方可以出于保护自身安全利益或为维持恢复和平安全的义务而采取必要的措施。在这些规定中，虽然没有具体列明东道方为保护其基本安全利益所必需的行动或措施，但是也不排除有的国家会效仿欧盟国家安全审查条例的做法，对一些投资领域或企业尤其是信息领域的企业投资达到一定规模以维护国家基本安全为理由而限制其投资业务。所以，中国企业在抓住 RCEP 所提供的相对有利的境外投资条件进行 OFDI 时也应该考虑因东道方安全原因而可能采取的给企业境外投资活动产生不利影响的措施和行动。

第五节　中国企业对 "一带一路" 沿线国家的 OFDI 策略

我国企业在 "一带一路" 建设中取得了一定成绩，但也存在一些亟须解决的问题。如在 "一带一路" 建设的过程中，我国企业普遍存在对东道国的政策和政治环境研究不深的状况，对跨国贸易和工程在当地的认可度与影响因素分析少，不能有效应对对外贸易和工程建设中的风险。我国企业参与 "一带一路" 项目涉及的国家和地区，多存在交通、通信、互联网、供水、供电、供气等基础设施不完善的问题，提高了项目实施成本，加大了经营风险。相应国家的政策、利率、汇率、商品和原材料价格等的波动，无形中提升了企业成本。同时，在 "一带一路" 沿线的部分国家或地区，凭借非正常手段的恶性竞争、政治局势不稳等因素的存在，加大了水电、高铁等重点合作项目执行的难度，以及企业员工人身安全和财务安全的风险；而对于合作国的财务审查、劳工制度等不明确或法律理解的偏差，也加大了我国企业对外合作的综合成本。

面对中国企业 OFDI 遇到的问题和挑战，政府和企业需要从国家战略层面，对投资政策、策略进行统筹协同。根据综合开发研究院项目团队的调查研究和项目经验，我们认为有以下四个方面需要重点考虑。

（一）中国企业参与"一带一路"建设要借助国家战略之间的顶层对接

中国企业在"一带一路"上"走出去"的一些重大建设项目，涉及我国与沿线国家战略合作、双边交流等重大战略，往往得到国家元首的重视。但项目建设和运营的过程中，又会遇到准入政策、标准对接、检验监督等方面的问题和障碍。这些障碍使企业作为投资和建设主体时是难以克服的，这就需要中国企业在"走出去"的过程中，充分利用"一带一路"机遇下的国家战略合作关系，通过借助国家战略之间的顶层对接和政策协调来解决。在国家战略框架下进行对外投资的中国企业，应当充分借助国家的力量，依托国家间的战略合作关系，从顶层设计入手，实现中国企业的发展要求与其他国家的发展、政策相适应，保障项目的顺利落地。在对外投资的具体环节上，中国企业应当进一步加强国内标准与国际标准的对接，了解国外的准入政策，提高中国企业"走出去"的效率和速度，更好地为当地服务，也更好地实现中国企业的发展。最后，中国企业要在国家战略框架下，充分利用国家产业园区的平台，实现相关企业抱团"走出去"，形成合力。

（二）基础设施建设项目要做好战略规划，选好项目

从 2013 年提出"一带一路"倡议，2021 年是"一带一路"建设推进的第八年。目前"一带一路"建设已经进入第二个阶段。在第一阶段，主要是顶层设计和政策机制的构建。目前，顶层设计基本完成，重点转向施工。所以，第二阶段主要是以项目建设为重点，抓落实。基础设施建设是共建"一带一路"的重头戏，目前基础设施建设潜力仍非常大。基础设施的互联互通、产业投资和境外园区的建设。尤其是基础设施的互联互通，

涉及铁路、公路、港口、能源管道、水利设施、城市市政设施等多种门类，仍然是下一阶段建设的重中之重。而基础设施建设项目由于其投资回报率低、投资回收期长的特点，中国企业在进行对外基础设施投资时，必须要有长期投资的眼光和视野。

选择项目既要考虑未来较长时期内项目的运营条件、市场竞争情况、可持续发展情况，又要考虑短期内建设期的各种政治风险、法律风险、融资风险和商业风险等各种风险，只有做好战略规划，选好项目，才能使企业在参与"一带一路"建设中，减少短期风险，获得长期利益。从这个意义上来说，招商局集团在港口、园区等技术设施建设项目上采取的长期投资战略具有典型意义。招商局集团利用交通、金融、房地产及园区开发三大核心业务优势，将"前港—中区—后城"的蛇口模式复制到海外，选择吉布提"前港—中区—后城"（PPC）综合开发项目进行投建，利用港口的交通优势，在"一带一路"的沿线国家实施的"前港—中区—后城"模式，以港口为龙头和切入点，以临港的产业园区作为重要载体，打造国际产能合作平台，同时利用港口和园区的发展，通过工业化提高生活水平，促进人口增长，产生住宅和商业需求，在港口和园区周边建设城市功能，又通过城市化反过来提升工业区和港口的价值，形成了项目长期受益的良性循环。因此，在中国企业参与海外基础设施项目的过程中，不能仅着眼于项目的投资回报上，应当充分考虑基础设施项目的带动作用，并将企业与国家战略相结合，从而实现项目的长远发展。

要进一步做好战略规划，选好项目，就需要从以下几方面考虑。首先，要培育国际竞争新优势，提升区域投资生产能力。在传统竞争优势逐步减弱的背景下，能否形成以技术密集型和高附加值商品生产、出口为主要特征的国际竞争新优势，对于提高我国在区域生产网络中的治理能力至关重要。当前深化改革和扩大开放的一系列重大举措有利于形成新的创新驱动力，我们一定要抓紧落实和切实推进。应把优化结构和产业技术升级放在优先位置，重点推进新技术、新材料、新产品研发和创新；逐步放开服务业投资准入限制，营造开放、透明和高标准的营商环境，引进跨国公司的先进技术、管理和人才，加快培育国际竞争新优势，保持在沿线区域的产业和技术领先地位，改善区域价值链治理结构，在区域生产网络建设和运营中发挥引领作用。其次，要促进国际产能合作，引导传统优势产业加快沿线布局。沿线地区普遍具有承接我国产业转移的积极愿望，境内企业面临跨境整合要素资源和拓展市场空间的巨大压力。应在加强绿色投资和防控商业风险等政策引导基础上，实行普遍的对外投资备案制，对面向沿线投资传统优势产业和绿色产业的企业提供必要的融资、外汇、财税政策支持，对企业境外投资、生产所需的零部件、设备和技术出口在通关、退税等环节采取鼓励性措施。加强和沿线国家的投资合作，全面签署投资保护协定并选择具备条件的国家商签包含准入前国民待遇和负面清单管理方式的投资自由化协定，提高中资企业在投资东道方的投资便利化水平和合法权益保护力度。

（三）做好对丝路经济带中亚地区的 OFDI 工作

丝绸之路经济带是基于古丝绸之路概念的基础上，以亚欧大陆桥为纽带，依托现代公路、铁路、航空和油气管道，从中国到中亚、中东再到欧洲的一条带状之路，被誉为"世界上最长、最具有发展潜力的经济大走廊"。这条陆上丝绸之路以中国为出发点，按照由近及远、逐步扩大的推进思路，可以划分为三个层次，即中心区域、扩展区域、辐射区域，其中，处于第一层次中心区域的中亚地区是打通"丝绸之路经济带"的必经之地，也是世界著名的"经济凹陷带"。这里自然资源丰富，市场潜力巨大，但地区经济发展水平整体落后，社会波动起伏较大，市场环境不似欧美国家那样成熟规范、有法可依、灵活开放，中国企业在该地区的投资建设、贸易往来在成本收益、投资安全上面临较大不确定性。对中亚国家的市场风险因素进行归纳分类，对风险带来的效益减损进行评估，对于消除在投资、贸易、税收、准入等方面的障碍以便利经济往来，保证中国企业在中亚的巨量投资和资本运作实现收益最大化意义重大。

1. 丝路经济带中亚地区的投资基础条件

经济体量和规模方面，经过多年的转型发展，现阶段中亚各国在经济发展水平上拉开了距离。总体来看，五国当中，哈萨克斯坦、乌兹别克斯坦、土库曼斯坦经济实力相对更强，发展速度更快。塔吉克斯坦、吉尔吉斯斯坦两国资源禀赋较差，经济实力较弱，发展严重依赖外援。为了加快建立开放型对外经贸体制，中亚各国政府实行了一系列鼓励政策，包括扩大企业对外经贸经营权，逐步取消国家对外贸的垄断及对易货贸易的各种限制；采取免交减交所得税、关税等优惠税收政策吸引外商投资；采取法律、行政手段保障外国资本流入；实行金融信贷领域改革，加强外汇合理有效使用，逐步与国际接轨等。但中亚国家政府实行对外开放发展对外经贸关系的同时，注重通过税收等手段调控保护本国经济。经济潜力方面，中亚国家油气资源丰富，矿藏种类繁多，其中哈萨克斯坦钨储量世界排名第一，磷矿石占世界第二位，铬铁矿探明储量居世界第三位；乌兹别克斯坦的天然气、黄金和铀矿开采量分别居世界第十一位、第九位和第五位；塔吉克斯坦的铅、锌矿储量以及土库曼斯坦的石油、天然气储量均居世界前列。中亚多数国家以油气、矿产开采和加工为国民经济支柱产业，机械设备加工制造、纺织、日常用品制造等产业不发达，且科技发展水平一般，能源勘探开采技术落后，基础设施薄弱，通信设施覆盖率低，港口运转能力有限，航空线辐射世界不足，设备更新能力差。

2. 抓住丝路经济带中亚地区 OFDI 发展的新机遇

中亚国家拥有价格低廉的原材料、高素质的劳动力、广阔的市场潜力，无论从地缘战略还是经贸发展来说，对中国都具有重要的经济战略意义。当前，中亚各国迫切希望通过"丝绸之路经济带"计划带动本国经济发展，中国企业 OFDI 面临新一轮的市场机遇。

第一，五国对中国资金技术需求陡增。当前，中亚国家对于加强对外联系网络和基础设施建设，发展国际交通过境和物流经济，实现交通运输与贸易便利化，形成经济发展联动效应需求迫切，各国均希望中国加大对其能源、交通、通信等大型基础设施建设的融资力度。"一带一路"倡议提出后，哈萨克斯坦对"五通"中的交通运输领域合作寄予厚望，提出将开启"光明大道"新经济政策，出台了"2020 年交通与基础设施发展规划"，筹划维修和新建 3 万公里公路，对 11 个大型机场进行改造，新开辟75 条国际航线，融资需求相当强劲，借力丝绸之路经济带的意图明显。乌兹别克斯坦对 2014 年 5 月习近平主席建议在"一带一路"框架下制订发展中乌合作五年计划给予了正面回应。吉尔吉斯斯坦希望在中国的帮助下提升本国的出口贸易额，带动工业经济发展。总体而言，中亚沿线各国普遍希望搭上中国经济发展快车，借助丝绸之路经济带实现贸易增长、投资增加和更深层次的产业合作，为我国实施"走出去"战略提供了重要的时间窗口。

第二，双方能源合作和能源利益整合进入关键时期。中国与中亚国家能源合作具有较好基础。土库曼斯坦与中方就尽快启动中国—中亚天然气D线建设达成协议。乌兹别克斯坦、吉尔吉斯斯坦、塔吉克斯坦分别同中方签署了D线过境协议。中方同哈萨克斯坦、土库曼斯坦、乌兹别克斯坦、吉尔吉斯斯坦四国还商定了一批新的大型能源合作项目。随着中国与中亚国家一批能源建设项目的顺利实施，以及中亚国家对能源矿产行业技术水平日益重视，中国企业在哈萨克斯坦等国将有更大的投资空间，双方之间的能源合作与利益整合也进入关键时期。如何确保油气管道长期、安全、高效、稳定运行，进一步扩大与中亚地区国家能源合作成果获得新的储备资源，如何应对中亚能源销售和进口渠道多元化发展趋势继续赢得中亚合作市场，中国企业面临新的考验。

第三，中亚国家与我国拓展非资源领域合作愿望迫切。近年来，中亚国家持续推进经济结构调整，试图摆脱对能源经济的依赖，寻求新的经济增长路径，逐步将对外合作的关注点转向金融、农业、电信、基础设施建设、高科技等非资源领域。特别是受到当前国际大宗商品持续低价的影响，各国政策制定者更愿意将资源从金属矿产转向其他有利于促进增长的国民经济优先领域，通过实现平衡过渡和推进改革支持非资源行业的增长。丝绸之路经济带战略构想迎合了中亚国家经济发展战略调整的现实需求，为快速发展的中国经济同中亚沿线国家利益相结合搭建了一个巨大的发展平台。中亚地区目前已成为中国企业开展境外投资和经济技术合作的热点地区，双方合作潜力巨大。

依据中亚各国的资源要素禀赋特点和产业发展情况与合作诉求，中国企业在中亚地区投资的产业可以分布在以下领域。第一，矿产资源开采和加工业。中亚地区拥有较丰富的石油、天然气、有色金属、贵金属等矿产资源。但较缺乏资金和先进的开采和加工工艺技术，也希望境外资金投资该领域开展投资开发活动。我国企业可发挥自身优势，采取多种方式投资这一领域。第二，轻纺工业、食品工业、民用品工业。在这些领域，我国既拥有成熟的技术，又是我国欲转移的低端产业链，而中亚地区劳动力成本不高，适合投资发展该类产业。第三，建材建筑业。中亚国家目前建材需求旺盛，但当地建材品种少，且中亚地区有基础设施建设的需求，在"一带一路"基金的支持下，进行建材建筑业的投资和合作。第四，农业及农产品加工业。中亚一些国家能够生产和供应一定量的棉花、水果、蔬菜等农产品，也有一定的畜牧业发展基础，但其生产设备和技术相对落后，缺乏资金，而我国在中小型农机制造、农产品加工领域有较大的优势，可以投资在一些农产品加工业领域。总之，由于中亚国家和中国在工业化的进程上和国际分工上处于不同的阶段，在利益的定位和诉求上也是不同的。中国企业需要进一步加强与丝绸之路经济带战略对接，在中亚的投资合作要秉承绿色、低碳、惠民生的可持续发展理念，以开放的心态积极开展与中亚各国进行投资合作。

（四）创新对外投融资模式

在中国企业进行海外拓展和跨国经营的过程中，需要金融业提供跨境结算、融资安排、信用支持和风险防范等多方面的金融服务，而"一带一路"国家的金融基础服务普遍比较落后。因此，中国企业在参与"一带一路"沿线国家基础设施的建设时，除了常规的银行贷款支持外，还需要创新对外投融资的模式，加大企业融资渠道和项目收益分析，主动协调东道方的行业协会、金融机构和中介机构，充分利用国际金融组织和国内专业机构，分析影响目标项目的各种因素，做出融资结构和融资规模等决策。探索引进投资机构和垫资合作伙伴等风险分摊的模式，在"一带一路"沿线国家的人民币结算业务，加大人民币清算结算、银行间拆放、货币兑换交易、市场定价机制等基础能力建设，逐步建立和完善各国货币与人民币直接挂钩的汇率形成机制，尽量减少国际结算中的汇率损失，提高人民币在境外投资中的认可度。鼓励商业金融机构走出去，在沿线地区设立经营网点，为中资企业提供投融资、清算、汇兑和保险服务。同时创新股权、土地、矿产开采权等融资抵押模式，推动外国政府贷款、跨境PPP和银团贷款等投融资方式，以合作经营、联合开发等模式，开展海外工程投资或贸易，在规避风险、获得融资的同时，推进中资企业在"一带一路"沿线国家的项目投资业务。

（五）充分发挥港资企业和民营企业的力量

在中国企业"走出去"参与"一带一路"建设的队伍中，港资企业和民营企业是不可或缺的。受国内劳动力价格上升、环境压力等因素的影响，中国民营企业近年来积极拓展海外市场，不断寻求技术突破，塑造国际品牌形象。同时，相关部门修改了对外投资审批办法，放宽了对外投资的限制，提高了民营企业的海外投资积极性。民营企业充分发挥自身优势，利用自有品牌、自主知识产权和自主营销渠道，进行全球采购、生产、销售，积极建立国际产业价值链。

前文实证结果表明，民营企业固定资产投资占全社会固定资产投资比重每增长1%，我国企业OFDI总额平均增长12.62%，这表明在经济利益的推动下，民营企业是我国企业OFDI的主力军。改革开放以来，民营企业外贸出口份额占48%，对外投资份额占49%，贡献越来越大。因此继续支持有实力、有信誉的民营企业走出去，为民营企业在全球范围内配置要素资源创造有利条件。为民营企业"走出去"搭建平台，鼓励民营企业联手开拓国际市场。健全完善对外投资合作机制，帮助民营企业防控风险，坚定维护民营企业海外合法权益。实际上"一带一路"建设的对外经济发展布局不仅包括了基础工程建设等大项目，同时也包括旅游、留学中介、新媒体、医疗服务、水产品加工、生物制药、新能源等多个行业。而这些行业正是中小型企业（包括创业型企业）的优势领域。

第六节　中国企业对非洲地区的 OFDI 策略

非洲大陆蕴藏着巨大的商机，吸引着越来越多的中国企业和商人争相"淘金"，从纺织、家具、服装等传统优势产品，到家电、汽车、手机等机电和高新技术产品，物美价廉的中国商品正在赢得非洲消费者的广泛喜爱，"中国制造"逐步成为非洲人心目中的知名品牌。这里不仅是我国大型企业"走出去"的重要市场,而且逐步成为中小企业海外投资的首选。非洲已成为继亚洲、拉丁美洲之后的第三个全球"增长极",是我国企业"走出去"的重要战略支点。

(一) 投资资源开采及加工领域

非洲资源极为丰富。首先,在矿产资源方面,世界已探明的150种地下矿产资源在非洲都有储量。最重要的50种矿产中非洲至少有17种蕴藏量居世界首位。铂、锰、铬、钉、铱等蕴藏量约占世界总储量的80%,磷酸盐、钯、黄金、钻石、锗、钴和钒等占世界总储量的一半以上。非洲石油储量仅次于中东和拉美,仅撒哈拉大沙漠下面的石油储量就占世界总储量的12%左右。其次,在农业、林业等资源方面,非洲的农业、林业、渔业和旅游业资源也很丰富,开发潜力巨大。非洲大陆有27%的面积为大草原,适于放牧。拥有大量可耕地,现有土地利用率仅为15%,且土地租售费用相当低。非洲是世界上拥有热带森林最广阔的地区,森林面积占大陆总面积的21%,盛产名贵经济林木,目前仅采伐可供采伐面积的8%。非洲拥有全球10%的淡水资源,仅有5%得到合理开发利用①。非洲大陆尽管资源丰富,但普遍缺乏开采和利用这些资源所必需的资金、技术和专业人才。近年来,不少非洲国家调整资源开采政策,转向私有化和吸引国外投资。我国经济快速发展,迫切需要从非洲获得大量资源。加大对非洲各类资源的投资力度,深化在资源利用领域的务实合作,是双方共赢的战略选择,并且前景十分广阔。

(二) 投资开发当地庞大的潜在市场

非洲的劳动力资源具有较大潜力和价值。非洲是一个12.85亿人口的大市场,而且是全球人口增长最快的地区。人口规模的扩大,尤其是城市人口的增长,使非洲消费人群同步扩展,消费市场迅速扩大。据麦肯锡调研,2015年前后,非洲人均GDP年均复合增长率为4.5%,推动消费支出增长超过35%,约有2.21亿人的基本需求型消费群体,2020年后基本需

---

① 资料来源:中华人民共和国商务部网站。

求型消费群体应在此基础上持续增长①。非洲地区从学校、医院到商场，以及各类日用品和食品在内的设施和物资都十分短缺，巨大的消费市场发展潜力使各国资本争相走进非洲，挖掘内需孕育的巨大商机，加大对非洲制造业和零售、通信等服务业的投资力度。中国商品物美价廉，相比昂贵的欧美商品，其更适应非洲的市场需要。同时，随着中国产业结构的不断升级，中国企业要进行次产业链的重构，而中国即将会步入高收入国家群体，不再具有中低端全球产业链所需要的低劳动力成本优势。相比之下，在非洲投资生产线其生产成本更有优势，低端的劳动密集型生产企业应逐渐转移至东盟以及非洲地区。

非洲大陆基础设施十分落后，相当于我国 20 世纪七八十年代的水平。非洲国家独立后，城市化速度十分迅猛。城市化带来大量投资及工程建设需求。非洲国家在基础设施建设方面的公共财政支出需要增加，兴建更多的水力发电站、炼油厂及输油管道等能源项目，连接更多的铁路网以发展现代化铁路，并进一步提升港口吞吐能力。据估算，非洲每年需要 200 亿美元用于基础设施建设及维护，基础设施建设市场潜力巨大。由于我国的平均工资水平大于非洲普通工人平均工资水平的十倍，因此我国企业在非洲承担基础设施建设，存在相当大的低成本优势。同时非洲的投资回报率也具有足够吸引力，次撒哈拉地区国家的外国直接投资回报率高达 24%~30%②，大大超过其他发展中国家，因此中国企业应当论证调研，争取项目，投资开发当地庞大的消费市场、基建市场。

（三）充分利用国内和东道方的政策优势进行投资

伴随着中非经贸合作的不断加强，我国政府出台了各种鼓励企业走出去的政策措施，对重点领域项目予以持续扶植。同时，我国政府近年来和许多非洲国家签署了各种政府间协议，对投资促进、外汇兑换、信贷融资、技术合作、财政税收等提供了便利。我国金融机构积极走向非洲，不断加大对非洲投资项目的支持力度，如中国进出口银行对非洲提供电力、

---

① 肯益. 走进非洲，寻找发展之路 [J]. 科技与企业，2010（8）：20 – 23.

② 资料来源：中外投资网。

电信、交通、水利等领域融资支持，国家开发银行通过国别规划咨询，为中国企业投资非洲提供各种资金支持。我国政府正采取多种举措推动中非经贸关系不断发展，为中国企业到非洲投资带来更多的商机。

同时，很多非洲国家也在制定吸引外国投资的各项优惠政策。如埃及根据其《公司法》和《投资保护鼓励法》的规定，可以让投资者自主选择投资地区，并在亚历山大、开罗等地设立 11 个自由区、12 个新城区和 40 个工业区，实行免缴所得税或利润税、在自由区生产的产品外销可享受终身免税等优惠政策。阿尔及利亚在 2006 年公布的《投资法》修正案中提出，对在国家特别扶植地区和对当地经济发展有特别利益的投资给予特别优惠，如在 10 年期内免征公司利润税和职业活动税，并可由国家全部或部分承担基础设施配套建设费用等。苏丹新投资法采取了贸易自由化政策，放宽外汇管制和进口限制，对重点投资项目免征 10 年企业所得税并对项目产品免征出口税；对于欠发达地区的投资及有利于创造就业的投资给予特别优惠的待遇。非洲很多国家均给予外国投资者以超国民待遇，以便吸引外商投资。我国企业赴非洲投资，应认真研究各国的法律，用好用足各种优惠政策。

（四）对非洲投资的障碍做出科学预案

由于客观的发展情况，我国企业应加强对非洲的投资项目的前期论证和风险管理。非洲各国的投资障碍主要表现为：基础设施薄弱、法治观念淡薄、社会政局动荡、安全健康隐患大、历史文化差异等。随着中非经贸合作的不断深化，因上述因素导致的合作问题时有发生。因此，我国企业在对非洲进行投资之前，要借助资深中介机构，梳理掌握非洲投资信息，了解投资形势，对其基础设施薄弱、相关法律法规政策、社会文化及卫生医疗问题进行深入的可行性研究分析，做出科学预案。同时，各地政府及商会要加强对非投资国宏观环境评估，建立起对非洲的投资风险预警机制，可运用大数据和人工智能技术，构建面向所有企业更为及时有效的风险监测预警和防范体系，通过有针对性的预警来有效降低中国企业对非洲的投资风险，以减少投资失败、半途而废的发生概率，避免商务洽谈破裂，确保投资合作正常进行。

第七节　中国企业国际化发展的路径

一、中国企业国际化发展的金融支持路径

（一）发挥中国香港地区等国际金融中心的独特优势地位

一直以来，中国香港地区以其特殊的地理区位优势和自由化、国际化的投资环境成为中国内地与国外联系的纽带与桥梁。在"走出去"的过程中，中国企业将会面临包括法律、政治、税务、金融及知识产权等多方面的风险，而中国香港正是中资企业管理这些风险的风险管理中心。以对外投资中的并购活动为例，在参与交易金额较大的并购项目时，许多中资企业资金实力有限，必须通过多渠道融资来完成并购工作。中国香港市场上的融资渠道充分多元化，如果在中国香港资本市场上市，则可以更便捷地利用上市平台来支持并购活动。

（二）充分发挥国家开发银行的金融支撑作用

中国企业进行海外拓展和跨国经营的过程中，需要金融业提供跨境结算、融资安排、信用支持和风险防范等多方面的金融服务。其中，开发性金融作为支持中国企业 OFDI 的一个重要手段，应充分发挥其在企业"走出去"初期的支撑作用。开发性金融是金融体系中不可替代的重要组成部分，在以市场化方式实现中长期发展目标、提供公共产品、提高资源配置效率等方面具有独特优势。国家开发银行作为服务国家战略的中长期银行，坚持以服务国家能源资源和经济外交战略为主线，大力探索和推进国际合作业务，为企业"走出去"铺路搭桥，取得了较大成绩，发展成为我国最大的对外投融资合作银行，为服务国家"走出去"战略做出了积极贡献。国家开发银行以开发性金融为主导，着重在以下几个方面支持中国企业 OFDI 的发展。

　　首先，强化统筹协调，推动形成合力。充分利用国开行的客户资源，发挥企业的主体作用，积极参与境外基础设施建设和国际产能合作，并在此过程中优化产业链分工合作，实现"抱团出境"。其次，结合中国企业"走出去"需要，进行金融创新。结合"一带一路"建设和中国企业"走出去"步伐，加快境外战略布局。充分发挥"投、贷、债、租、证"的综合优势，加大金融创新力度，结合中国企业"走出去"的需求，进行实现开发性金融工具的"组合拳"，为中国企业境外投资提供全方位、一站式金融服务。

（三）以金融全球化推动企业国际化

　　全球化的商业银行一方面能够增强银行等金融机构对"走出去"企业的信贷支持，扩大"走出去"企业的直接融资渠道，建立市场化的保险体系，为"走出去"的企业提供风险保障；另一方面还可以充分利用其遍布世界各地分支机构的网络信息优势，为国际化企业提供信誉咨询、投资风险与收益分析、市场行情等多方面的金融服务，降低企业信息成本，解决企业信息不灵的问题。另外，金融机构和企业的国际化，也为人民币国际化提供了新的推动力，在这个过程中，积极推动人民币跨境贸易、跨境信贷及投资的支付清算，灵活运行成熟金融市场的风险管理工具，完善人民币跨境支付和清算体系，更好地帮助进出口企业和跨境投资机构管理市场风险。

　　近年来，中国国有商业银行的业务国际化取得了突飞猛进的发展，但是与企业国际化提出的金融服务需求相比，中资银行在本土化经营能力、金融产品线、全球竞争力方面仍具有一定差距。首先，中国商业银行目前的境外业务占比较低，且境外业务分布不均匀，主要集中于中国香港、中国澳门等亚太地区。其次，与国际大型跨国银行相比，中国银行海外分行提供的产品与服务种类较为有限；境外分支机构仍然以存贷款业务、国际贸易结算、国际清算等业务为主要经营业务，较少涉及投资银行业务以及创新型业务。根据蒋海曦（2015）的测算，中国商业银行的国际化水平大幅落后于外国商业银行，但国际化水平总体呈现出逐步走高的趋势，且国际化水平的提升在逐渐加快。

随着金融改革的进一步深化，中国银行业在本土市场业务竞争加剧，境外市场提供了一个新的业务增长点，近年来，一些中资银行境外市场的盈利增长速度开始明显快于在岸市场的盈利增长。另外，国有银行积极推进其业务的国际化，可以更便捷地学习外资银行的先进技术手段和先进管理经验，从而提高综合竞争力。现阶段，中国商业银行应制定出适合自身发展的境外战略，稳妥实施并积极推进。在不断满足中资企业客户的国际化需求的同时，逐步将服务对象拓展至大型跨国公司和境外优质客户。积累一定经验之后，可以利用客户资源拓展国际业务，同时，通过全球化的资产配置规避系统性风险，从整体上提升国际化经营水平。中国商业银行应该充分利用长期以来积累的资金实力、国内客户关系及品牌影响力等资源，发挥境内外业务联动优势，加强境内外信息沟通和资源整合，进一步增强境外业务的竞争实力。

（四）进一步推动人民币国际化的进程

前文的实证结果表明，人民币对美元汇率每增长1%，我国企业 OFDI 总额平均增长 2.57%，这表明汇率水平对企业 OFDI 的影响也较大，对本币的升值较为敏感。因此，要进一步推动中国企业 OFDI 的发展，就需要进一步扩大人民币结算试点单位，可以先推进在中国香港地区、RCEP 成员方中的东盟地区投资与贸易以人民币结算，加快实现人民币国际化进程，利用人民币作为强势货币的优势加快我国企业 OFDI 的发展进程。

二、中资企业国际化发展的政策支持路径

前文的实证结果表明，我国政府的支持力度对 OFDI 影响为正，弹性较大，我国政府的支持政策对企业 OFDI 的支持力度每增长1%，我国企业 OFDI 总额平均增长 3.34%。这说明我国政府的政策支持对于企业 OFDI 的发展具有一定的促进作用。但是一些中小企业由于缺乏足够的政府信息支持，很多中小型企业被动地被排除在了国家战略发展之外。因此，要进一步推动中国企业 OFDI 的发展，就需要我国各级政府给予本地企业进行 OFDI 一定的支持和帮扶，如给予企业 OFDI 提供信息服务、业务指导，提

供投资外汇资金的额度及信贷支持等，这些政策无疑会大大促进企业 OFDI 的发展。

推进"走出去"战略，需要更好地发挥政府作用。主要是发挥引导和推动作用，做好科学规划和统筹安排，完善区域合作机制，加快对外投资管理制度改革，做好外交服务工作，打造综合信息服务平台，持续构建系统性的对外投资促进与服务体系，包括成熟的准出体系、便利化体系和激励政策，为企业对外投资合作保驾护航。加大政策支持力度，加强财税政策支持和货币金融合作，为开展跨境贸易和投资活动的企业提供有效金融支持，鼓励股权投资和债券融资等金融创新。强化服务和安全保障，与境外东道方政府协调，共同为境外或跨境经济技术合作区、产业园区的发展提供良好的政策和条件保障。促进行业协会、商会等各种中介组织更好地发挥作用，做好人才培训工作。同时随着企业"走出去"步伐持续加快，面对的各种风险也将不断增加。其中，既有所在国政权更迭、政策变化等政治风险，也有不同国家法治环境下的法律风险，还有战争、恐怖袭击、灾害灾难等安全风险，以及合作伙伴违约、破产所带来的商业风险。政府应当做好风险提示和预警服务，并建立有效的应急处置机制，加强中国企业合法权益、在外国民生命财产的安全保障。还要进一步深化改革和扩大开放，加快构建开放型经济新体制，通过"苦练内功"，打造符合国际规范、稳定、透明和可预见的营商环境，有效聚集和整合国际国内要素资源，为中国经济社会可持续发展提供新动力，从而实现互利共赢的目标。

三、中国企业国际化发展的园区发展路径

（一）境外园区是中国企业 OFDI 发展的重要路径之一

自 21 世纪初实施"走出去"战略以来，我国对外投资持续快速增长，并逐步实现由引资大国向对外投资大国的转变，中国的"走出去"正在步入新的发展阶段。在全球经济一体化的时代背景下，无论是要素资源的全球性利用、生产环节的全球性布局，还是市场份额的全球性争夺，都是企业增强核心竞争力的重要方向。境外经贸合作区作为"走出去"的一项重

要制度安排，是我国企业境外经营的"避风港"，以园区为平台可以成为"走出去"升级的重要战略。

从总体来看，境外产业园区是国家境外战略的重要抓手，境外产业园区可以成为中国发展模式的样板，境外产业园区是"走出去"输出软实力的重要体现，境外产业园区是境内企业"走出去"的重要平台，是中国企业OFDI发展的重要路径之一，境外产业园区开发具有社会效益，容易获得东道方支持。因此，以境外经贸合作区等产业园区为平台是中国企业"走出去"升级的重要战略。境外经贸合作区不仅成为企业"集体出境、抱团取暖"、有效规避风险的投资平台，在一些突发事件面前，境外经贸合作区更是第一时间成为境外企业的"防火墙"和"稳定器"。受新冠疫情影响，2020年全球国际直接投资将下滑，在这一背景下，境外园区对于中国企业境外投资的吸引力和重要性将日益凸显。因此，有必要采取多种措施，实现境外园区高质量发展。

（二）境外合作园区的建设情况

境外经贸合作区作为我国与东道方之间在限定区域内建立更加紧密双边经贸关系的一种制度安排，采取的是以政府为主导、以园区开发运营企业为主体、以两国优惠政策为依托、以市场化经营为原则、以互惠互利为目标的国际经贸合作模式。自2006年以来，境外经贸合作区建设发展稳步推进，园区运行顺畅，为我国"走出去"企业搭建了良好的境外运作平台，也为相关东道方的社会经济发展做出了贡献。根据商务部、财政部颁布的《境外经济贸易合作区确认考核和年度考核管理办法》，国家重点支持的合作区有加工制造、资源利用、农业产业和商贸物流四种类型。

（1）加工制造型园区：以轻工、纺织、机械、电子、化工、建材为主导产业；

（2）资源利用型园区：以矿产、森林、油气等资源开发、加工和综合利用等为主导；

（3）农业产业型园区：以谷物和经济作物等的开发、加工、收购、仓储等为主导的农业产业型园区；

（4）商贸物流型园区：以商品展示、运输、仓储、集散、配送、信息为主导。

从带有境外经贸合作区性质的园区项目来看，截至 2019 年底，我国企业已在 57 个国家在建或已建成 201 家境外经贸合作区，其中 138 家位于"一带一路"沿线国家。截至 2018 年 9 月，纳入商务部统计范围的合作区累计投资 366.3 亿美元，入区企业 4663 家，上缴东道方税费 30.8 亿美元。在 201 家合作区中，农业产业园有 59 家，占比 29.4%；轻工业园有 38 家，占比 18.9%；重工业园有 26 家，占比 12.9%；物流合作园有 13 家，占比 6.5%；高新技术园有 13 家，占比 6.5%；综合产业园有 52 家，占比 25.9%。在"一带一路"沿线国家中，农业产业园数目最多，共计 43 家，占比 31.2%①。总之，我国现有的 201 家境外经贸合作区中，多数为农业产业园和工业产业园，但部分地区已经朝着多元化、高端化方向发展。可见，中国境外经贸合作区不仅成为推动东道方经济发展的重要引擎，还在助力东道方增加就业、实现可持续发展目标等方面发挥重要作用。

目前，我国设立的境外经贸合作区主要集中在东南亚、西亚、东欧、非洲等地区，东道方大多属于发展中国家，在基础设施、法律环境、公共服务、产业配套能力等方面存在一定缺陷，构成了境外合作区实施企业的重要风险因素。主要表现在以下几方面。

（1）基础设施建设水平低下。一般来说，我国企业在境外建设合作区需要进行园内土地一级开发，红线以内的基础设施由实施企业负责建设，并与园区外当地政府建设的道路网、电网、水网、通信网等进行对接。然而，在现实中当地政府常常没有履行为园区接入基本基础设施的义务，导致园区正常运营无法保证。例如，尼日利亚奥贡广东自贸区外围的道路、水网、电网等所有基础设施均没有如当地政府承诺的一样实现配套，园区虽然预留了地下管网的空间，但无法建设管道。直至今天奥贡园区的企业依然采用自行打井的方式解决用水问题。

（2）法律政策环境不稳定。我国境外经贸合作区的东道方为了吸引外资，往往颁布一些针对包括园区开发商和运营商在内的外国投资者的优惠

---

① 资料来源：中国社会科学网。

政策或法律法规，但由于部分东道方体制环境不稳定，这些政策法规存在变动风险。例如，赞比亚于2006年颁布了《发展署法》，成立了专门为促进外国投资、简化投资审批程序、提高政府服务外资企业的综合办事机构，推出吸引外国投资者的"多功能经济区"等投资平台，为外国投资者提供优惠政策。2007年2月，赞比亚批准中国经贸合作区成为当地第一个多功能经济区，在多功能经济区内的获批项目可以享受税收、进出口等方面的优惠。但这些优惠政策持续的时间存在不确定性。由于赞比亚实行多党制，政府每5年举行一次大选，政府的更迭很可能引起现有法律和政策的变动，在实践中，新任政府很可能出于政治需求否认前任政府给予外国投资者的各种优惠，这给赞比亚中国经贸合作区的发展带来了隐忧。

（3）政府服务水平不高，腐败问题严重。与我国各类开发区基本上由政府开发建设、政府管理运营不同，境外合作区以中资企业为主体开发运营，因此在许多园区运营的日常事务上需要当地海关、税务、移民局、劳动保障等政府部门的协调配合。然而，某些境外合作区所在东道方政府工作效率低下、腐败问题严重，对于区内企业的正常生产经营造成了困扰。例如，尼日利亚奥贡广东自贸区由于当地海关贪腐问题，贸易企业的日常出货都成了问题，近年来实施企业通过走法律途径不断申诉才解决问题。

（4）产业配套能力弱。许多境外合作区的东道方尚处于工业化前期或初期，当地工业制造体系尚未成型，产业配套能力较弱，基础性的生产性服务业缺失，提高了入区企业的生产经营成本。例如，埃塞俄比亚尚未有生产包装瓦楞纸箱的能力，导致东方工业园的企业需要从中国运包装纸箱，提高了生产成本。

从目前的情况来看，由于缺乏境外园区开发和建设的相关经验，我国的境外经贸合作区现行模式也存在一些内部缺陷。主要表现在以下几方面。

（1）政府扶持力度不足。从合作机制来说，境外经贸合作区是带有政府间高层次经贸合作性质的制度安排，涉及东道方的土地资源开发的政策、外资政策、市场准入及这些政策的连续性。发展境外经贸合作区的投资额比较大，投资周期比较长，离开双方政府的支持，在现阶段单靠企业自身的努力，很难取得成功，所以，双方政府在境外经贸合作区的战略规划、税收、土地使用、入区条件等方面提供的政策支持显得尤为重要。而现在，仍有一些境外经贸合作区的建设、运营未签署政府间合作协议，没有形成双方政府框架内的合作机制，因此其投资主体在东道方没有获得应有的法律地位，东道方给予合作区的政策差异较大，优惠政策难以落实，政策稳定性差。

（2）建设前期规划缺位。从当前境外合作区的开发建设情况来看，由于实施企业园区开发、管理、运营经验欠缺，对于如何科学合理地进行建设前期规划工作没有足够的认识，同时国家对于境外经贸合作区确认考核中也没有对于前期规划的硬性要求，造成了许多境外合作区在空间布局、产业定位、投融资方案、招商引资计划、运营管理模式等方面缺乏超前的统一设计，对于后期的实际开发运营缺乏指导。

（3）开发资金压力较大。从开发成本来说，境外合作区以企业为主体的建设成本远高于国内以政府为主体的园区开发，这是由两种模式的本质区别造成的。首先，我国的土地实行公有制，境内开发区的土地大多由政府直接划拨给管委会或者以土地折合股份注入管委会下属开发公司，通过"资本大循环"模式取得滚动开发所需的资金。然而在境外，合作区需要通过买地或租地的方式获取土地，大幅提高了成本。其次，境内各类开发区在运营前 5～15 年基本都设计有税收返还管委会用于滚动开发的政策，而在境外区内企业上缴税款需要全部交给当地政府。因此，从现有政策力度来看，虽然国家给予境外合作区一定财政支持，但由于我国资本市场尚不健全，境外资产抵押融资仍存在限制，企业仍面临很大融资难题，资金压力较大，短期内难以形成持续发展的盈利模式。

（4）招商引资目标不清。由于前期产业规划的缺位，一些境外合作区对于未来的主导产业和功能定位的设计规划十分不明确，往往存在对合作区定位模糊、产业选择杂乱等情况。从现有情况看来，许多合作区都存在入区企业行业分布多而散，难以形成产业集聚与溢出效应。

（三）中国企业 OFDI 利用境外园区的建议

1. 加强顶层设计，增加政策沟通

建立以商务部牵头、多部门共同参与的境外合作区推广引导机制，按

"一带一路""中非工业化伙伴计划"及国家其他战略安排确定的重点区域和重点市场，制定《境外经贸合作区重点国别、建设类型、主要市场指南》，做好总体布局和国别方案，避免在同一国家或地区出现多个定位类似、产业相近的园区，引起招商引资的恶性竞争，损害我国境外直接投资企业的利益。通过签订政府间协议的方式，确保境外经贸合作区在东道方能够合法、连续地享受土地资源开发、外汇管理、市场准入、税收优惠等各类政策，保证园区投资主体在东道方的法律地位，落实所在国政府应承担的相关建设任务和公共服务，保护园区实施主体的合理权益。

2. 利用境外园区引入中资产业生态链企业

一是要鼓励境外园区对接境内具有优势产业大面积转移需求的区域或园区，鼓励形成链条式、生态体系式转移。发挥骨干企业的带动作用，吸引上下游产业链转移和关联产业协同布局，促进集中布局、集群发展，为园区注入"完整产业链 + 配套产业 + 基础生产性服务业"全产业生态体系，凸显境外经贸合作区的产业集聚效应。二是要支持企业联盟式发展。通过政府主管部门牵头构建投资促进工作机制，发挥相关研究机构、咨询公司、行业协会，以及境内发展较为成功的开发区的平台优势，实现资源开发与基础设施建设相结合、工程承包与建设运营相结合，形成"园区开发商 + 园区运营商 + 第三方智库"的境外合作区的专业化运作模式，确保园区项目既有明确的发展目标，也有充分的市场需求，同时具备顺利开发建设、管理运营的可行性。

3. 做好园区规划管理，为中国企业境外投资创造更便利的条件

积极向海外输出我国园区规划设计和统筹管理体系，争取成为重点国家园区发展的规则制定者。一是在宏观层面上，将园区投资决策研究工程作为通过境外合作区考核通过的必要条件之一，通过专业细致的产业发展规划、空间总体规划、投资可行性研究和投融资方案设计，确保项目的科学性、合理性、可行性和收益性。二是在微观层面上，推广我国成功的园区运营管理经验，重点介绍"一站式、一贯制"服务模式、招商引资行动方案、大孵化器运作机制、产业生态系统构建模式等经验，实现园区管理运营和招商引资等"软件项目"的"走出去"。同时，加强对园区国际管理提升支持和培训。借助国家智库、社会中介、园区实践专家的力量，通过援外资金、政策性银行技术援助等方式，针对对象国开展关于园区发展的培训研讨、考察学习、研究咨询、信息交流等智力支持服务，输出我国园区管理运营的软件要素，帮助对象国政府提升园区服务意识和水平。

结　语

　　自中国实施"走出去"战略以来，中国企业对外直接投资的规模不断扩大，正由产品输出大国向资本输出大国转变。推动中国企业对外直接投资发展的因素主要有中国政府不断简政放权、实施"一带一路"建设，以及人民币的国际化需求、化解过剩产能的压力等。目前，中国企业 OFDI 发展面临着投资质量不高、尚处于产业链的中低端，境外投资经营风险评估防范不到位、风险社会责任意识需进一步提高和贸易保护主义等因素制约。要提升中国企业对外直接投资质量，必须进一步提升企业的技术水平以提升其 OFDI 在全球价值链中的地位，完善境外投资风险评估及防范机制，进一步推进与"一带一路"沿线国家的投资合作，积极融入 RCEP 和中欧 CAI 等区域投资协定市场建设，强化国际知识产权合作，使企业 OFDI 的发展得到更好保障。

　　对于政府机构来说，要强化跨国经营融资服务，进一步推进多双边投资协定谈判，进一步推进人民币国际化的进程，优化投资环境，切实强化企业境外投资风险的管理和知识产权保护意识，积极支持企业提升其 OFDI 在全球价值链中的地位，在重点领域和前沿领域探索建立公益性的专利运营公司，采取市场化的运营方式。要加快推进中国企业信息和咨询、维权服务等援助机制建设，为企业 OFDI 发展提供专业服务和支持。

参 考 文 献

［1］北京亚新咨询公司．韩国投资指南［R］．北京：北京亚新咨询公司，2017.

［2］杜奇华，卢进勇．中小企业海外投资操作实务［M］．北京：中国经济出版社，2003.

［3］对外经济贸易大学．中国外商投资发展报告2019［R］．北京：对外经济贸易大学，2019.

［4］敦忆岚．新时期中国企业对外投资问题及对策研究［D］．北京：中国社会科学院研究生院，2014.

［5］付圆圆．国医药制造业OFDI决策与区位选择研究——基于企业异质性视［D］．天津：天津财经大学，2018.

［6］干天霖，黄远浙．制度距离、双边投资协定与企业对外直接投资区位选择［J］．生产力研究，2021（3）：29－33.

［7］高聂濡，韦素琼．中国八大综合经济区OFDI差异特征及影响因素［J］．亚热带资源与环境学报，2020，15（4）：52－58.

［8］吕小明，王晰，黄森．"一带一路"下中国在亚洲OFDI质量提升策略研究［J］．重庆第二师范学院学报，2021，34（4）：20－24，127.

［9］海力皮提木·艾比卜拉，谢富纪，叶广宇．"东道国引资偏好"下企业对外直接投资进入策略选择的演化博弈分析［J］．管理评论，2021，33（6）：232－241.

［10］韩冰．《中欧全面投资协定》市场准入谈判与应对建议［J］．中国发展观察，2020，（Z6）：35－39.

［11］洪俊杰，杨志浩，芈斐斐．外资流动趋向及其对中国产业链外

移的影响 [J]. 亚太经济, 2020 (6): 90 - 99, 149.

[12] 洪俊杰, 张宸妍. 产业政策影响对外直接投资的微观机制和福利效应 [J]. 世界经济, 2020, 43 (11): 28 - 51.

[13] 洪俊杰, 张宸妍. 融资约束、金融财税政策和中国企业对外直接投资 [J]. 国际经贸探索, 2020, 36 (1): 53 - 70.

[14] 洪俊杰, 张国峰. 全面开放新格局与大国发展战略——第四届国际经济学前沿论坛综述 [J]. 经济研究, 2018, 53 (8): 193 - 197.

[15] 胡冠宇, 卢小兰. 中国在 "一带一路" 沿线国家 OFDI 的影响因素分析 [J]. 统计与决策, 2018, 34 (23): 94 - 99.

[16] 黄凌云, 王军. 中国对外投资企业跨国投资模式选择及其对劳动者的影响 [J]. 国际贸易问题, 2016 (6): 130 - 142.

[17] 肯益. 走进非洲, 寻找发展之路 [J]. 科技与企业, 2010 (8): 20 - 23.

[18] 李桂芳主编. 中国企业对外直接投资分析报告 2008 [M]. 北京: 中国经济出版社, 2008.

[19] 李蕾, 赵忠秀. 中国对外直接投资企业生产率影响因素研究 [J]. 国际贸易问题, 2015 (6): 114 - 124.

[20] 李新安, 李慧. 我国制造业沿 "一带一路" OFDI 的风险防范研究 [J]. 对外经贸实务, 2020, (9): 81 - 84.

[21] 丽丽, 余川. 区域贸易协定如何影响 FDI 选择——基于三国自由资本模型的研究 [J]. 世界经济研究, 2011 (7): 75 - 80, 89.

[22] 联合国贸易与发展会议. 世界投资报告 [R]. 纽约: 联合国贸易与发展会议, 2015 - 2020.

[23] 联合国贸易与发展会议. 世界投资报告 [R]. 纽约: 联合国贸易与发展会议, 2021.

[24] 林善浪. 中国应对全球产业链重构的破局之策 [J]. 人民论坛. 学术前沿, 2022 (7): 41 - 53.

[25] 隆国强. 充分发挥自贸试验区作用, 助力加快构建新发展格局 [J]. 中国发展观察, 2021 (Z2): 7 - 10.

[26] 隆国强著. 构建开放型经济新体制中国对外开放 40 年 [M].

广东：广东省出版集团；广东经济出版社，2017.

［27］卢进勇，程晓青．海外投资与企业出口质量提升［J］．中国流通经济，2019，33（10）：94－106.

［28］卢进勇，杜奇华，李峰．国际经济合作教程［M］．北京：首都经济贸易大学出版社，2019.

［29］卢进勇，李思静，张晨烨．中欧 BIT 谈判重点、难点及策略［J］．国际经济合作，2020（3）：16－34.

［30］卢进勇，裴秋蕊．境外经贸合作区高质量发展问题研究［J］．国际经济合作，2019（4）：43－55.

［31］卢进勇，王光，闫实强．双边投资协定与中国企业投资利益保护——基于"一带一路"沿线国家分析［J］．国际贸易，2018（3）：45－50.

［32］卢进勇，杨荣静．企业跨国投资还是国内扩张——来自贸易摩擦的证据［J］．国际商务（对外经济贸易大学学报），2022（2）：50－67.

［33］吕泉铃．文化差异对中国企业对外直接投资区位选择的影响［J］．中国集体经济，2021（17）：57－59.

［34］罗兰贝格管理咨询公司．"一带一路"国家投资吸引力指数报告［R］．上海：罗兰贝格管理咨询公司，2018.

［35］罗盛，王煜昊．空间视角下中国在"一带一路"沿线国家 OFDI 的影响因素分析［J］．财经论丛，2021（12）：15－25.

［36］上海元哲信息咨询有限公司．2021－2026 年中国金属进口矿产研究报告［R］．上海：上海元哲信息咨询有限公司，2021.

［37］宋歌．深化西部开放新格局的国际法治内涵及路径［J］．中国经贸导刊（中），2021（5）：30－33.

［38］宋泓．多边贸易体制制度设计与改革前景［J］．世界经济与政治．2020（10）：133－155，160.

［39］苏庆义，王奉龙．中国新发展格局的支撑：大国雁阵模式［J］．China Economist，2021（5）：104－131.

［40］苏庆义，王睿雅．中国加入 CPTPP：一个统一框架的分析［J］．东北师大学报（哲学社会科学版），2021（3）：63－72.

［41］苏庆义．RCEP 给中国带来的影响及中国的未来选择［J］．新金

融评论，2020（4）：120－126.

［42］苏庆义．以多边贸易体制建设促进国家治理能力提升［J］．国家治理，2018（26）：11－13.

［43］孙晨瑶．中国企业对"一带一路"国家OFDI进入模式选择的研究［D］．济南：山东大学，2020.

［44］孙楚仁，何茹，刘雅莹．对非援助与中国企业对外直接投资［J］．中国工业经济，2021（3）：99－117.

［45］孙好雨．地区服务业发展是否促进了中国企业对外直接投资——基于投入产出关系的研究［J］．国际贸易问题，2021（3）：109－124.

［46］孙玉红，许智贤．自由贸易协定对中国对外直接投资的影响研究——基于扩展知识资本模型的实证分析［J］．投资研究，2018，37（8）：42－57.

［47］王成刚．中国企业对外直接投资与企业生产能力［J］．技术经济，2021，40（3）：89－97.

［48］文乐．基于新新贸易理论的企业OFDI模式选择——以浙江为例［D］．杭州：浙江理工大学．2019.

［49］项本武．东道国特征与中国对外直接投资的实证研究［J］．数量经济技术经济研究，2009（7）：33－46.

［50］谢玮.2019年厦洽会召开"一带一路"成全球经贸合作新亮点［J］．中国经济周刊，2019（17）：64－65.

［51］许唯聪．中国对"一带一路"OFDI战略布局问题研究——基于空间效应视角［D］．大连：东北财经大学．2017.

［52］杨海泉．联合国贸发会议发布报告指出，2020年全球外国直接投资大幅下降——中国逆势而上成为全球最大外资流入国［N］．经济日报，2021－01－26（4）.

［53］杨杰．中国对外直接投资动因研究［D］．北京：对外经济贸易大学，2016.

［54］杨立强，卢进勇．中国企业"走出去"未来发展方向与思路［J］．国际贸易，2018（7）：46－51.

［55］杨亚平，李腾腾．东道国营商环境如何影响中国企业对外直接

投资选址［J］. 产经评论, 2018 (3)：129 – 147.

［56］尹德先. 加快中国企业对外直接投资的战略研究［D］. 上海：上海社会科学院, 2012.

［57］余官胜, 吴琦琦, 董直让. 国际投资保护对我国企业对外直接投资的影响——基于海外子公司视角的实证研究［J］. 南方经济, 2021 (6)：68 – 86.

［58］余淼杰. 70 年四阶段是构建全面开放新格局的伟大实践［N］. 中华工商时报, 2019 – 12 – 16 (3).

［59］袁苏燕, 黄远浙. 产业集聚对中国企业对外直接投资二元边际的影响［J］. 中国发展, 2021, 21 (3)：18 – 30.

［60］张海波. 外部冲击、信贷扩张与中国企业对外直接投资——基于 2008 年国际金融危机的研究启示［J］. 国际贸易问题, 2021 (3)：158 – 174.

［61］张洁. 关于我国对外直接投资发展问题的研究［D］. 北京：北京交通大学, 2007.

［62］张苑驰. 中国境外经贸合作区的发展及影响研究［D］. 北京：北京理工大学, 2018.

［63］赵爱玲. "双循环" 新格局下, 企业并购迎来发展新机遇［J］. 中国对外贸易, 2020 (12)：36 – 37.

［64］赵蓓文. 中国企业对外直接投资与全球投资新格局［M］. 上海：上海社会科学院出版社, 2016 (10)：207.

［65］赵蓓文等. "一带一路" 建设与中国企业对外直接投资新方向［M］. 上海：上海社会科学院出版社, 2018.

［66］赵蓓文等著. 中国企业对外直接投资与全球投资新格局［M］. 上海：上海社会科学院出版社, 2016.

［67］中国·深圳综合开发研究院. 中国对外直接投资战略、机制与挑战［M］. 北京：中国经济出版社, 2017.

［68］中华人民共和国商务部、国家统计局、国家外汇管理局. 2019 年度中国对外直接投资统计公报［R］. 北京：中华人民共和国商务部、国家统计局、国家外汇管理局, 2020.

［69］中华人民共和国商务部．中国对外投资合作发展报告 2020
［R］．北京：中华人民共和国商务部，2020.

［70］中华人民共和国商务部．中国服务贸易发展报告 2020 ［R］．北
京：中华人民共和国商务部，2021.

［71］朱邦宁，马相东．中国对外直接投资的现状、制约与对策 ［J］．
中共中央党校学报，2013，17（5）：72 – 76.

［72］朱晓蕾，牟晓伟．后疫情时代中国中小企业对外直接投资存在
的问题及对策研究 ［J］．商展经济，2021（9）：42 – 44.

［73］Bruce A. Blonigen. A review of the empirical literature on FDI deter-
minants ［J］. Atlantic Economic Journal, 2005, 33（4）: 383 – 403.

［74］DierkHerzer. Meehthild Sehrooten. Outward FDI and domestic in-
vestment in two Industrialized countries ［J］. Economics Letters, 2008（99）:
139 – 143.

［75］Dunning J H. Explaining the international direct investment position
of countries: towards a dynamic or developmental approach ［M］//Internation-
al Capital Movements. Palgrave Macmillan UK, 1982: 84 – 121.

［76］Dunning J H. Multinational enterprises and the globalization of inno-
vatory capacity ［J］. Research Policy, 1994, 23（1）: 67 – 88.

［77］Elizabeth Asiedu. Foreign direct investment in Africa: The role of
natural resources, market size, government policy, institutions and political in-
stability ［J］. World Economy, 2006, 29（1）: 63 – 77.

［78］Hymer. The intemational operations of national firms: A study of
direet foreign investment ［M］. Cambridge MA, MIT Press. 1976.

［79］Ivar Kolstad, Arne Wiig. What determines Chinese outward FDI?
［J］. Journal of World Business, 2010, 47（1）: 26 – 34.

［80］Kim S Y. Regionalization in search of regionalism: Production net-
works and deep integration commitments in Asia's PTAs ［J］. Trade Coopera-
tion: The Purpose, Design and Effects of Preferential Trade Agreements. 2015:
134 – 164.

［81］Randall Morck, Bernard Yeung, Minyuan Zhao. Perspectives on

China's outward foreign direct investment [J]. Journal of International Business Studies, 2008, 39 (3): 337 –350.

[82] United conference on trade and development. World investment report [R]. New York: United Nations Publications.

[83] Yin – Wong Cheung, Xingwang Qian. Empirics of China's outward direct investment [J]. Pacific Economic Review, 2009, 14 (3): 312 –341.

[84] Durand, C. and Milberg, w. , Intellectual monopoly in global value chain [J]. Review of International Political Economy, 2020, 27 (2): 404 –429.